오미쌤의 등급별 언어 처방

오미쌤의 등급별 언어 처방

글 | 오미령

1판 1쇄 인쇄 | 2011년 12월 20일
1판 1쇄 발행 | 2011년 12월 26일

펴낸이 | 김영곤
펴낸곳 | (주)북이십일 21세기북스
출판등록 | 2000년 5월 6일 제 10-1965호
부사장 | 임병주
본부장 | 신정숙
책임개발 | 이현정
기획개발 | 하철훈 박정효 오미현
마케팅 | 김태균 오하나 정원지
표지디자인 | 손성희   내지디자인·편집·삽화 | 다우

주소 경기도 파주시 교하읍 문발리 파주출판문화정보산업단지 518-3(413-756)
전화 031-955-2171(마케팅), 031-955-2730(내용문의)
홈페이지 www.book21.com

ISBN 978-89-509-3409-5 (53710)   값 15,000원

ⓒ오채금, 2011

그림 제공 학생 강지윤(서문여고), 김수연(한영외고), 김윤지(중대부고), 김채윤(숙명여고), 배소은(세화여
고), 소다빈(언남고), 송시윤(세화고), 송인영(진선여고), 송재원(현대고), 송정은(경기여고),
안미량(언남고), 안수민(세화여고), 안해님(세화여고), 알렉산더차(APIS), 이원제(휘문고),
임병재(휘문고), 정다혜(세화여고), 정수영(언남고), 조민경(언남고)

이 책 내용의 일부 또는 전부를 재사용하려면 반드시 (주)북이십일의 동의를 얻어야 합니다.
잘못 만들어진 책은 구입하신 서점에서 교환해 드립니다.

오미쌤의 등급별 언어처방

오미령 지음

21세기북스

오미쌤 언어 영역 오아시스

"우리 아빠는 내가 몇 반인지는 모르면서, 몇 등 했는지는 꼭 물어보세요."
"시험도 보지 않았는데 뜬금없이 이번 시험에 몇 점 받았냐고 하세요."

대입을 앞두면 수험생과 부모님 모두가 예민해진다. 오로지 점수로만 모든 것이 평가되니 정말 안타까운 현실이다. 아무리 착하고 성실하더라도 성적이 나쁘면 그 장점들은 아무것도 아닌게 우리의 현실이다. 좋은 성적을 받을 수만 있다면 무슨 수라도 쓰고 싶은 것이 수험생과 부모님의 마음일 것이다.

무슨 수를 쓴다는 것……

이것 때문에 많은 학생이 책을 사 보고, 인터넷 강의를 듣고, 학원에 등록을 하고, 밤잠을 설쳐 가며 공부를 한다.

그런데 지금까지의 경험으로 보니 '무슨 수'란 결국 '원칙을 지키는 것'이었다.

너무도 당연하고 단순한 이야기지만, 이것이 정답이다.

언어 공부에 있어서 원칙은 지문을 정확히 파악하고 출제자의 의도에 따라 원하는 답을 찾는 것이다. 출제자가 원하는 것은 학생들이 대학에서 제대로 수학하기 위해 필요한 능력인 독해력과 판단력 등을 가지고 있는지 알아내는 것이다. 이것이 바로 대학수학능력시험의 목적이다.

그러니까 원칙에 따라 언어 공부를 하면 된다. 원칙은 기본을 단단히 하는 것이고, 기본 속에 비법이 있다. 이때 비문학을 공부하는 방법이 있고, 현대시를 공부하는 방법이 있으며, 각 영역마다 공부하는 방법이 따로 있다.

그리고 또 하나, 공부는 그 누가 대신 하는 것이 아니라 학생이 하는 것이다. 안타까운 마음에 부모님이 대신 해 주고 싶어도 시험을 보는 사람은 학생이다. 아무리 좋은 선생님이 있어도 공부는 학생이 한다.

수능을 앞둔 학생들의 가장 큰 고민은 성적과 부모님에 대한 걱정이다. 성적을 올리는 것은 학생 자신이 하면 되지만, 부모님은 학생의 영역 밖이라 늘 고맙기도 하면서 스트레스의 원인이기도 하다.

　그러므로 수험생의 부모님들은 바위처럼 나무처럼 든든하게 지켜봐 주시면 좋겠다. 부모님 자신이 수험생이 되어 성적이 나올 때마다 감정에 휘말리지 말아야 한다. 가장 답답하고 힘든 사람은 수험생 자신이다. 부모님이 뭐라고 하지 않더라도 어떻게 해야 할지를 이미 다 알고 있다. 학생들이 혼자 힘들고 벅차게 싸워 나갈 때 더 힘들게 하지 않으시면 좋겠다. 공부하지 않는 자녀가 못마땅할 때, 학생 본인은 그런 자신이 더욱 못마땅하다.

　성적표는 보여 드릴 때까지 아무 말씀 없이 참아 주시면 좋겠다. 그것이 부모님 걱정에 대한 두려움과 스트레스 없이 공부에 집중할 수 있게 하는 길이다.

　강남은 사교육의 온상으로 언제나 지탄의 대상이 되어 왔다.

　사교육이 다뤄질 때면 그 현장에 있는 사람으로서 늘 죄인이 된다. 분명히 학생들의 미래를 여는 데 최선을 다해 달려왔지만 그래도 언제나 미안하다.

　그래서 이제 그동안 현장에서 쌓은 노하우를 아낌없이 풀어 내고자 한다. 더 훌륭하고 열정적인 선생님들도 많고, 학생들 각자 나름 좋은 방법으로 언어 공부를 하고 있겠지만, 그래도 조금이나마 도움이 된다면 그동안 성적을 올리는 데 성공적이었던 방법들을 기쁜 마음으로 나누려 한다.

　그리고 강남 사교육에서의 비법이 각 학교 선생님들의 가르침과 결국 다를 바 없다는 것을 깨닫는 계기가 되었으면 좋겠다.

　사랑하는 우리 학생들의 언어 영역 공부에 이 책의 단 한 구절만이라도 '번쩍' 하는 깨우침을 준다면, 학생들이 꿈꾸는 미래를 위한 작은 도움이라도 된다면 진심으로 행복하겠다.

2011년 12월

오미령

차 례

Part I.

언어 영역 최대 고민

<3등급 : 83점   cut 85점> / <2등급 : 98점   cut 92점>

영역	지문독해시간	문제까지 완성시간	오답수	지문독해시간	문제까지 완성시간	오답수
듣기	'	6분 54초	—		6분 52초	6
비문학1	2분 13초	4분 39초	0	1분 41초	3분 15초	0
비문학2	1'27"	5'55"	—	1'55"	4'35"	—
현대소설	1'58"	5'41"	T	3'00"	5'49"	—
비문학3	2'01"	5'06"	0	1'42"	3'52"	0
운문복합		8'37"	—	2'18"	7'15"	—
비문학4	1'45"	7'42"	6	1'57"	4'30"	—
극	3'21"	6'11"	—	2'23"	5'23"	0
비문학5	1'37"	4'29"	0	1'43"	3'34"	0
비문학6	2'24"	4'16"	0	2'03"	5'00	—
고전산문	3'52"	6'30"	—	2'12"	6'08	—

<1등급 : 98점> / <1등급 : 9?점>

영역	지문독해시간	문제까지 완성시간	오답수	지문독해시간 문제까지		오답 수
듣기		7분 26초	6		7분 40초	0
비문학1	2분 21초	3분 7초	0	1분 44초	3분 58초	0
고전소설	2'33"	3'52"	0	2'28"	4'39"	0
비문학2	1'48"	4'19"	0	1'52"	4'10"	0
비문학3	2'24"	3'49"	0	2'07"	3'08"	0
극	2'38"	4'55"	0	2'39"	4'52"	0
비문학4	1'39"	4'42"	0	1'54"	4'59"	—
현대시	2'19"	8'31"	—		7'25"	0
현대산문	3'29"	5'39"	0	2'39"	7'00	—
비문학5	1'47"	4'12"	0	1'47"	4'58"	0
비문학6	1'54"	5'52"	0	59"	3'26"	0

〈등급별 문제 풀이 시간과 오답률〉

고민 한 번
해결해
볼까요?

1 지문 먼저 보나, 문제 먼저 보나?

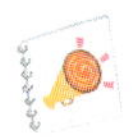 듣기 영역　　 쓰기 영역

 비문학 영역　　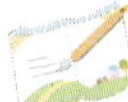 문학 영역

　시험지에는 지문 아래에 문제가 나온다. 따라서 차례대로 본다면 문제보다 지문을 먼저 읽게 된다. 그런데 많은 학생이 지문을 먼저 봐야 하는지, 문제를 먼저 봐야 하는지 궁금해 한다. 아마도 언어 영역을 풀 때에는 '문제 먼저' 보는 것이 좋다는 조언을 들었기 때문이리라.

　문제 먼저 보는 것이 좋다는 비법(?)의 역사는 6차 교육과정 때로 거슬러 올라간다. 그때에는 지문의 길이가 지금보다 300자 이상이나 더 길었고, 지문당 문제 수도 2~3개가 많았다. 이처럼 지문이 길고 문제가 많다 보니, 지문을 꼼꼼히 읽고 문제를 풀기에는 시간이 절대적으로 부족했다. 또한 문제 수가 많아, 지문의 전체 맥락을 파악해야 하는 문제보다는 부분적인 내용을 묻는 문제가 많았다. 그러므로 6차 교육과정 때에는 문제를 먼저 본 후 지문을 보는 것이 유리했다.

　그러나 7차 교육과정으로 바뀌면서 지문의 길이는 짧아지고 문제 수가 줄었으며, 지문의 부분적인 내용을 묻기보다는 전체를 꿰뚫어야 풀 수 있는 문제가 많아졌다.

　결론부터 말하면, 이제는 무조건 문제를 먼저 보는 것이 좋다고 단정하기는 어렵다. 지금부터 듣기, 쓰기, 비문학, 문학 각 영역에 따라 지문과 문제 중 무엇을 먼저 봐야 하는지, 또한 자신의 등급에 따라 어떤 순서로 봐야 하는지 알아보자.

영역별·등급별로 지문과 문제를 보는 순서가 다르다.

듣기 영역

문제의 물음과 선지 먼저 보고 듣기

쓰기 영역

문제의 선지 먼저 보기

비문학 영역

어휘 문제 먼저 풀기

| 1~2등급 | 지문 먼저 제대로 보기 |

| 3~4등급 | • 일치 문제의 선지 먼저 보고 지문 보기 |

• 문제 먼저 보고 해당 지문 보기

문학 영역(현대시)

문제의 〈보기〉 먼저 살짝만 보기

| 1~2등급 | • 지문의 전체 작품을 보고 차례대로 풀기 |

• 지문의 한 작품씩 보고 해당 문제 풀기

| 3~4등급 | 지문의 한 작품씩 보고 해당 문제 풀기 |

문학 영역(소설)

• 문제의 〈보기〉 먼저 살짝만 보기

• 고전소설은 가계도를 그리며 지문 보기

외국어 영역의 듣기 평가에 비해 언어 영역 듣기 평가는 따로 공부하는 학생이 드물다. 공부하지 않아도 점수가 나오기 때문인데, 가끔 하나씩 틀려서 속을 썩인다.

그렇다고 외국어 영역처럼 평소에 많이 듣는다고 될 일도 아니고, 그럴 시간도 없다.

물론 듣기 영역에도 공부법은 있다. 그러나 듣기 영역은 따로 많은 시간을 들여 공부하지 않아도 된다. 비문학 영역의 기본기가 제대로 잡힌 학생이라면 듣기는 실수하지 않는 한 틀리지 않는다.

듣기 영역은 문제의 물음과 선지를 먼저 본다.

방송을 듣기 전에 미리 문제의 물음과 선지(문제에 나오는 선택할 수 있는 항목으로, ①~⑤를 말하고 선택지라고도 표현한다.)의 핵심어에 밑줄을 그어 놓는다.

왜?

어디에 초점을 맞춰서 들어야 할지 준비하고 내용을 들을 수 있기 때문에, 문제에서 요구하지 않는 내용까지 기억하느라 애쓰지 않아도 된다.

기출문제로 확인하기 Go Go!

지금부터 듣기의 지문을 먼저 읽고 문제를 보는 방법으로 확인해 보겠다. 실전에서처럼 **꼭 한 번만 읽어야 한다.** 다 읽은 후에는 바로 문제를 풀어 본다.

지문(방송) 먼저 보기(듣기)

[2011학년도 수능 대비 10월 모의고사]

※ 이제 여러분은 이야기 한 편을 듣게 됩니다. 잘 듣고 물음에 답하십시오.

　　고대 그리스 화가 중에 '아펠레스'라는 사람이 있었습니다. 아펠레스는 당대 최고의 화가라는 칭송을 받고 있었고, 왕실도 그의 능력을 인정해 후원을 마다하지 않았습니다. 하지만 그는 더 완벽한 그림을 그리고 싶은 마음에 그림을 화랑이 아닌 길가에 전시하여, 자신의 작품에 대해 누구나 내키는 대로 비평할 수 있게 하였습니다. 그러고는 행인들이 하는 모든 말을 반영하겠다고 약속했지요. 어느 날 신발 만드는 사람이 지나가던 걸음을 멈추고 그림을 감상했습니다. 한참 동안 그림을 보더니 이렇게 말했습니다.

　　"이 그림은 잘못됐어. 그림 오른쪽에 있는 이 사람의 신발 좀 봐. 이렇게 신발 끈을 꿰는 구멍이 작아서야 어디 신발 끈을 제대로 꿸 수나 있겠어?"

　　아펠레스는 부끄러웠지만 자신이 한 약속을 지키기 위해 즉시 붓을 들어 그림의 신발 끈 꿰는 구멍을 넓게 그렸습니다. 다음 날 그 사람이 다시 찾아와 그림을 보더니 또 이렇게 말했습니다.

　　"그래도 이 그림은 잘못됐어. 왼쪽에 맨발로 서 있는 사람 좀 봐. 이 사람의 발은 왜 이렇게 큰 거야? 도대체 이걸 그린 사람은 사람의 발을 제대로 보기라도 했을까?"

　　그러자 참다못한 아펠레스가 튀어나와 이렇게 쏘아붙였습니다.

　　"당신은 신발 만드는 사람이니 신발에 대해서만 말하세요."

1. [물음] 아펠레스를 비판적으로 이해할 때, 이 이야기를 들려주기에 가장 적합한 사람은?

[1점]

① 자신의 생각만 옳다고 주장하는 사람
② 자신이 세운 원칙을 쉽게 어기는 사람
③ 남의 잘못을 보고도 모른 척하는 사람
④ 자신의 능력을 지나치게 내세우는 사람
⑤ 자신이 할 수 없는 일에 끼어드는 사람

정답은 ②이다.

　　문제를 먼저 보지 않고 방송을 들으면 내용의 줄거리만 기억날 가능성이 크다. 하지만 위 문제의 경우 전반적인 내용을 이해하는가가 아니라, 이야기의 교훈을 추리할 수 있는가를 평가하기 위해 출제되었다. 이 밖에도 듣기 영역에서는 내용 전체를 적절하게 이해하는지, 이어질 내용을 파악할 수 있는지, 화자의 주장이나 내용 전개 방식이 적절한지 등, 다양한 각도의 물음이 출제된다. 따라서 듣기 영역 문제를 풀기 전에는 반드시 방송이 나오기 전에 문제의 물음과 선지를 먼저 읽어 둔다. 그러면 꼭 들어야 할 부분(문제의 출제 의도)이 무엇인지 알 수 있으므로, 그 내용에 집중하여 듣고 바로 답을 찾을 수 있다. 즉, 듣기 영역은 '어디에 초점을 맞춰 들어야 할까'를 미리 작정한 후 문제를 풀어야 함을 알았다. 다음은 문제의 물음과 선지의 핵심을 파악하여 밑줄을 그은 후 듣기를 시작하는 경우이다. 이 순서대로 문제를 풀어 보자.

[2011학년도 수능 대비 10월 모의고사]

3. [물음] 남학생의 마지막 말에 이어질 내용으로 가장 적절한 것은?

① 원하는 것을 직접 말하지 말고 돌려 말했어야 했다는 거구나.
② 상대방이 어떤 상황에 놓여 있는지 파악했어야 했다는 거구나.
③ 상대방에게 원하는 것이 무엇인지 정확히 밝혔어야 했다는 거구나.
④ 의미만 전달할 것이 아니라 정성을 담아서 표현했어야 했다는 거구나.
⑤ 상대방이 내 말을 꼭 들어줘야만 하는 이유를 적었어야 했다는 거구나.

※ 이번에는 두 학생의 대화를 들려 드립니다. 잘 듣고 물음에 답하십시오.

> 남학생 : 나는 누군가를 설득하는 능력이 없나 봐.
>
> 여학생 : 아니, 늘 당당하던 애가 왜 그래? 무슨 일이 있었어?
>
> 남학생 : 내가 이번 주 학급 주번이잖아. 그런데 동아리 일과 겹치는 바람에 주번을 바꿔 보려고 했거든! 교실 게시판에 사정을 적은 메모까지 붙여 놓고 기다렸는데, 아무도 응답이 없더라고.
>
> 여학생 : 아, 그 메모! (웃음) 어휴, 공책을 북~ 찢은 종이에 대충 갈긴 글씨로 써 놓았으니, 누가 그 내용을 제대로나 읽어 봤겠니? 내가 보기엔, 너의 설득하는 방법에 문제가 있었던 거야.
>
> 남학생 : 설득하는 방법이라니? 주번을 바꾸는 데에도 무슨 방법이 있단 말이야?
>
> 여학생 : 그럼! 어떤 사회학자가 이런 실험을 했대. 실험 참가자들에게 설문지를 작성해

달라고 부탁을 하고는, 실험 참가자의 3분의 1에게는 설문지 작성에 대해 부탁하는 글을 메모지에 적어서 설문지 앞에 붙여 놓았어. 또 다른 3분의 1에게는 똑같은 말을 메모지가 아니라 설문지의 표지에 직접 써서 줬다고 해. 그리고 마지막 3분의 1에게는 메모지도 붙이지 않고 표지에 아무것도 쓰지 않은 채 설문지만 주었대. 자, 어떤 사람들이 설문지를 가장 꼼꼼하게 작성했을 것 같니?

남학생 : 글쎄…….

여학생 : 들어 봐. 실험 결과를 살펴보면, 메모지를 붙인 설문지를 받은 참가자는 75퍼센트 이상이 빈칸을 다 채워서 제출했고, 표지에 글을 쓴 설문지를 받은 참가자는 48퍼센트, 설문지만 받은 참가자는 36퍼센트만이 성실하게 설문지를 작성했다는 거야. 이 실험을 몇 차례에 걸쳐 반복했는데, 결과는 항상 비슷하게 나왔대. 넌, 왜 이런 결과가 나왔다고 생각하니? 메모를 하는 것이 큰 힘이 드는 건 아니지만, 거기에 담긴 노력을 인정해 주었기 때문이 아닐까?

남학생 : 아, 알겠다. 그러니까 네 말은, 내가 교실 게시판에 메모를 붙일 때 (　　　)

정답은 ④이다.

쓰기 영역은 한두 문제마다 〈보기〉가 따로 있어서 〈보기〉의 내용을 모두 읽어도 한두 문제밖에 풀 수 없다. 따라서 전체적으로 시간이 모자라는 학생은 쓰기 영역의 한두 문제를 풀기 위해 긴 〈보기〉를 전부 읽는 것이 비효율적이므로, 50번까지 나머지 문제를 푼 뒤에 쓰기 영역의 문제를 푸는 것도 방법이 된다.

쓰기 영역은 문제의 선지를 먼저 본다.

쓰기 영역에서는 연상을 통한 내용 생성, 글쓰기 계획 구상, 자료 해석과 활용, 개요 작성 및 수정, 조건에 따른 글쓰기, 고쳐 쓰기, 어휘·어법이 출제된다. 쓰기 영역은 문제에서 요구하는 것을 먼저 파악한 후 〈보기〉를 보는 것이 더 빠른 풀이 방법이므로 문제의 선지를 먼저 보고, 미리 선지의 핵심 내용에 밑줄을 그은 후 〈보기〉를 보는 것이 좋다.

왜?

비문학 영역은 지문 내용에서 답을 찾아야 하지만, 쓰기 영역은 어떻게 쓰느냐의 방법을 묻는 문제이기 때문에 문제의 선지 중심으로 〈보기〉를 활용하여 답을 찾아내야 한다.

지금부터 일반적인 방법대로 〈보기〉를 먼저 읽고 문제를 풀어 보자.

[2011학년도 수능 대비 6월 모의고사]
10. 다음은 해외 탐방 참가자 공모를 보고 작성한 신청서의 일부이다. 고쳐 쓰기 의견으로 적절하지 <u>않은</u> 것은?

2. 신청 동기와 사전 준비 정도

올해의 탐방 참가자 공모를 보며 저는 가슴이 뛰었습니다. ㉠저를 선발해 주신다면 탐방의 성과를 공유함으로써 해외 탐방의 취지를 살릴 수 있도록 최선을 다하겠습니다. 탐방 지역으로 발표된 페루는 문화인류학에 관심 있는 제가 평소 가 보고 싶었던 지역이기 때문입니다. ㉡잉카 문명에 대한 제 관심은 세계사 수업을 통해 싹텄습니다.

공부하는 과정에서 저는 여러 가지 문헌들과 사진 자료들을 살펴보고 ㉢잉카 문명의 매력에 매료되었습니다. 또한 탐방 예정지인 페루의 옛 도시 쿠스코와 마추픽추를 포함한 잉카 문명 유적지들은 유네스코 세계 문화유산으로 지정되어 있을 정도로 문화인류학적 가치가 큰 유적지임을 알게 되었습니다. 그래서 언젠가는 제가 직접 방문하여 당시 사람들이 남긴 유산을 살펴보고 싶다는 ㉣소망입니다.

저는 탐방에 대한 사전 준비도 열심히 해 왔다고 자부합니다. 저는 이미 잉카 문명의 역사와 지리에 대해 많은 자료와 문헌들을 ㉤조사했더니, 첨부한 계획서와 같이 이번 탐방을 통해 구체적으로 심화 학습할 주제와 탐구 계획도 정해 놓았습니다.

① ㉠은 글의 소제목에 어울리지 않는 내용이므로 삭제한다.
② ㉡은 첫째 문단보다 둘째 문단에 어울리므로 둘째 문단의 처음으로 옮긴다.
③ ㉢은 의미의 중복을 피하기 위해 '잉카 문명에 매료되었습니다' 로 수정한다.
④ ㉣은 주어와의 호응을 고려하여 '소망을 품게 되었습니다' 로 고친다.
⑤ ㉤은 뒤에 이어진 절과의 관계를 고려하여 '조사했으므로' 로 대체한다.

> 정답은 ⑤이다. 뒤에 이어진 절과는 대등 관계이므로 '조사했고'가 적절하다.

고쳐 쓰기 문제를 풀기 위해서는 선지를 보고 〈보기〉의 내용을 읽어야 한다. 〈보기〉를 먼저 보면 내용 위주로 읽게 되기 때문이다. 물론 고쳐 쓰기 문제 중에는 글 전체의 일관성 등을 중심으로 글을 다듬을 수 있는가를 묻는 것도 있다. 그러나 위 문제는 잘못된 문장이나 어휘·어법을 고칠 수 있는가를 묻기 때문에 〈보기〉 중 해당되는 부분을 어떻게 고칠 것인지에 초점을 맞춰서 읽으면 된다.

따라서 이러한 유형은 문제의 선지를 본 후 〈보기〉 중 해당 부분을 읽고, 또 다음 선지를 본 후 〈보기〉 중 해당 부분을 읽는 방법으로 문제를 풀어야 한다.

이번에는 문제 선지의 핵심 내용에 밑줄을 긋고 〈보기〉를 보는 방식으로 문제를 풀어 보자.

[2012학년도 수능 대비 3월 모의고사]

11. 학급 문집에 실을 글의 초고이다. 고치기 위한 방안으로 적절하지 <u>않은</u> 것은? [1점]

① ㉠은 첫째 문단과 둘째 문단의 <u>흐름</u>을 고려할 때, <u>삭제</u>하는 것이 좋겠어.

> 과테말라에서는 옛날부터 걱정이 많아 잠을 못 이루는 아이들이 자신의 걱정을 '걱정 인형'에게 털어놓은 뒤 잠을 청했다고 합니다. ㉠<u>과테말라에는 걱정 인형과 관련된 풍습 외에도 다양한 민간 풍습이 전해 내려옵니다.</u>
> 제가 어릴 적에 읽었던 〈겁쟁이 빌리〉는 이 인형을 소재로 한 이야기입니다. 빌리는 소심한 성격 덕분에 모든 일을 걱정합니다.
> (……)

② ㉡은 단어의 쓰임을 고려하여 <u>'때문에'로 바꾸는 것</u>이 좋겠어.

> (……)
> 제가 어릴 적에 읽었던 〈겁쟁이 빌리〉는 이 인형을 소재로 한 이야기입니다. 빌리는 소심한 성격 ㉡<u>덕분에</u> 모든 일을 걱정합니다.
> (……)

③ ㉢에는 필요한 문장 성분이 생략되어 있으므로 <u>'잊고' 앞에 '걱정을'을 삽입</u>해야겠어.

> (……)
> 빌리는 소심한 성격 덕분에 모든 일을 걱정합니다. 이러한 빌리에게 할머니는 걱정 인형을 선물합니다. ㉢<u>이 걱정 인형으로 잊고 지내던 빌리에게 또 다른 걱정이 생깁니다.</u> '걱정 인형'의 걱정이 마음에 걸렸습니다.
> (……)

④ ㉣은 문단 간의 자연스러운 연결을 위해 <u>앞 문장과 위치를 바꾸는</u> 것이 좋겠어.

(……)

‘걱정 인형’의 걱정이 마음에 걸렸습니다. 그래서 빌리는 ‘걱정 인형’의 걱정을 대신하는 인형을 만들어 그 걱정을 해결합니다.

이제 빌리는 더 이상 걱정을 하지 않게 될까요? ㉣아마 빌리는 또 다른 인형이 필요하게 될지 모릅니다. 걱정 인형은 빌리에게 위안이 될 수는 있습니다.

(……)

⑤ ㉤은 문맥적 흐름을 고려하여 ‘하지만’으로 고쳐야겠어.

(……)

걱정 인형은 빌리에게 위안이 될 수는 있습니다. ㉤그리고 빌리의 걱정 자체를 해결해 주지는 못합니다. 인형에만 기댄다면 우리도 ‘빌리’가 되지 않을까요?

정답은 ④이다.

이제 스스로 문제 선지의 핵심 내용에 밑줄을 긋고 〈보기〉를 보는 방식으로 한 문제 더 풀어 보자.

[2012학년도 수능 대비 6월 모의고사]
10. 〈보기〉를 고쳐 쓰기 위한 방안으로 적절하지 <u>않은</u> 것은?

> 〈 보기 〉
>
> 　일반적으로 감기는 겨울에 걸린다고 생각하지만 의외로 여름에도 감기에 걸린다. 여름에는 찬 음식을 많이 먹거나 냉방기를 과도하게 사용하는 경우가 많은데, 그렇게 되면 체온이 떨어져 면역력이 약해지기 때문이다. ㉠감기를 순우리말로 고뿔이라 한다.
> 　여름철 감기를 예방하기 위해서는 찬 음식은 적당히 먹어야 하고 냉방기에 장시간 ㉡노출되어지는 것을 피해야 한다. ㉢또한 충분한 휴식을 취하고, 집에 돌아온 후에는 손발을 꼭 씻어야 한다.
> 　만약 감기에 걸렸다면 탈수로 인한 탈진을 방지하기 위해 수분을 충분히 섭취해야 한다. 특히 감기로 인해 ㉣열이나 기침을 할 때에는 따뜻한 물을 여러 번에 나누어 ㉤소량으로 조금씩 먹는 것이 좋다.

① ㉠은 글의 통일성을 해치므로 삭제해야겠어.
② ㉡은 피동 표현이 중복되므로 '노출되는'으로 수정해야겠어.
③ ㉢은 문맥의 자연스러운 흐름을 위해 '그러므로'로 바꾸어야겠어.
④ ㉣은 호응 관계를 고려하여 '열이 나거나 기침을 할 때'로 고쳐야겠어.
⑤ ㉤은 의미가 겹치므로 '소량으로'를 생략해야겠어.

정답은 ③이다.

　이제 여러분은 문제의 선지를 본 후 〈보기〉 중 해당 부분을 확인하는 방법을 통해, 〈보기〉를 먼저 읽을 경우의 시간 낭비를 줄일 수 있음을 이해했을 것이다. 출제자가 원하는 것이 무엇인지 알고 〈보기〉를 읽기 때문에 정확하고 빠르게 답을 찾을 수 있다.

　쓰기 영역에서 지문을 먼저 볼 것인지 문제를 먼저 볼 것인지에 대해 고쳐 쓰기 유형으로 연습해 봤다. 나머지 쓰기 영역, 즉 연상을 통한 내용 생성, 글쓰기 계획 구상, 자료 해석과 활용, 개요 작성 및 수정, 조건에 따른 글쓰기, 어휘·어법 유형의 경우에도 문제의 선지를 먼저 보는 것이 시간을 줄일 수 있는 방법이다.

　물론 예외는 있다. 기본적으로는 문제의 선지를 먼저 보는 것이 좋지만, 개인에 따라 차이가 있기 때문이다. 따라서 쓰기 영역의 각 유형별로 연습 문제를 풀어 본 후 자신에게 맞는 방법을 선택해야 한다. 상황에 따라 현명하게 〈보기〉를 먼저 보거나 문제를 먼저 보면서, 한 문제라도 더 빠르고 정확하게 풀기를 바란다.

문학 지문(현대시, 현대소설, 고전소설, 극이나 수필 또는 복합 지문)은 영역별로 각각 1개 지문씩이지만 비문학 지문은 6개나 된다. 그래서 비문학에서 지문 먼저 읽느냐 문제 먼저 읽느냐를 많이 궁금해하는데, 1등급을 받으려면 지문을 먼저 읽는 것이 좋다.

어휘 문제를 먼저 푼다.

지문 내용과 관련이 없는 단순 어휘 문제가 포함되어 있을 경우에는 어휘 문제를 먼저 풀고 다른 문제의 지문을 처음부터 정확히 보는 것이 좋다.

왜?

어휘 문제는 지문 전체를 읽지 않아도 풀 수 있기 때문에 이 문제를 풀고 나면 시간에 대한 부담이 줄어서 지문을 보는 데 덜 급해진다.

1~2등급 학생은 지문을 먼저 제대로 본다.

왜?

6차 교육과정 때 지문 길이가 1500자였던 것에 비해 7차 교육과정에서는 평균 1200자 ~600자이고, 한 지문에 대한 문제 수도 평균 3개로 줄었다. 따라서 지문의 일부분을 이해했는지 묻는 문제보다는 지문 전체를 이해했는지 묻는 문제들이 출제되기 때문에 지문의 맥락을 정확히 파악해야 한다. 그러기 위해서는 지문을 처음부터 제대로 읽는 것이 좋다.

1~2등급 학생들은 비문학 영역의 지문을 한 번 정확히 읽고 문제를 푸는데, 지문 독해 시간이 평균 2분~2분 30초 정도일 때 정답률이 가장 높다.

지문 독해 시간이 2분보다 지나치게 적게 걸릴 때에는 지문을 대충 읽고 문제를 풀었기 때문에 틀리기 쉽다. 그리고 지문 독해 시간이 2분 30초보다 지나치게 많이 걸릴 때에는 지문이 제대로 이해되지 않아 몇 번씩 읽느라 시간이 많이 걸린 것이기 때문에 문제를 풀어도 틀릴 가능성이 크다.

3~4등급 학생은 일치 문제 선지를 먼저 본 후 지문을 본다. 그리고 문제를 먼저 보고 해당 지문을 본다.

3~4등급 학생은 지문을 무턱대고 처음부터 읽는 것보다는 일치 문제의 선지를 먼저 본 후 지문을 본다. 그리고 이 문제를 푼 다음에 부분적인 내용 이해를 묻는 문제를 푸는 것이 좋다. 이때에는 문제의 물음과 선지를 먼저 보고 지문의 해당 내용을 본다.

왜?

지문과 일치하는 내용을 묻는 문제의 선지를 보면 지문 전체 내용을 짐작할 수 있으므로 지문 독해가 쉬워진다. 그리고 3~4등급 학생은 한 지문에 한 문제 정도 틀리는 경우가 많은데, 전체 지문을 읽어도 무슨 내용인지 잘 몰라 시간을 끄는 것보다는 문제를 보면서 지문을 찾아 읽는 것이 독해 부담이나 시간을 줄이는 방법이다. 맞힐 수 있는 문제에서 1점이라도 더 올리는 것이 좋다.

하지만 3~4등급 학생도 결국 1등급 학생처럼 지문을 정확히 보고 문제를 푸는 방법을 익혀야 한다.

현대시를 쉽게 풀 수 있는 방법은 시를 시로 보지 않는 것이다. 즉 짧게 쓴 이야기라 생각하고 줄거리를 파악하면 화자의 정서나 태도, 표현상의 특징 등을 충분히 알고 문제를 풀 수 있다. 이때 도움이 되는 것이 문제의 〈보기〉이므로 내용 파악에 도움이 되는 〈보기〉라면 먼저 살짝 보는 것이 좋다.

문제의 〈보기〉를 먼저 살짝만 본다.

왜?

현대시는 시대적 배경이나 작가를 알면 작품 이해에 도움이 되는데, 그것을 문제의 〈보기〉에서 설명하는 경우가 많다. 현대시는 특히 일제 강점기, 전쟁 발발 시대, 민주화 시대의 작품으로 나누어 보면 시의 줄거리 파악이 훨씬 쉬워진다.

주의할 점은, 〈보기〉가 작가나 시대에 대한 설명이 아니라 원론적인 내용을 다루는 것이라면 〈보기〉를 안 보고 문제를 푸는 것이 더 낫다. 이런 문제는 묻고자 하는 내용이 〈보기〉가 아니라 지문에 담겨 있기 때문이다.

1~2등급 학생은 지문의 전체 작품을 보고 차례대로 푼다. 또는 지문의 한 작품씩 보고 해당 문제를 푼다.

왜?

현대시의 경우 작품을 충분히 이해한 학생이라면 지문의 작품을 모두 본 후 단골로 출제되는 공통점 찾기 문제부터 풀면 된다. 그리고 작품 가운데 이해가 잘 안 되는 것이 있으면 이해되는 작품과 해당 문제를 찾아서 먼저 풀면 된다. 이렇게 한 작품을 먼저 보고 해당 문제를 풀 경우에는 공통점 찾기 문제는 맨 나중에 푸는 것이 좋다.

3~4등급 학생은 지문의 한 작품씩 보고 해당 문제를 푼다.

왜?

3~4등급 학생은 지문의 전체 작품을 먼저 보고 다 이해하는 데 시간이 많이 걸린다. 문제를 풀 때 불안해서 허둥거리게 되므로, 자신 있는 작품을 먼저 골라서 읽고 해당하는 문제를 푸는 것이 좋다. 그렇게 한두 문제를 풀고 나면 나머지 문제는 좀 더 편안하게 풀 수 있다.

결국 현대시 영역의 모든 문제는 작품(시)의 줄거리를 파악하느냐가 관건이다. 줄거리를 통해 내용이 이해되면 화자의 상황, 심정, 시어의 의미를 묻는 문제도 풀 수 있다.

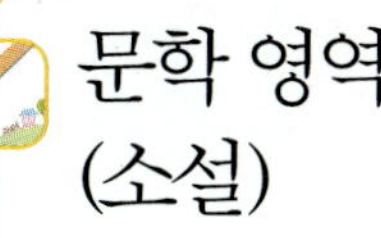

문학 영역 (소설)

- 문제의 〈보기〉 먼저 살짝만 보기
- 고전소설은 가계도를 그리며 지문 보기

대부분의 학생이 2학년 때까지는 소설을 그다지 어렵게 생각하지 않는다. 재미있게 읽을 수 있기 때문이다. 하지만 3학년이 되고 수능이 가까워질수록 어렵게 느껴지는 것이 소설이다. 고전소설은 유형이 정해져 있으므로 유형별로 내용 정리를 해 두면 독해도 쉬워지고 문제 풀이 시간도 줄일 수 있으며, 현대소설은 소설 독해법에 따라 체계적으로 연습하는 것이 좋다.

문제의 〈보기〉를 먼저 살짝만 본다.

현대소설에서는 작가나 시대적 배경과 관련된 것을 문제의 〈보기〉에 제시하는 경우가 많고, 고전소설에서는 줄거리와 관련된 것을 문제의 〈보기〉에 제시하는 경우가 많다. 따라서 작품의 내용을 파악하는 데 도움이 되는 것이라면 문제의 〈보기〉를 가볍게 미리 읽고 지문을 보는 것이 좋다.

왜?

소설은 지문의 길이가 긴데, 문제의 〈보기〉를 통해 주제를 짐작하고 지문을 읽는 것과 주제를 전혀 모르고 지문을 읽는 것과는 내용 이해에 차이가 있다.

고전소설은 가계도를 그리며 지문을 본다.

왜?

3~4등급 학생의 경우는 고전소설을 특히 어려워하는데, 고전소설에서는 등장인물을 표현하는 용어들이 복잡하고 인물들 또한 한꺼번에 많이 등장하기 때문이다.

특히 앞부분 줄거리에 복잡한 인물 관계가 나오면 가계도를 그리면서 지문을 보는 것이 좋다.

2 시간이 모자라!

 듣기 영역　　 쓰기 영역

 비문학 영역　　 문학 영역

　많은 학생이 언어 영역에서 시간이 부족하다고 하소연한다. 하지만 그것은 요즘 학생들만의 이야기가 아니다.

　수능이 시작되던 1994학년도에는 60문제를 90분 동안 풀었다가, 1997학년도부터 65문제를 100분에 풀어야 했다. 2001학년도 시험에서는 60문제로 줄였고 시험 시간은 90분이었다. 그래도 시간이 부족하다는 이야기는 계속되었고, 2008학년도 수능 때 드디어 60문제에서 50문제로 과감히 문제 수를 줄였다. 시험 시간은 80분.

　1997학년도에 비해 15문제가 줄었고 시간은 20분이 줄었건만 여전히 우리 학생들은 시간이 부족해서 힘들어한다. 시간만 많이 있으면 다 맞을 수 있을 것 같은데, 시간이 모자라니 안타까울 뿐이다.

　80분은 50문제를 풀기에 결코 넉넉한 시간이 아니다. 그러므로 시간이 모자라지 않기 위해서는 먼저 1등급 학생들의 문제 풀이 시간을 분석해야 한다.

　문제 풀이 시간을 단축하기 위해 연습을 할 때에는, 집에서 듣기 평가를 하려면 복잡하므로 6번 쓰기 문제부터 시작하여 끝까지 약 60분 안에 마치면 된다. 여기에 듣기, 검토, OMR 답지 체크 시간을 더하면 총 80분이 걸리게 된다.

1등급 학생의 문제 풀이 시간

 **듣기 영역**

14분(방송 시간 12~13분)

쓰기 영역

8분

비문학 영역

지문당 평균 4분 30초 – 총 27분

 **문학 영역(현대시, 현대소설)**

지문당 평균 6분 – 총 12분

문학 영역(고전소설, 복합지문)

지문당 평균 5분 30초 – 총 11분

검토 5분

OMR 답지 체크 3분

총 80분

다음은 실제 학생들의 문제 풀이 시간과 오답률을 체크한 것이다. 이를 보면 등급별로 지문을 읽는 시간과 문제를 푸는 시간이 다르고, 이것이 오답률에도 영향을 끼친다는 것을 알 수 있다.

> 비문학의 지문을 읽는 시간은 2분~2분 30초 내외로 하고, 문제까지 완성하는 시간이 4분~4분 30초일 때 정답률이 높다.

<1등급 : 9등점>

영역	지문독해시간	문제까지완성시간	오답수
쓰기		7분 26초	6
비문학1	2분 21초	3분 7초	0
고전소설	2'33"	3'52"	0
비문학2	1'48"	4'19"	0
비문학3	2'24"	3'49"	0
듣	2'38"	4'55"	0
비문학4	1'39"	4'42"	0
현대시	2'19"	8'31"	—
현대산문	3'29"	5'39"	0
비문학5	1'47"	4'12"	0
비문학6	1'54"	5'52"	0

<1등급 : 9b점>

영역	지문독해시간	문제까지	오답수
쓰기		7분40초	0
비문학1	1분44초	3분58초	0
고전소설	2'28"	4'39"	0
비문학2	1'52"	4'10"	0
비문학3	2'07"	3'08"	0
듣	2'39"	4'52"	0
비문학4	1'54"	4'59"	—
현대시		7'25"	0
현대산문	2'39"	7'00"	—
비문학5	1'47"	4'58"	0
비문학6	59"	3'26"	0

> 현대산문은 현대소설인데, 지문 독해 시간이 3~4분 정도 소요될 때 정확히 읽었을 가능성이 크다. 지문을 정확히 읽으면 문제까지 완성 시간도 단축할 수 있고 오답 가능성도 낮다.

지문 독해를 1분 27초간 하고 문제까지 완성 시간이 5분 55초, 지문 독해 시간이 1분 55초에 문제까지 완성 시간이 4분 35초 걸린 경우나, 또는 지문 독해 시간이 1분 45초이고 문제까지 완성 시간이 7분 42초 걸리면 오답하거나 시간을 많이 뺏길 수밖에 없다. 이 경우는 지문은 대충 읽고 문제를 풀면서 지문을 다시 찾아 읽기 때문인데, 전체 맥락이 아니라 부분을 찾아보고 문제를 풀기 때문이다. 마음이 급하다 보니 지문을 급하게 읽은 탓인데 그럴 경우 오히려 시간은 더 많이 걸리고 함정에 빠질 가능성이 크다. 학생들이 시험을 보고 나서 쉬웠다고 생각했는데 정작 채점해 보면 점수가 엉망일 때가 있는데, 지문을 부분적으로 찾아 읽으면서 출제자가 원하는 함정에 빠졌기 때문이다. 다시 한 번 강조하지만, 문제 푸는 데 시간을 많이 들이지 말고 지문을 정확히 읽는 것이 더 중요하다.

<2등급 : 98점   cut 92점>

영역	지문독해 시간	문제까지 완성시간	오답수
소기		6분52초	0
비문학1	1분41초	3분15초	0
비문학2	1'55"	4'35"	—
현대소설	3'00"	5'49"	—
비문학3	1'42"	3'52"	0
운문복합	2'18"	7'15"	—
비문학4	1'57"	4'30"	—
⇒	2'23"	5'23"	0
비문학5	1'43"	3'34"	0
비문학6	2'03"	5'00	—
고전산문	2'12"	6'08	—

<3등급 : 83점   cut 85점>

영역	지문독해시간	문제까지 완성시간	오답수
소기	'	6분54초	—
비문학1	2분13초	4분39초	0
비문학2	1'27"	5'55"	—
현대소설	1'58"	5'41"	T
비문학3	2'01"	5'06"	0
운문복합		8'37"	—
비문학4	1'45"	7'42"	6
⇒	3'21"	6'11"	—
비문학5	1'37"	4'29"	0
비문학6	2'24"	4'16"	0
고전산문	3'52"	6'30"	—

3~4등급 학생은 의외로 현대소설에 별로 부담을 갖지 않고 지문을 독해하는 경우가 있다. 비문학처럼 머리 아픈 내용이 아니라 편하게 읽기 때문이다. 하지만 수능에 가까워질수록 소설이 어려워지므로 절대 쉽게 생각해서는 안 된다. 지문 독해 시간이 1분 58초 걸리고 문제 풀이까지 5분 41초 걸린 학생은 오답이 2개이고, 3분 독해하고 문제 풀이까지 5분 49초 걸린 학생은 오답이 1개인 것을 보면 알 수 있듯이, 소설 지문을 대충 읽고 문제를 풀면서 다시 볼 생각을 하면 높은 점수를 받기 어렵다.

 기출 문제지로 자신의 수준을 점검해 보자.

1. 초시계와 기출 문제지 준비하기

2. 시험 시작 시각 적기

3. 시험 끝낼 시간 65분을 더해서 시각 적기

   (65분=문제를 푸는 데 걸리는 시간 60분+영역별로 걸린 시간 기록하기 5분)

4. 영역별로 걸린 시간 기록하기

1등급 학생의 문제 풀이 시간(예시)

영역	지문 독해 시간	문제 풀이 완성 시간
쓰기(6번~12번)	–	8분
현대시	3분 30초	6분
비문학 1	2분 30초	4분 30초
비문학 2	2분 30초	4분 30초
고전소설	3분	5분 30초
비문학 3	2분 30초	4분 30초
비문학 4	2분 30초	4분 30초
현대소설	3분 30초	6분
비문학 5	2분 30초	4분 30초
복합 지문	3분	5분 30초
비문학 6	2분 30초	4분 30초
계	58분(약 60분)	

특히 비문학은 지문 길이와 문제 수에 따라 지문당 문제 풀이 시간이 3분 30초~5분 정도 걸리는데, 평균적으로 지문 독해에 2분~2분 30초, 문제까지 푸는 데 4분 30초 정도 걸리면 좋다.

지문 독해 시간이 2분보다 지나치게 적게 걸리면 지문을 대충 읽은 것이므로 문제 푸는 데 시간이 더 걸리거나 틀릴 가능성이 크다. 그리고 지문 독해 시간이 2분 30초보다

지나치게 많이 걸리면 지문 독해가 잘 안 된 것이므로 역시 틀릴 가능성이 크다.

나의 문제 풀이 시간

모의고사 문제를 풀면서 문제 풀이 시간을 확인해 보자.

• 시험 시작 시각 :

• 시험 종료 시각 :

영역	지문 독해 시간	문제 풀이 완성 시간
계	분	

• 1등급은 시간에 맞춰 문제를 다 푼다.

• 2등급은 1~2개의 지문을 남기고 60분이 될 것이다.

• 3~4등급은 대충 풀어서 시간이 많이 남거나, 2~3개의 지문을 남긴 채 60분이 될 것이다.

• 시간이 부족해서 못 읽은 지문의 문제 중에서 풀기만 했다면 맞힐 수 있는 문제들도 많으니 꼭 끝까지 풀 수 있도록 시간 관리를 해야 한다.

등급에 상관없이 문제 풀이 시간을 줄이는 방법

초시계를 사용하여 학습 시기별로 다르게 연습한다.

예비 3학년 1월까지

시간을 체크하지 말고 지문 독해법과 문제 풀이법에 따라 정확히 푸는 연습을 한다.

3학년 여름방학 전까지

영역별로 시간을 체크하면서 지문 독해법과 문제 풀이법에 따라 정확히 푸는 연습을 한다.

3학년 여름방학부터

50문제 전체를 시간 내에 푸는 연습을 한다.

3학년 9월부터

현재 시각과 상관없이 아날로그시계를 언어 영역 시험이 시작되는 8시 40분으로 돌려서 맞춘다. 9시 2~3분이 되면 쓰기를 다 풀어야 하고, 9시 10분이면 약 2개 지문의 문제를 풀어야 한다. 이렇게 시곗바늘이 가리키는 시간을 눈여겨보면서 문제 푸는 속도를 조절한다.

1. 쓰기 영역이 자신 없는 학생은 자료 해석과 활용, 개요 작성 및 수정, 어법 문제는 50번까지 다 푼 뒤에 풀기

2. 비문학 영역의 기술 지문이 자신 없는 학생은 50번까지 다 푼 뒤에 풀기

3. 고전문학이 자신 없는 학생은 50번까지 다 푼 뒤에 풀기

1단계

3~4등급 학생은 시간 부족으로 못 푸는 문제가 없도록 하면서 점수를 올리는 것이 가장 먼저 할 일이다. 어려운 지문에서 시간을 끌다 보면 뒤에 맞힐 수 있는 문제도 못 풀게 된다.

시간을 끄는 문제는 결국 틀리기 쉽다. 틀리기 위해 2분 30초~3분을 써 버리는 셈이다. 4분 30초면 지문 독해 후 3~4문제를 풀 수 있는 시간이다.

그러므로 어려운 문제나 지문은 표시해 둔 후 과감히 지나가고 50번까지 풀 수 있는 문제를 다 푼 뒤에 푼다. 특히 쓰기 영역의 자료 해석과 활용, 개요 작성 및 수정, 어법 문제의 경우 문제를 풀기 위해 생각하는 시간에 비해 얻는 점수가 높지 않기 때문에 맨 나중에 푸는 것이 좋다.

2단계

자신 있는 영역을 먼저 풀되 평상시에 기본을 정확히 다지는 공부를 할 필요가 있다. 지문 독해 연습이 제대로 안 된 상태에서 문제만 많이 풀면, 잘못된 사고 과정을 고칠 수 없기 때문에 좋지 않다. 잘못된 문제 풀이 습관을 계속 연습하는 셈이다.

무조건 문제를 많이 푸는 것이 아니라 지문 독해법에 따라 지문을 정확히 독해하는 연습을 하는 것이 아주 중요하다.

특히 비문학을 정확히 독해하는 연습을 반드시 해야 한다. 언어 영역에서 10개의 지문 중에 6개가 비문학 지문이기 때문에 먼저 비문학을 열심히 해야 한다.

비문학이 잘되면 언어에 자신감이 생긴다. 문제의 물음이나 선지에서 요구하는 핵심도 빠르고 정확하게 파악할 수 있게 되므로 문제 푸는 시간도 줄어든다.

비문학이 잘되면 그 다음에 문학을 한다. 문학에서는 현대시 독해법을 먼저 공부하는 것이 좋다. 시 줄거리를 파악하는 연습을 하면 시에 재미가 붙어 문제도 잘 맞힐 수 있게 된다.

비문학과 현대시 문제를 잘 풀면 전체 문제 풀이 시간도 줄어들어 2~3등급으로 훌쩍 뛰어오를 수 있다.

2~3등급 학생이 문제 풀이 시간을 줄여서 점수 올리는 방법

1. 이해가 안 되는 지문의 문제는 50번까지 다 푼 뒤에 풀기
2. 답이 잘 안 보이는 문제는 50번까지 다 푼 뒤에 풀기
3. 지문별로 어휘 문제 먼저 풀기
4. 영역별로 지문이나 문제 보는 순서를 정하기

1단계

2~3등급 학생 역시 시간 부족으로 못 푸는 문제가 없도록 하면서 점수를 올리는 것이 급선무이다. 어려운 지문에서 시간을 끌다 보면 뒤에 맞힐 수 있는 문제도 못 푸는 일이 생긴다.

시간을 끌어도 틀릴 가능성이 큰 지문은 과감히 넘어가고, 시간이 지나 못 볼 2개 정도의 지문에서 아는 문제를 3~4개 더 맞히도록 노력한다. 아는 문제를 다 풀어서 5~8점을 올리면 한 등급을 올릴 수 있다.

따라서 보던 지문이나 문제가 아깝더라도 과감히 넘어간다. 문제를 읽고 고민했던 시간이 아까워서 계속 잡고 있어도, 사고의 전환이 이루어지기 어렵기 때문에 틀릴 가능성이 크다. 다른 문제를 풀다 돌아오면 새로운 생각의 틀이 생겨서 오히려 정답을 맞힐 확률이 높다.

어휘 문제는 다른 문제를 풀기 전에 먼저 풀도록 한다. 지문 전체 내용과 큰 관계가 없으므로 지문 전체 독해가 안 되어도 문제를 풀 수 있다. 네 문제 중 한 문제를 미리 풀어두면 심리적으로 안정된다.

2단계

지문 독해법과 문제 풀이법에 따라 공부를 계속하다 보면 거짓말처럼 문제 풀이 시간이 줄어들고, 정답률도 높아져서 1등급이 될 수 있다.

1등급 학생이 문제 풀이 시간을 줄이는 방법

1등급 학생은 이미 제대로 된 방법으로 문제를 풀고 있기 때문에 지문 독해법과 문제 풀이법에 따라 꾸준히 연습하면 된다. 1등급이라고 방심하다 보면 점수가 쉽게 떨어지는 것이 언어 영역이다. 수능 전날까지 긴장을 풀지 말아야 한다.

3 문제만 많이 풀면 점수가 오르나?

 듣기 영역   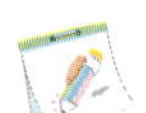 쓰기 영역

 비문학 영역    문학 영역

언어는 특별히 공부하는 방법이 있을 것 같지 않고, 문제만 많이 풀면 될 것 같다고 생각하는 경우가 많다. 물론 문제를 많이 풀면 점수가 오른다. 하지만 문제만 많이 푼다면 10,000문제를 풀어야 할 것을, 영역별로 기본기를 다져서 풀면 반의반만 풀어도 그 이상의 효과를 얻을 수 있다.

문제만 많이 푼다면 무작정 바위를 두드려 깨는 것이고, 기본기를 다져서 방법에 따라 푼다면 바위의 결을 살펴보고 한 번에 깨는 것이라고 할 수 있다.

문제를 엄청나게 많이 풀면 90점 경계까지는 점수가 오른다. 하지만 그 이상은 오르기 힘들다. 수능이 가까워지면서 모의고사에 난이도가 높은 문제들이 점점 많이 출제되기 때문이다.

문제를 푸는 방법에 따라 기본기를 익히고 체계적으로 공부해야 한다. 그러면 문제를 어렵게 내거나 유형을 바꾸어 내더라도 충분히 응용해서 풀 수 있는 능력이 생긴다.

무조건 문제만 많이 풀 때의 좋은 점과 나쁜 점

좋은 점

- 언어에 대한 감을 잡을 수 있다.
- 언어의 문제 유형을 알게 된다.

나쁜 점

- 언어를 감으로 풀기 때문에 정답을 맞히고도 불안하다.
- 언어의 유형을 안다고 해도 정답을 맞힐 수 있는 것이 아니다.
- 답을 찾는 사고 과정이 잘못된 것이라면 문제를 많이 풀수록 나쁜 방법을 계속 연습하는 셈이다.

문제를 많이 풀어야 하는 시기는 따로 있다.

고3 여름방학 전까지 정확하게 이론과 기본기를 다진다. 그 다음부터는 아주 많은 문제로 기본기를 확인하고 강화하는 연습을 해야 한다. 이때 푸는 문제는 자신의 실력을 다지는 문제이기 때문에 점수로 차곡차곡 쌓이게 된다.

4 머리 아픈 '어법', 꼭 공부해야 하나?

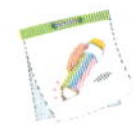 쓰기 영역　 비문학 영역

　많은 학생이 어법(언어 문법)을 어려워한다. 중학교 때부터 어법을 배우기는 하지만, 비문학이나 문학 영역처럼 꾸준히 문제를 푸는 것이 아니기 때문에 용어를 듣긴 들은 것 같은데 정확히 모른다.

　그렇다고 비문학이나 문학처럼 많은 시간을 투자할 필요도 없고, 너무 일찍 시작할 필요도 없다. 일찍 시작한다 해도 문제가 별로 없기 때문에 반복 학습이 어렵다. 고2 겨울 방학 때 한 번 정리하고, 고3 첫 모의고사인 3월에 한 번 보고, 6월과 9월 모의고사 때 정리하면 된다.

어법은 포기해서는 안 된다!

왜?

　어법은 쓰기 영역에서 11번 또는 12번에 반드시 한 문제가 나온다. 그뿐이라면 포기할 수도 있겠지만 비문학 영역에서 어법과 관련된 언어 지문이 반드시 나온다. 또한 어법을 알고 있으면 지문이 훨씬 빨리 이해되므로 독해 시간을 줄이고 독해 정확도를 높일 수 있다.

1. 꼭 필요한 용어만 외워도 쓰기 영역 어법 문제와 비문학 영역 언어 지문 3~4문제 OK!

2. 어법 이해 증가로 지문 독해 능력이 향상되어 문제 푸는 시간 절약!

자신의 어법 수준 체크하기

다음 중 알고 있는 용어에 체크해 보자.

정확히 이해하고 있는 것은 ○ / 잘은 모르지만 들어 본 적이 있는 것은 V

음운

음운	☐	음절	☐
조음 위치	☐	예사소리, 된소리, 거센소리	☐
울림소리, 안울림소리	☐	전설 모음, 후설 모음	☐
원순 모음, 평순 모음	☐	음절의 끝소리 규칙	☐
구개음화	☐	자음 동화	☐
모음 동화	☐	모음 조화	☐
양성 모음, 음성 모음	☐	사잇소리 현상	☐
축약, 탈락	☐		

형태소

형태소	☐	자립 형태소, 의존 형태소	☐
실질 형태소, 형식 형태소	☐		

단어

품사	☐	체언(명사, 대명사, 수사)	☐
용언(동사, 형용사)	☐	수식언(관형사, 부사)	☐
조사, 감탄사	☐	격 조사, 접속 조사, 보조사	☐
불규칙 활용	☐	어간, 어미	☐
어말 어미, 선어말 어미	☐	연결 어미, 종결 어미, 전성 어미	☐
단일어, 파생어, 합성어	☐	어근, 접사	☐
통사적 합성어, 비통사적 합성어	☐	중심 의미, 주변 의미	☐
다의어, 동음이의어	☐		

문장

주성분(주어, 서술어, 목적어, 보어)			☐
부속 성분(관형어, 부사어)	☐	독립 성분(독립어)	☐

홑문장 ☐

대등하게 이어진 문장, 종속적으로 이어진 문장 ☐

안은문장, 안긴문장(명사절, 관형절, 부사절, 서술절, 인용절) ☐

주체 높임법	☐	객체 높임법	☐
상대 높임법	☐	시제	☐
발화시, 사건시	☐	동작상	☐
진행상, 완료상	☐	능동	☐
피동	☐	주동	☐
사동	☐		

- 정확히 이해하고 있는 것 : (   )개
- 잘은 모르지만 들어 본 적이 있는 것 : (   )개

위에 나온 90개 정도의 용어 개념만 확실히 정리해도 쓰기 영역의 어법 문제와 비문학 영역의 언어 지문을 쉽게 이해할 수 있다. 해 볼 만하지 않나?

[2012학년도 수능 대비 3월 모의고사]

12. 〈보기〉를 바탕으로 서술어에 나타나는 '-었-, -았-, -였-'에 대해 탐구 학습을 해 보았다. 학습의 결과로 적절하지 않은 것은? [3점]

〈 보기 〉

ㄱ. 어제는 내내 공부를 하였다.

ㄴ. 나사를 세게 조였다.

ㄷ. 어머니가 아이에게 우유를 먹였다.

ㄹ. 나는 도서관에서 책을 보았고, 철수는 휴게실에서 음악을 들었다.

ㅁ. 그는 학생이었고, 뒤에 오는 부부는 그의 부모였다.

① ㄱ~ㅁ의 서술어에 나타난 '-었-, -았-, -였-' 속에는 모두 과거의 의미가 내포되어
   있다.
② ㄴ에서는 서술어의 기본형이 '조이다'이고, ㄷ에서는 '먹이다'이므로 두 경우 모두
   '-었-'이 포함되어 있다.
③ ㄱ과 ㄷ의 서술어에 나타난 '-였-'의 형태소를 분석해 보면, 그것을 구성하고 있는
   형태소가 다름을 알 수 있다.
④ ㄹ로 보아, 어간 뒤에 '-았-'이 아니라 '-었-'이 쓰일 수 있는 경우는 어간의 마지막
   음절에 양성 모음이 쓰이지 않았을 때이다.
⑤ ㅁ으로 보아 '-이었-'의 준말인 '-였-'은 '-이었-'을 쓸 때와는 의미상의 차이를
   보인다.

정답은 ⑤이다.

위 문제를 쉽게 풀기 위해 알아야 하는 어법 용어
• 서술어   • 형태소   • 어간   • 음절   • 양성 모음

[2011학년도 대학수학능력시험]

[37~39] 다음 글을 읽고 물음에 답하시오.

> 오늘날 단일어로 여겨지는 '두더지'는 본래 두 단어가 결합한 말이다. '두더'는 무엇
> 인가를 찾으려고 샅샅이 들추거나 헤친다는 뜻을 지닌 동사 '두디다'(>뒤지다)에서 왔
> 으며, '지'는 '쥐'가 변화된 것이다. 따라서 두더지는 '뒤지는 쥐'라는 뜻을 갖는 합성
> 어였다.
> '뒤지는 쥐'라고 하면 이해하기 쉽지만 '뒤지쥐'라고 하면 어색하게 느껴진다. 그것
> 은 '뒤지쥐'가 마치 '달리는 차'를 '달리차'라고 하는 것과 같기 때문이다. '뒤지는 쥐'
> 나 '달리는 차'는 국어에서 단어가 둘 이상 결합된 단위인 구(句)를 만드는 방법을 따르
> 고 있으므로 우리에게 자연스럽게 받아들여진다.
> 구를 만드는 이러한 방법은 합성어를 만드는 데에도 적용된다. 체언과 체언이 결합한
> ⓐ'호두과자', 관형사와 체언이 결합한 '한번', 부사와 용언이 결합한 '잘생기다', 용언
> 의 관형사형과 체언이 결합한 ⓑ'된장', 체언과 용언이 결합한 '낯설다', 용언의 연결형
> 과 용언이 결합한 '접어들다' 등은 구를 만드는 것과 같은 방법을 따라 만들어진 합성

어들로 이를 통사적 합성어라고 한다.

　반면에 이런 방법을 따르지 않고 만들어진 합성어들도 있다. 두 개의 용언 어간끼리 결합한 ⓒ'오르내리다'와 용언 어간에 체언이 직접 결합한 ⓓ'밉상'이 그 예이다. 또한 '깨끗하다'의 '깨끗'과 같이 독립적인 쓰임을 보이지 않는 어근인 '어둑'에 체언이 결합한 ⓔ'어둑새벽', 그리고 ㉠'귀엣말'과 같이 부사격 조사 '에'와 관형격 조사였던 'ㅅ'의 결합형이 포함된 단어 등도 구를 만드는 방법을 따르지 않는 경우이다. 이러한 합성어를 비통사적 합성어라고 한다.

　'두더지'는 본래 용언 어간에 체언이 직접 결합했으므로 비통사적 합성어였다. 그러나 '두디쥐>두더지'의 어형 변화로 이제는 이것이 합성어였음을 알아차리기 쉽지 않다. '숫돌' 또한 본래 용언 '뽗다'(비비다)의 어간에 체언 '돌'이 직접 결합해 만들어진 비통사적 합성어였다. 그러나 '뽗>숫'의 형태 변화와 더불어 동사 '뽗다'의 소멸로 이 단어의 원래 짜임새를 알기 어렵게 되었다.

37. 위 글에 대한 이해로 가장 적절한 것은?

① 본래 단일어였던 '두더지'는 현재 합성어로 인식된다.
② 결합되는 단어의 수는 합성어의 유형 구분에 기준이 된다.
③ 구(句)와 합성어가 만들어지는 방식에는 서로 차이가 없다.
④ '숫돌'을 형성했던 용언은 품사가 바뀌는 언어 변화를 겪었다.
⑤ 언어 변화는 단어의 짜임새를 파악하기 어렵게 만들기도 한다.

정답은 ⑤이다.

위 문제를 쉽게 풀기 위해 알아야 하는 어법 용어

• 단일어	• 동사	• 합성어	• 체언
• 관형사	• 부사	• 용언	• 통사적 합성어
• 어간	• 어근	• 부사격 조사	• 비통사적 합성어

　어법에 대한 두려움은 90개 정도의 용어만 알면 벗어날 수 있다. 이론을 깊이 있게 몰라도 된다. 막연히 두려워하기보다는 90개 정도의 어법 용어만 확실히 정리하고 쓰기 영역 어법 한 문제와 비문학 영역 언어 지문 네 문제를 맞혀 평균 10점을 더 획득하자!

5 듣기 영역은 메모하면서 풀어야 하나?

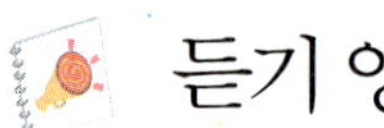 듣기 영역

　언어 영역 듣기 방송이 시작되는 순간, 볼펜 떨어지는 소리조차 거슬릴 정도로 시험장은 긴장감으로 팽팽해진다. 드디어 수능 시험이 시작된다. 중학교 때부터 6년간의 온갖 고생들이 하루에 판가름 나는 순간이다. 어떻게 보면 오로지 이 순간을 위해 달려왔으니 잘해야 한다. 오늘 하루만은 모든 행운이 함께하길 기도하며 듣기를 시작한다.

> 1번부터 5번까지는 듣고 답하는 문제입니다. 방송을 잘 듣고 답을 하기 바랍니다. 듣는 내용은 한 번만 방송됩니다.

　순간 어디선가 '사각사각' 하는 소리가 들린다. 긴장해서 잘 듣지 못하고 한 번밖에 방송하지 않는 내용을 놓칠까 봐 메모를 하는 것이다.

　개개인의 성격에 따라 다르지만, 일반적으로 듣기 영역의 모든 내용을 메모할 필요는 없다. 문제를 먼저 보고 물음과 선지의 핵심어에 미리 밑줄을 그은 다음, 거기에 맞춰 들으면 된다. 모든 문제가 세부 내용을 묻는 것은 아니기 때문이다.

듣기 평가

| 1번 문제 | 내용 전체 맥락 파악하기 → 메모할 필요 X |

| 2번 문제 | 세부 내용 파악하기 → 메모할 필요 X, 또는 O |

| 3번 문제 | 이어질 내용 파악하기 → 메모할 필요 X |

| 4~5번 문제 |
- 말하는 방식 파악하기 → 메모할 필요 X
- 내용 파악하기 → 메모할 필요 X, 또는 ○

듣기 영역은 웬만해서는 메모할 필요가 없다!

왜?

특별한 경우를 제외하고, 이어질 내용 파악하기 문제나 교훈을 추리할 수 있는가를 평가하는 문제의 경우에는 메모하지 않고 문제가 요구하는 바에 맞춰서 들으면 충분히 풀 수 있다. 세부 내용 파악하기 문제도 방송을 들으면서 문제의 선지를 보며 풀 수 있는 경우가 많으므로 반드시 메모를 할 필요는 없다.

자칫 방송 내용 메모에 신경 쓰다가, 말하는 사람의 태도나 방식 등을 묻는 문제에서 답을 찾기 어려울 수도 있다.

4번과 5번 문제는 한 지문에 두 문제를 풀도록 되어 있다. 이 경우 한 문제는 내용을 묻는 문제이고, 다른 한 문제는 말하는 방식을 묻는 문제이기 때문에, 미리 문제의 물음과 선지의 핵심어에 밑줄을 그어 두고 들을 때 주의를 기울이면 된다.

그리고 듣기 영역은 언어의 다른 영역만큼 많은 시간을 들여 따로 공부할 필요가 없다. 비문학 영역 공부가 완성되면 듣기 영역 문제는 대부분 다 맞는다. 비문학 지문을 한 번 듣고 푼다고 생각하면 된다.

기출문제로 확인하기 Go Go!

지금부터 듣기 지문을 **한 번만 읽고** 문제를 풀어 보도록 하자.

tip 1 방송을 듣기 전에 문제의 물음과 선지의 핵심어에 밑줄을 그으면 답이 더 빨리 눈에 들어온다.

tip 2 방송에 해당 내용이 나오면 선지의 밑줄을 보면서 오답을 하나씩 지워 나간다.

tip 3 4번과 5번 문제는 한꺼번에 듣고 같이 풀어야 하는 문제인데, 내용과 말하는 방식을 묻는 문제가 반드시 하나씩 나온다. 이때에는 내용을 묻는 문제에 초점을 두고 문제의 선지를 확인하면서 답을 찾는다. 그 다음에 말하는 방식을 묻는 문제를 푼다.

[2011학년도 대학수학능력시험]

2. [물음] 방송 내용과 일치하지 <u>않는</u> 것은?

① 글로뮈를 통과한 피는 <u>모세혈관을 거쳐 정맥으로</u> 흐른다.
② 글로뮈는 추울 때 <u>피부의 온도를</u> 적정하게 유지시켜 준다.
③ 글로뮈는 <u>모세혈관으로 들어가는 피의 양이 줄면서</u> 열린다.
④ 글로뮈는 동정맥문합이라 불리며 <u>피부 가까이 분포해</u> 있다.
⑤ 글로뮈는 <u>과식, 스트레스 등으로 제 기능을 못할 수</u> 있다.

※ 다음은 라디오 방송의 일부를 들려 드립니다. 잘 듣고 물음에 답하십시오.

> 겨울이 되면 손발이 차가운 사람들이 있죠? 손발이 차가워지는 원인은 대개 혈액 순환과 관련이 있습니다. 추위 때문에 피부 온도가 낮아지면 모세혈관으로 들어가는 피의 양이 줄어듭니다. 이때 피부 가까이에 분포해 동맥과 정맥을 직접 이어 주는 글로뮈라는 관으로 피가 흐르면서 손발이 따뜻한 상태로 회복됩니다. 즉 동맥에서 공급된 피가 <u>모세혈관을 거치지 않고</u> 글로뮈를 통해 직접 정맥으로 흐르면서, 손발에 다시 따뜻한 피의 양이 늘어나 피부 온도가 따뜻하게 유지되는 것이죠. 글로뮈는 평소에 닫혀 있습니다. 그러다가 모세혈관에 들어가는 피의 양이 줄어들면서 글로뮈가 열려 혈액 순환을 원활하게 해 줍니다. 하지만 글로뮈가 딱딱해져서 제 기능을 못하면 추울 때 혈액 순환이 제대로 되지 않아 손발이 차가운 상태로 남아 있는 것이지요. 글로뮈를 다른 말로 동정맥문합이라고도 하는데요, 연구에 의하면 글로뮈의 기능을 떨어뜨리는 원인에는 과식, 음주, 스트레스 등이 있다고 합니다.

정답은 ①이다. 위의 밑줄 그은 부분이 방송으로 나올 때 선지 ①을 보면 답이라는 것을 알 수 있다.

[2011학년도 대학수학능력시험]

4. [물음] 토의에 대한 분석으로 적절하지 <u>않은</u> 것은?

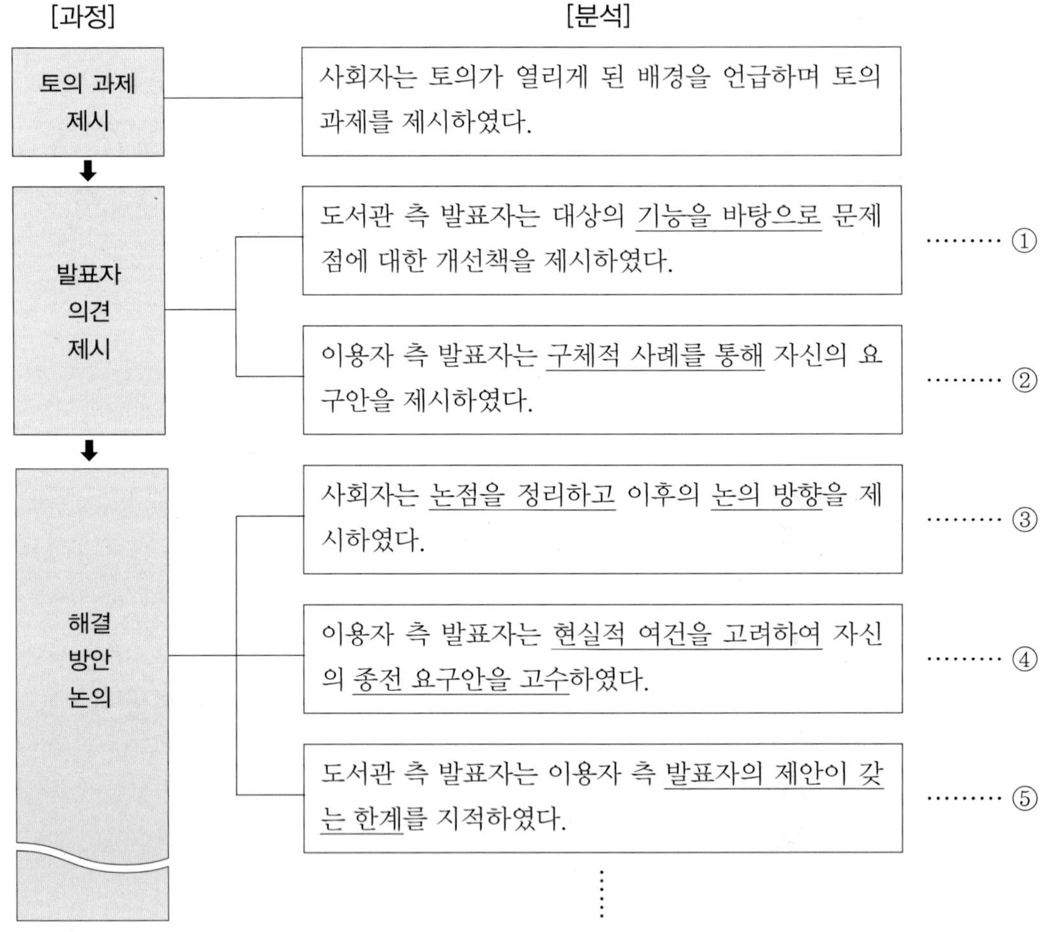

※ 다음은 토의의 일부를 들려 드립니다. 잘 듣고 물음에 답하십시오.

> **사회자 :** 얼마 전 우리 동네 주민 도서관에 대한 건의를 받았습니다. 이를 토대로 지난번 토의에 이어 이번 토의에서도 도서관 측과 이용자 측 발표자를 모시고 도서관 운영의 문제점과 해결 방안에 대해 논의해 보고자 합니다. 먼저 도서관 측에서 말씀해 주십시오.
>
> **도서관 측 발표자 :** 현재 도서관 운영에 여러 문제가 있지만, 가장 큰 문제는 도서관이

본연의 기능을 수행하지 못한다는 것입니다. 도서관은 자료를 열람하는 시설입니다. 그런데 일반 열람실은 물론 자료를 쉽게 보도록 서가 옆에 책상을 비치해 놓은 개가식 열람실까지도 사람들이 자기 책을 가지고 공부하는 공부방으로 변질되어 버렸습니다. 이렇게 되면서 도서관 자료를 열람하려는 사람들이 어려움을 겪고 있습니다. 따라서 도서관 본연의 기능을 잘 살리기 위해서는 개가식 열람실의 공간을 확대해서 좌석을 늘리고 서가가 없는 일반 열람실을 축소할 필요가 있습니다.

사회자 : 자료를 찾아서 바로 볼 수 있는 개가식 열람실을 확대해야 한다는 말씀이시죠? 다음은 이용자 측에서 말씀해 주시죠.

이용자 측 발표자 : 사실 일반 열람실을 이용하는 사람도 많이 있습니다. 그래서 저는 일반 열람실을 축소하는 것에는 반대합니다. 그보다는 지난번 토의에서도 언급되었듯이 개가식 열람실 개방 시간을 늘려 주셨으면 합니다. 저희 아이는 주말에만 개가식 열람실을 이용할 수 있어요. 평일에는 학생들이 방과 후 활동을 마치고 도서관에 가면 개가식 열람실은 문을 닫은 상태죠.

사회자 : 두 분의 의견을 정리하면, 첫째는 공간 조정 문제인데, 이에 대해서는 양측 의견이 엇갈리는 부분이 있네요. 둘째는 개가식 열람실 개방 시간에 관한 문제인데요, 이용자 측 발표자께는 죄송하지만 개방 시간 연장은 이미 지난번 토의에서 예산과 인력 때문에 현재로서는 실시하기 어렵다는 이야기가 있었습니다. 특별히 덧붙일 말씀이 있으시면 말씀해 주시고, 그 후에는 공간 문제에 초점을 맞추어 토의를 진행했으면 합니다.

이용자 측 발표자 : 네. 알겠습니다. 개방 시간 연장이 예산과 인력 문제 때문에 <u>현실적으로 어려우시다고 하니, 새로운 안을 하나 제안하고자 합니다.</u> 인터넷으로 자료를 이용할 수 있게 해 주시면 어떻겠습니까? 그러면 이용자 입장에서 자료 이용이 훨씬 편리해지지 않을까요?

도서관 측 발표자 : 글쎄요. 개방 시간 연장도 그렇지만, 인터넷을 통한 자료 제공도 어려운 점이 있습니다. 자료 구축에 소요되는 비용과 시간도 문제이고, 저작권 문제가 있어서 자료 제공이 쉽지 않습니다.

정답은 ④이다. 위의 밑줄 그은 부분이 방송으로 나올 때 선지 ④를 보면 답이라는 것을 알 수 있다.

6 한자성어, 얼마나 외워야 하나?

간혹 수능에는 꼭 필요하지 않은 한자성어까지도 외우는 학생들이 있다. 물론 한자성어를 많이 알수록 좋지만, 일분일초가 아까운 수험생이 무조건 많이 외우는 것은 경제적이지 않다.

그리고 한자성어를 이루는 각 한자를 알면 한자성어를 이해하거나 암기하기가 훨씬 쉽지만, 잘 모른다고 해서 큰 걱정은 하지 않아도 된다. 또한 수능에는 '각골난망(刻骨難忘)'처럼 한자성어의 음이 나오고 괄호 안에 한자가 나오기 때문에 한자를 읽을 줄 몰라도 된다.

한자성어가 문제로 나오는 부분은 고전소설 영역이다. 평균적으로 2점 또는 1점이지만, 그 점수로 등급이 바뀌기도 하므로 결코 무시할 수 없다.

1. 한자성어를 이루는 한자를 잘 몰라도 된다.
2. 한자성어는 고전소설 영역에서 나온다.
3. 중요한 한자성어 250개 정도만 외우면 걱정 끝~!

한자성어는 기출 90개와 중요 160개 정도만 외우면 된다.

왜?

모의고사와 수능에 출제되었던 한자성어들이 다시 출제되기 때문에 자주 출제된 한자성어 90개 정도는 꼭 외워야 한다. 그리고 고전소설 영역에서 문제가 나오므로 기출 약 90개 외에도 고전소설의 내용에서 다뤄질 수 있는 한자성어를 유의해서 외우면 된다. 160개 정도면 끝~!

기출 한자성어는 쉬운 것이 많고, 출제 가능 한자성어까지 250개 정도만 외우면 되니까 하루에 20개씩 외우면 2주 안에 끝낼 수 있다. 이 정도만 외우면 한자성어 한 문제는 맞힐 수 있는데, 안 외운다면 확보된 점수를 놓치니 아까울 뿐이다.

　다음은 모의고사와 수능에 출제된 한자성어이다. 자신이 아는 한자성어가 얼마나 되는지 확인해 보자. 한자성어는 고전소설 내용과 관련 있는 것을 중심으로 외우면 된다. 선지 중 붉은색이 정답이었다. 의외로 쉬운 한자성어가 정답이라는 생각이 들 것이다.

[2008학년도 수능 대비 3월 모의고사 - 2점]

① 감탄고토(甘呑苦吐) ☐ 　　② 개과천선(改過遷善) ☐

③ 조삼모사(朝三暮四) ☐ 　　④ 인과응보(因果應報) ☐

⑤ 점입가경(漸入佳境) ☐

[2008학년도 수능 대비 6월 모의고사 - 1점]

① 일벌백계(一罰百戒) ☐ 　　② 유구무언(有口無言) ☐

③ 청천벽력(靑天霹靂) ☐ 　　④ 토사구팽(兔死狗烹) ☐

⑤ 비분강개(悲憤慷慨) ☐

[2008학년도 수능 대비 9월 모의고사 - 2점]

① 침소봉대(針小棒大) ☐ 　　② 목불인견(目不忍見) ☐

③ 수수방관(袖手傍觀) ☐ 　　④ 각골통한(刻骨痛恨) ☐

⑤ 기사회생(起死回生) ☐

[2008학년도 수능 대비 10월 모의고사 - 1점]

① 사생결단(死生決斷) ☐ 　　② 오월동주(吳越同舟) ☐

③ 견문발검(見蚊拔劍) ☐ 　　④ 속수무책(束手無策) ☐

⑤ 전전반측(輾轉反側) ☐

[2008학년도 수능 - 1점]

① 표리부동(表裏不同) ☐ 　　② 경거망동(輕擧妄動) ☐

③ 호가호위(狐假虎威) ☐ 　　④ 방약무인(傍若無人) ☐

⑤ 감탄고토(甘呑苦吐) ☐

[2009학년도 수능 대비 4월 모의고사 – 2점]
① 조삼모사(朝三暮四) ☐   ② 허장성세(虛張聲勢) ☐
③ 방약무인(傍若無人) ☐   ④ 호가호위(狐假虎威) ☐
⑤ 아전인수(我田引水) ☐

[2009학년도 수능 대비 6월 모의고사 – 1점]
① 선견지명(先見之明) ☐   ② 노심초사(勞心焦思) ☐
③ 식자우환(識字憂患) ☐   ④ 시시비비(是是非非) ☐
⑤ 적반하장(賊反荷杖) ☐

[2009학년도 수능 대비 9월 모의고사 – 1점]
① 동가홍상(同價紅裳) ☐   ② 동문서답(東問西答) ☐
③ 동병상련(同病相憐) ☐   ④ 동분서주(東奔西走) ☐
⑤ 동상이몽(同床異夢) ☐

[2009학년도 수능 대비 10월 모의고사 – 1점]
① 설상가상(雪上加霜) ☐   ② 진퇴유곡(進退維谷) ☐
③ 좌고우면(左顧右眄) ☐   ④ 좌불안석(坐不安席) ☐
⑤ 전전반측(輾轉反側) ☐

[2009학년도 수능 – 1점]
① 이왕지사(已往之事) ☐   ② 자포자기(自暴自棄) ☐
③ 만시지탄(晩時之歎) ☐   ④ 진퇴양난(進退兩難) ☐
⑤ 새옹지마(塞翁之馬) ☐

[2010학년도 수능 대비 4월 모의고사 – 2점]
① 사필귀정(事必歸正), 수원수구(誰怨誰咎) ☐
② 새옹지마(塞翁之馬), 감탄고토(甘呑苦吐) ☐
③ 고진감래(苦盡甘來), 표리부동(表裏不同) ☐
④ 인과응보(因果應報), 일희일비(一喜一悲) ☐
⑤ 전화위복(轉禍爲福), 부화뇌동(附和雷同) ☐

[2010학년도 수능 대비 6월 모의고사 – 2점]
① 허장성세(虛張聲勢) ☐   ② 수주대토(守株待兎) ☐
③ 안하무인(眼下無人) ☐   ④ 천려일실(千慮一失) ☐
⑤ 자가당착(自家撞着) ☐

[2010학년도 수능 대비 9월 모의고사 – 2점]
① 사면초가(四面楚歌) ☐   ② 기사회생(起死回生) ☐
③ 삼십육계(三十六計) ☐   ④ 혼비백산(魂飛魄散) ☐
⑤ 이란투석(以卵投石) ☐

[2010학년도 수능 – 1점]
① 두문불출(杜門不出) ☐   ② 가인박명(佳人薄命) ☐
③ 일편단심(一片丹心) ☐   ④ 망양지탄(亡羊之歎) ☐
⑤ 독야청청(獨也靑靑) ☐

[2011학년도 수능 대비 3월 모의고사 – 2점]
① 면종복배(面從腹背) ☐   ② 견마지로(犬馬之勞) ☐
③ 권토중래(捲土重來) ☐   ④ 절치부심(切齒腐心) ☐
⑤ 사필귀정(事必歸正) ☐

[2011학년도 수능 대비 6월 모의고사 – 2점]
① 수구초심(首丘初心) ☐   ② 오월동주(吳越同舟) ☐
③ 적반하장(賊反荷杖) ☐   ④ 환골탈태(換骨奪胎) ☐
⑤ 온고지신(溫故知新) ☐

[2011학년도 수능 대비 9월 모의고사 – 1점]
① 고진감래(苦盡甘來) ☐   ② 괄목상대(刮目相對) ☐
③ 권불십년(權不十年) ☐   ④ 동상이몽(同床異夢) ☐
⑤ 오리무중(五里霧中) ☐

[2011학년도 수능 대비 10월 모의고사 - 1점]
① 백척간두(百尺竿頭) ☐   ② 풍비박산(風飛雹散) ☐
③ 천재일우(千載一遇) ☐   ④ 고군분투(孤軍奮鬪) ☐
⑤ 흥진비래(興盡悲來) ☐

[2011학년도 수능 - 1점]
① 내우외환(內憂外患) ☐   ② 명재경각(命在頃刻) ☐
③ 사고무친(四顧無親) ☐   ④ 오리무중(五里霧中) ☐
⑤ 자승자박(自繩自縛) ☐

[2012학년도 수능 대비 3월 모의고사 - 2점]
① 막역지간(莫逆之間) ☐   ② 문경지교(刎頸之交) ☐
③ 견원지간(犬猿之間) ☐   ④ 수어지교(水魚之交) ☐
⑤ 관포지교(管鮑之交) ☐

[2012학년도 수능 대비 4월 모의고사 - 1점]
① 결자해지(結者解之) ☐   ② 설상가상(雪上加霜) ☐
③ 자업자득(自業自得) ☐   ④ 전화위복(轉禍爲福) ☐
⑤ 토사구팽(兎死狗烹) ☐

[2012학년도 수능 대비 6월 모의고사 - 1점]
① 각골통한(刻骨痛恨) ☐   ② 물아일체(物我一體) ☐
③ 이심전심(以心傳心) ☐   ④ 진퇴양난(進退兩難) ☐
⑤ 천우신조(天佑神助) ☐

[2012학년도 수능 - 2점]
① 자화자찬(自畵自讚) ☐   ② 감언이설(甘言利說) ☐
③ 임기응변(臨機應變) ☐   ④ 대경실색(大驚失色) ☐
⑤ 전전긍긍(戰戰兢兢) ☐

01 가인박명(佳人薄命) 아름다운 사람은 운명이 기박하거나 명이 짧음.
– 2010학년도 수능

02 각골통한(刻骨痛恨) 뼈에 사무치도록 원통하고 한스러움.
– 2008학년도 수능 대비 9월 모의고사, 2012학년도 수능 대비 6월 모의고사

03 감언이설(甘言利說) 남을 꾈 때 하는 달콤한 말과 이로운 이야기.
– 2012학년도 수능

04 감탄고토(甘呑苦吐) 달면 삼키고 쓰면 뱉음.
– 2008학년도 수능 대비 3월 모의고사, 2010학년도 수능 대비 4월 모의고사

05 견마지로(犬馬之勞) 개나 말 정도의 하찮은 노력. 자신의 노력을 겸손하게 나타
내는 말. – 2011학년도 수능 대비 3월 모의고사

06 견문발검(見蚊拔劍) 모기 보고 칼 뽑음. 사소한 일에 크게 성내며 덤빔.
– 2008학년도 수능 대비 10월 모의고사

07 견원지간(犬猿之間) 개와 원숭이의 사이. 사이가 매우 나쁜 관계.
– 2012학년도 수능 대비 3월 모의고사

08 결자해지(結者解之) 맺은 사람이 풀어야 함. 일을 만든 사람이 해결해야 함.
– 2012학년도 수능 대비 4월 모의고사

09 고군분투(孤軍奮鬪) 외로운 군사가 힘을 다해 적군과 싸움.
– 2011학년도 수능 대비 10월 모의고사

10 고진감래(苦盡甘來) 쓴 것이 다하면 단 것이 옴. 고생이 다하면 좋은 일이 옴.
– 2010학년도 수능 대비 4월 모의고사, 2011학년도 수능 대비 9월 모의고사

11 관포지교(管鮑之交) 관중과 포숙의 사귐. 절친한 친구 사이를 이르는 말.
– 2012학년도 수능 대비 3월 모의고사

12 괄목상대(刮目相對) 눈을 비비고 상대를 봄. 상대의 실력이 눈에 띄게 향상됨을
표현하는 말. – 2011학년도 수능 대비 9월 모의고사

13 권불십년(權不十年) 권세는 십 년을 가지 못함.
– 2011학년도 수능 대비 9월 모의고사

14 권토중래(捲土重來) 땅을 말아 일으킬 것 같은 기세로 다시 옴. 패한 뒤 세력을

회복하여 다시 쳐들어옴을 이르는 말.

– 2011학년도 수능 대비 3월 모의고사

15 기사회생(起死回生) 죽을 뻔하다가 살아남.

– 2010학년도 수능 대비 9월 모의고사

16 내우외환(內憂外患) 안과 밖에 근심이 있음.

– 2011학년도 수능

17 노심초사(勞心焦思) 몹시 마음을 쓰며 애를 태움.

– 2009학년도 수능 대비 6월 모의고사

18 대경실색(大驚失色) 크게 놀라 얼굴빛이 하얗게 질림.

– 2012학년도 수능

19 독야청청(獨也靑靑) 홀로 푸름. 절개 있음을 표현하는 말.

– 2010학년도 수능

20 동가홍상(同價紅裳) 같은 값이면 다홍치마. 이왕이면 좋은 물건을 가짐·

– 2009학년도 수능 대비 9월 모의고사

21 동문서답(東問西答) 물음과는 상관없는 엉뚱한 대답.

– 2009학년도 수능 대비 9월 모의고사

22 동병상련(同病相憐) 같은 병을 앓는 사람끼리 서로 가엾게 여김. 같은 처지에 있는 사람끼리 서로 연민을 느낌.

– 2009학년도 수능 대비 9월 모의고사

23 동분서주(東奔西走) 동쪽으로 뛰고 서쪽으로 뜀. 몹시 바삐 돌아다님.

– 2009학년도 수능 대비 9월 모의고사

24 동상이몽(同床異夢) 같은 자리에 자면서 다른 꿈을 꾼다는 뜻으로, 겉으로는 같이 행동하지만 속으로는 각각 다른 생각을 함.

– 2009학년도 수능 대비 9월 모의고사, 2011학년도 수능 대비 9월 모의고사

25 두문불출(杜門不出) 문을 닫고 나가지 않음.

– 2010학년도 수능

26 막역지간(莫逆之間) 서로 거스름이 없는 사이. 서로 뜻이 맞는 아주 가까운 사이.

– 2012학년도 수능 대비 3월 모의고사

27 만시지탄(晩時之歎) 때가 늦었음을 한탄함.

– 2009학년도 수능

28	망양지탄(亡羊之歎)	갈림길이 매우 많아 잃어버린 양을 찾을 길이 없음을 탄식함. 학문의 범위가 넓고 복잡하여 얻는 것이 적음을 한탄하는 말.

                                                               − 2010학년도 수능

29 면종복배(面從腹背) 겉으로는 복종하는 체하면서 속으로는 배반함.
− 2011학년도 수능 대비 3월 모의고사

30 명재경각(命在頃刻) 금방이라도 숨이 끊어져 죽게 될 지경임.
− 2011학년도 수능

31 목불인견(目不忍見) 참상 등을 차마 눈 뜨고 볼 수 없음.
− 2008학년도 수능 대비 9월 모의고사

32 문경지교(刎頸之交) 서로를 위해서라면 목이 잘린다 해도 후회하지 않을 사이. 죽고 살기를 같이할 정도로 친한 사이.
− 2012학년도 수능 대비 3월 모의고사

33 물아일체(物我一體) 자연과 내가 어울려 하나가 됨.
− 2012학년도 수능 대비 6월 모의고사

34 방약무인(傍若無人) 좌우에 사람이 아무도 없는 것처럼 말이나 행동을 함부로 함.
− 2008학년도 수능, 2009학년도 수능 대비 4월 모의고사

35 백척간두(百尺竿頭) 백 척이나 되는 장대 위에 서 있음. 몹시 어렵고 위태로운 지경.
− 2011학년도 수능 대비 10월 모의고사

36 비분강개(悲憤慷慨) 슬프고 분하여 의분이 북받침.
− 2008학년도 수능 대비 6월 모의고사

37 사고무친(四顧無親) 사방을 둘러봐도 친한 사람이 없음. 의지할 만한 사람이 없음.
−2011학년도 수능

38 사면초가(四面楚歌) 사방에서 들려오는 초나라의 노랫소리. 적에게 둘러싸여 도움의 손길 없이 고립된 경우를 표현하는 말.
− 2010학년도 수능 대비 9월 모의고사

39 사생결단(死生決斷) 죽고 사는 것을 가리지 않고 결판내려 함.
− 2008학년도 수능 대비 10월 모의고사

40 사필귀정(事必歸正) 모든 일은 반드시 바른 길로 돌아감.
− 2010학년도 수능 대비 4월 모의고사, 2011학년도 수능 대비 3월 모의고사

41 삼십육계(三十六計) 불리할 때에는 달아나는 것이 가장 좋은 방법임을 나타내는

말.   – 2010학년도 수능 대비 9월 모의고사

42 새옹지마(塞翁之馬) 인생의 길흉화복이란 항시 바뀌어 예측할 수 없음.

– 2009학년도 수능, 2010학년도 수능 대비 4월 모의고사

43 선견지명(先見之明) 닥쳐올 일을 미리 아는 슬기로움.

– 2009학년도 수능 대비 6월 모의고사

44 설상가상(雪上加霜) 눈 위에 서리가 덮임. 불행한 일이 잇따라 일어남.

– 2009학년도 수능 대비 10월 모의고사, 2012학년도 수능 대비 4월 모의고사

45 속수무책(束手無策) 손을 묶은 것처럼 어찌할 도리가 없음.

– 2008학년도 수능 대비 10월 모의고사

46 수구초심(首丘初心) 여우도 죽을 때에는 살던 언덕 쪽으로 머리를 둠. 고향을 그리워하는 마음을 이르는 말.

– 2011학년도 수능 대비 6월 모의고사

47 수수방관(袖手傍觀) 팔짱을 끼고 보고만 있음. 직접 나서지 않고 내버려 둠.

– 2008학년도 수능 대비 9월 모의고사

48 수어지교(水魚之交) 물과 물고기의 관계처럼 친밀하여 떨어질 수 없는 사이.

– 2012학년도 수능 대비 3월 모의고사

49 수원수구(誰怨誰咎) 다른 사람을 원망하거나 탓할 것이 없음.

– 2010학년도 수능 대비 4월 모의고사

50 수주대토(守株待兎) 토끼가 나무 그루터기에 부딪쳐 죽기를 기다림. 한 가지 일에 얽매여 발전하지 못하는 어리석은 사람을 표현하는 말.

– 2010학년도 수능 대비 6월 모의고사

51 시시비비(是是非非) 옳고 그름.

– 2009학년도 수능 대비 6월 모의고사

52 식자우환(識字憂患) 글자(학식)를 아는 것이 도리어 근심을 낳음.

– 2009학년도 수능 대비 6월 모의고사

53 아전인수(我田引水) 제 논에 물 대기. 자기에게만 이롭게 생각하거나 행동함.

– 2009학년도 수능 대비 4월 모의고사

54 안하무인(眼下無人) 눈 아래에 사람이 없음. 거만하여 다른 사람을 업신여김.

– 2010학년도 수능 대비 6월 모의고사

55 오리무중(五里霧中) 오 리나 되는 짙은 안개 속에 있음. 어떤 일에 대해 알 길이

없음.   - 2011학년도 수능 대비 9월 모의고사, 2011학년도 수능

56 오월동주(吳越同舟) 서로 원수 관계면서 같은 자리에 있거나 협력해야 하는 상황을 나타내는 말.

- 2008학년도 수능 대비 10월 모의고사, 2011학년도 수능 대비 6월 모의고사

57 온고지신(溫故知新) 옛것을 익혀 새것을 앎.

- 2011학년도 수능 대비 6월 모의고사

58 유구무언(有口無言) 입이 있어도 할 말이 없음. 변명할 말이 없음.

- 2008학년도 수능 대비 6월 모의고사

59 이심전심(以心傳心) 마음으로 서로 통함.

- 2012학년도 수능 대비 6월 모의고사

60 이왕지사(已往之事) 이미 지나간 일.

- 2009학년도 수능

61 인과응보(因果應報) 원인과 결과가 서로 묶임. 원인이 있으면 그에 어울리는 결과가 있음.

- 2008학년도 수능 대비 3월 모의고사, 2010학년도 수능 대비 4월 모의고사

62 일벌백계(一罰百戒) 한 사람을 벌주어 백 사람을 깨우침.

- 2008학년도 수능 대비 6월 모의고사

63 일편단심(一片丹心) 한 조각의 붉은 마음. 한결같은 정성스러운 마음.

- 2010학년도 수능

64 임기응변(臨機應變) 그때그때 닥친 뜻밖의 일을 재빨리 대처함.

- 2012학년도 수능

65 자가당착(自家撞着) 자기 언행의 전후가 모순되어 일치하지 않음.

- 2010학년도 수능 대비 6월 모의고사

66 자승자박(自繩自縛) 자기 줄로 자신을 묶음. 스스로를 망침.

- 2011학년도 수능

67 자업자득(自業自得) 자신이 저지른 일의 결과를 자기가 받음.

- 2012학년도 수능 대비 4월 모의고사

68 자포자기(自暴自棄) 스스로를 해치고 버림.

- 2009학년도 수능

69 자화자찬(自畫自讚) 자신이 한 일을 스스로 칭찬함.   - 2012학년도 수능

| 70 | 적반하장(賊反荷杖) | 도둑이 도리어 매를 듦. 잘못한 사람이 아무 잘못도 없는 사람을 나무람. |

– 2009학년도 수능 대비 6월 모의고사, 2011학년도 수능 대비 6월 모의고사

| 71 | 전전긍긍(戰戰兢兢) | 겁을 먹고 벌벌 떨며 조심함. |

– 2012학년도 수능

| 72 | 전전반측(輾轉反側) | 걱정거리로 몸을 이리저리 뒤척이며 잠을 못 이룸. |

– 2008학년도 수능 대비 10월 모의고사, 2009학년도 수능 대비 10월 모의고사

| 73 | 전화위복(轉禍爲福) | 화가 바뀌어 오히려 복이 됨. |

– 2010학년도 수능 대비 4월 모의고사, 2012학년도 수능 대비 4월 모의고사

| 74 | 절치부심(切齒腐心) | 이를 갈고 속을 썩임. 대단히 분함. |

– 2011학년도 수능 대비 3월 모의고사

| 75 | 점입가경(漸入佳境) | 갈수록 경치가 더해짐. 일이 점점 더 재미있는 지경으로 돌아감. |

– 2008학년도 수능 대비 3월 모의고사

| 76 | 조삼모사(朝三暮四) | 아침에 세 개, 저녁에 네 개라는 뜻. 간사한 꾀로 남을 속임. |

– 2008학년도 수능 대비 3월 모의고사, 2009학년도 수능 대비 4월 모의고사

| 77 | 좌고우면(左顧右眄) | 옆을 돌아보기만 함. 일을 결정하지 못함. |

– 2009학년도 수능 대비 3월 모의고사

| 78 | 좌불안석(坐不安席) | 불안이나 근심으로 한자리에 오래 있지 못함. |

– 2009학년도 수능 대비 3월 모의고사

| 79 | 진퇴양난(進退兩難) | 나아가지도 물러서지도 못하는 상황. |

– 2009학년도 수능, 2012학년도 수능 대비 6월 모의고사

| 80 | 진퇴유곡(進退維谷) | 나아가거나 물러서지 못하는 상황. |

– 2009학년도 수능 대비 10월 모의고사

| 81 | 천려일실(千慮一失) | 천 번 생각에 한 번 실수. 현명한 사람도 실수할 때가 있음. |

– 2010학년도 수능 대비 6월 모의고사

| 82 | 천우신조(天佑神助) | 하늘과 신이 도움. |

– 2012학년도 수능 대비 6월 모의고사

| 83 | 천재일우(千載一遇) | 천 년에 한 번 만남. 좀처럼 얻기 어려운 좋은 기회. |

– 2011학년도 수능 대비 10월 모의고사

| 84 | 청천벽력(靑天霹靂) | 마른하늘에 날벼락. 뜻밖의 일을 당함. |

– 2008학년도 수능 대비 6월 모의고사

85   침소봉대(針小棒大)   바늘만 한 것을 몽둥이만 하다고 말함. 작은 일을 크게 부풀려서 말함.

– 2008학년도 수능 대비 9월 모의고사

86   토사구팽(兎死狗烹)   토끼가 죽으면 토끼를 잡던 사냥개를 삶아 먹음. 필요하면 쓰고 필요 없게 되면 버림.

– 2008학년도 수능 대비 6월 모의고사, 2012학년도 수능 대비 4월 모의고사

87   표리부동(表裏不同)   겉과 속이 일치하지 않음.

– 2008학년도 수능, 2010학년도 수능 대비 4월 모의고사

88   풍비박산(風飛雹散)   바람 불어 우박이 흩어짐. 엉망으로 깨어져 흩어져 버림.

– 2011학년도 수능 대비 10월 모의고사

89   호가호위(狐假虎威)   여우가 호랑이의 힘을 빌려 위세 부림. 남의 힘으로 위세 부림.

– 2009학년도 수능 대비 4월 모의고사

90   혼비백산(魂飛魄散)   혼백이 어지러이 흩어짐. 몹시 놀라 어찌할 바를 모름.

– 2010학년도 수능 대비 9월 모의고사

91   환골탈태(換骨奪胎)   옛사람이나 타인의 글을 조금 바꿔서 전보다 더 좋아지게 함.

– 2011학년도 수능 대비 6월 모의고사

92   흥진비래(興盡悲來)   즐거운 일이 다하면 슬픈 일이 닥쳐옴.

– 2011학년도 수능 대비 10월 모의고사

01	가렴주구(苛斂誅求)	가혹하게 세금을 걷고 재물을 빼앗음. 탐관오리를 표현함.
02	각골난망(刻骨難忘)	은혜가 뼈에 새길 만큼 커서 잊히지 않음.
03	각주구검(刻舟求劍)	칼을 강에 떨어뜨리고 그 위치를 뱃전에 표시했다가 그 칼을 찾으려 함. 어리석은 사람을 이르는 말.
04	간담상조(肝膽相照)	간과 쓸개를, 즉 속마음을 내보일 정도로 친함.
05	거안사위(居安思危)	평안할 때에도 닥칠 위험을 생각하여 미리 대비해야 함.
06	건곤일척(乾坤一擲)	운명과 흥망을 건 한판 승부.
07	견강부회(牽强附會)	이치에 맞지 않는 말을 억지로 끌어 붙여 자기에게 유리하게 함.
08	견리사의(見利思義)	이익을 보면 의리를 먼저 생각함.
09	견위치명(見危致命)	나라의 위태로움을 보고 목숨을 던짐.
10	결초보은(結草報恩)	풀을 묶어 은혜에 보답함. 죽어서도 은혜를 잊지 않음을 이르는 말.
11	겸인지용(兼人之勇)	여러 사람을 당해 낼 만한 용기.
12	고립무원(孤立無援)	고립되어 구원을 받을 데가 없음.
13	고식지계(姑息之計)	잠시 모면하는 일시적인 방법. 임시방편.
14	고장난명(孤掌難鳴)	외손뼉으로는 소리가 날 수 없음. 혼자서는 이룰 수 없음.
15	곡학아세(曲學阿世)	바르지 못한 학문으로 세상 사람에게 아부함.
16	골육상잔(骨肉相殘)	가족이나 친척 간에 해침.
17	공리공론(空理空論)	헛된 이론이나 논의.
18	공명정대(公明正大)	공평하고 사사로움 없이 올바름.
19	공중누각(空中樓閣)	공중에 떠 있는 누각. 기초가 튼튼하지 못함을 이르는 말.
20	과유불급(過猶不及)	정도가 지나침은 오히려 모자람과 같음.
21	교각살우(矯角殺牛)	소의 뿔을 바로잡으려다가 소를 죽임. 조그만 일을 고치려다가 큰일을 그르침.
22	교언영색(巧言令色)	환심을 사기 위해 좋게 꾸민 얼굴과 말.
23	구밀복검(口蜜腹劍)	입에는 꿀이 있으나 배에는 칼이 있음. 겉으로는 친한 척하나 해칠 생각을 함.

24	구상유취(口尙乳臭)	입에서 아직 젖내가 남. 말이나 행동이 유치함.
25	구우일모(九牛一毛)	아홉 마리 소 가운데 있는 하나의 털. 많은 것 가운데 극히 적은 수.
26	군계일학(群鷄一鶴)	닭의 무리 가운데 한 마리 학. 뛰어난 사람을 이르는 말.
27	구절양장(九折羊腸)	아홉 번 꼬부라진 양의 창자. 험한 길을 이르는 말.
28	극기복례(克己復禮)	사욕을 누르고 예의를 좇음.
29	근묵자흑(近墨者黑)	먹을 가까이하는 사람은 검어짐. 환경의 중요성 강조.
30	금과옥조(金科玉條)	금이나 옥같이 귀한 법이나 규정.
31	금의야행(錦衣夜行)	비단옷을 입고 밤길을 다님. 아무 보람 없는 행동.
32	기호지세(騎虎之勢)	호랑이를 탄 형세. 도중에 그만둘 수 없는 경우.
33	난공불락(難攻不落)	공격하기 어려워 무너지지 않음.
34	난형난제(難兄難弟)	누구를 형이라 하고 누구를 아우라 하기 어려움. 막상막하.
35	남가일몽(南柯一夢)	꿈과 같이 헛된 한때의 부귀영화. 일장춘몽.
36	남귤북지(南橘北枳)	강남의 귤을 강북에 심으면 탱자가 됨. 환경에 따라 변함.
37	남부여대(男負女戴)	남자는 지고 여자는 임. 가난한 사람들의 피난 모습.
38	낭중지추(囊中之錐)	주머니 속의 송곳. 인재는 숨어 있어도 드러남.
39	누란지세(累卵之勢)	쌓아 놓은 알의 형세. 몹시 위태로운 형세.
40	능소능대(能小能大)	크고 작은 일에 모두 능함. 능수능란.
41	단사표음(簞食瓢飮)	대그릇 밥과 표주박 물. 청빈하고 소박한 생활.
42	대기만성(大器晩成)	큰 그릇을 만드는 데에는 시간이 오래 걸림. 크게 될 사람은 늦게 이루어짐.
43	동가식서가숙(東家食西家宿)	동쪽 집에서 밥 먹고 서쪽 집에서 잠. 일정한 거처 없이 떠돌아다님.
44	동량지재(棟梁之材)	마룻대와 들보로 쓸 만한 재목. 중요한 일을 맡을 만한 인재.
45	등고자비(登高自卑)	높은 곳에 오르려면 낮은 데서부터 시작함. 일을 순서대로 해야 함. 높은 지위에 있을수록 겸손해야 함.
46	등하불명(燈下不明)	등잔 밑이 어두움.
47	등화가친(燈火可親)	서늘한 가을밤은 등불을 가까이 두고 글 읽기 좋음을 뜻함.
48	마이동풍(馬耳東風)	동풍이 말의 귀를 스쳐 감. 남의 말을 귀담아듣지 아니함.
49	막상막하(莫上莫下)	더 낫고 더 못함의 차이가 없음. 우열의 차이가 없음.

50	망양지탄(望洋之歎)	큰 바다를 바라보며 하는 한탄. 자신의 힘이 미치지 못할 때 하는 탄식. 망양지탄(亡羊之歎)과 혼동하지 않도록 주의.
51	망운지정(望雲之情)	구름을 바라보며 그리워함. 자식이 부모를 그리는 정.
52	맥수지탄(麥秀之嘆)	보리만 잘 자라는 것을 한탄함. 나라가 망한 것을 한탄함.
53	맹모삼천(孟母三遷)	맹자의 어머니가 아들을 가르치기 위해 세 번이나 이사함을 이르는 말. 부모가 자식의 장래를 염려하여 여러모로 애씀.
54	명경지수(明鏡止水)	맑은 거울과 고요한 물. 맑고 고요한 마음.
55	명실상부(名實相符)	이름과 실상이 서로 꼭 맞음.
56	명약관화(明若觀火)	불을 보듯이 명백함.
57	목불식정(目不識丁)	고무래를 보고도 정(丁) 자를 모름. 낫 놓고 기역 자도 모름.
58	무불통지(無不通知)	무엇이든지 모르는 것이 없음.
59	문일지십(聞一知十)	한 가지를 들으면 열 가지를 앎.
60	문전성시(門前成市)	찾아오는 사람이 많아 집 문 앞이 시장을 이루다시피 함.
61	미사여구(美辭麗句)	아름다운 말로 꾸민 글.
62	박이부정(博而不精)	여러 방면으로 널리 알지만 정밀하지 못함.
63	반포지효(反哺之孝)	까마귀 새끼가 자라서 늙은 어미에게 먹이를 물어다 주는 효. 자식이 커서 어버이의 은혜에 보답하는 효성.
64	발본색원(拔本塞源)	좋지 않은 일의 근본을 뽑고 근원을 없애 버림.
65	백골난망(白骨難忘)	죽어 백골이 되어도 잊을 수 없음. 깊은 은혜를 잊지 않음.
66	백년하청(百年河淸)	백 년을 기다려도 황하의 흐린 물은 맑아지지 않음. 아무리 오랜 시간이 흘러도 실현될 가능성이 없음.
67	백면서생(白面書生)	글만 읽어 얼굴이 하얀 선비. 세상일에 경험이 없는 사람.
68	백절불굴(百折不屈)	여러 번 꺾여도 굽히지 않음.
69	백중지간(伯仲之間)	서로 비슷비슷하여 우열을 가리기 어려운 상태.
70	부창부수(夫唱婦隨)	남편의 주장에 아내가 따름. 부부 화합을 표현함.
71	부화뇌동(附和雷同)	우렛 소리에 맞춰 함께함. 생각 없이 남의 말에 따라 행동함.
72	분골쇄신(粉骨碎身)	뼈가 가루 되고 몸이 부서짐. 희생적인 노력.
73	불구대천(不俱戴天)	하늘을 같이 이지 못함. 이 세상에 함께 살 수 없는 원수.
74	불립문자(不立文字)	뜻을 글로 나타낼 수 없음. 뜻은 마음으로 통함을 이르는 말.
75	불원천리(不遠千里)	천 리 길도 멀다고 여기지 않음.

76	빙탄지간(氷炭之間)	얼음과 숯 사이. 서로 화합할 수 없음.
77	사상누각(沙上樓閣)	모래 위에 세운 누각. 기초가 견고하지 못한 일.
78	살신성인(殺身成仁)	자기 몸을 희생하여 인(仁)을 이룸.
79	삼고초려(三顧草廬)	초가집으로 세 번 찾아감. 인재를 얻기 위해 많이 노력함.
80	삼순구식(三旬九食)	삼십 일 동안 아홉 끼밖에 먹지 못함. 몹시 가난함.
81	삼인성호(三人成虎)	세 사람이면 없던 호랑이도 만듦. 근거 없는 말이라도 여럿이 우기면 곧이듣게 됨.
82	상전벽해(桑田碧海)	뽕나무밭이 변하여 푸른 바다가 됨. 세상일의 변화가 심함.
83	소탐대실(小貪大失)	작은 이익에 욕심을 내어 큰 이익을 놓침.
84	수불석권(手不釋卷)	손에서 책을 놓지 않고 늘 읽음.
85	수화상극(水火相剋)	물과 불이 서로 용납하여 공존할 수 없음. 서로 원수같이 지냄.
86	숙맥불변(菽麥不辨)	콩인지 보리인지 구별하지 못함. 어리석은 사람을 이르는 말.
87	순망치한(脣亡齒寒)	입술이 없으면 이가 시림. 관계 깊은 두 사람 중 한 사람이 망하면 다른 사람도 위험함.
88	시종여일(始終如一)	처음부터 끝까지 변함없이 한결같음.
89	신상필벌(信賞必罰)	공이 있는 사람에게는 반드시 상을 주고, 죄가 있는 사람에게는 반드시 벌을 줌.
90	십벌지목(十伐之木)	열 번 찍어 베는 나무. 열 번 찍어 안 넘어가는 나무 없음.
91	십시일반(十匙一飯)	열 숟가락이면 한 끼 밥. 힘을 합하면 한 사람을 구할 수 있음.
92	아비규환(阿鼻叫喚)	아비지옥과 규환지옥. 고통을 못 참아 울부짖는 참상.
93	안거위사(安居危思)	편안할 때 어려움이 닥칠 것을 미리 대비해야 함.
94	안빈낙도(安貧樂道)	가난한 중에 편안한 마음으로 도를 즐기며 살아감.
95	암중모색(暗中摸索)	어둠 속에서 더듬어 찾음. 확실한 방법을 모르는 채 시도해 봄.
96	양두구육(羊頭狗肉)	양의 머리를 걸어 놓고 개고기를 팖. 겉으로는 좋은 것을 내세우지만 속은 변변하지 아니함.
97	어부지리(漁夫之利)	두 사람이 싸우는 사이에 제삼자가 애쓰지 않고 얻은 이익.
98	어불성설(語不成說)	말이 조금도 이치에 맞지 아니함.
99	언어도단(言語道斷)	말할 길이 끊어짐. 어이가 없어 말을 할 수 없음. 말이 안 됨.
100	언중유골(言中有骨)	말 속에 뼈가 있음. 예사로운 말 속에 깊은 뜻이 있음.
101	언즉시야(言則是也)	말인즉 옳음. 하는 말이 이치에 맞음.

102	여리박빙(如履薄氷)	살얼음을 밟는 것과 같음. 아슬아슬하고 불안한 지경.
103	역지사지(易地思之)	남과 처지를 바꾸어 생각함.
104	연목구어(緣木求魚)	나무에 올라가서 물고기를 구함. 불가능한 일을 굳이 하려 함.
105	염량세태(炎凉世態)	뜨거웠다가 차가워지는 세태. 세력이 있을 때에는 아첨하여 따르고, 세력이 없어지면 푸대접하는 세상인심.
106	염화미소(拈華微笑)	꽃을 집어 들자 미소를 지음. 마음이 서로 통함. 이심전심. 불립문자.
107	오비이락(烏飛梨落)	까마귀 날자 배 떨어짐. 우연한 일치로 남의 오해를 받음.
108	오십보백보(五十步百步)	그다지 차이가 없음.
109	오합지졸(烏合之卒)	까마귀가 모인 것처럼 질서 없이 모인 병졸. 규율 없는 단체.
110	와신상담(臥薪嘗膽)	섶 위에 눕고 쓸개를 맛봄. 원수를 갚기 위해 괴로움을 견딤.
111	용사비등(龍蛇飛騰)	용과 뱀이 날아오르는 듯 힘찬 글씨.
112	우수마발(牛溲馬勃)	소의 오줌과 말의 똥. 하찮은 것.
113	우이독경(牛耳讀經)	쇠귀에 경 읽기. 아무리 가르쳐도 알아듣지 못함.
114	위편삼절(韋編三絶)	가죽끈이 세 번 끊어질 정도로 책을 많이 읽음.
115	유유상종(類類相從)	같은 무리끼리 어울림.
116	음덕양보(陰德陽報)	남이 모르게 착한 일을 한 사람은 뒤에 그 보답을 받음.
117	읍참마속(泣斬馬謖)	울면서 마속을 벰. 큰 목적을 위해 사사로운 정을 버림.
118	의려지망(倚閭之望)	문에 기대어 기다림. 자녀가 돌아오기를 초조하게 기다림.
119	이란투석(以卵投石)	달걀을 바위에 던짐. 훨씬 강한 것에 대항하는 어리석음.
120	인면수심(人面獸心)	얼굴은 사람이나 마음은 짐승 같음. 허울은 좋으나 속마음이 음흉함.
121	일어탁수(一魚濁水)	물고기 한 마리가 물을 흐림. 한 사람 때문에 여럿이 피해 봄.
122	일취월장(日就月將)	나날이 다달이 발전함.
123	일패도지(一敗塗地)	여지없이 패하여 일어날 수 없게 됨.
124	일필휘지(一筆揮之)	글씨를 단숨에 죽 내리 씀.
125	입산기호(入山忌虎)	산에 들어가 호랑이를 꺼림. 바라던 일인데도 꽁무니를 뺌.
126	입향순속(入鄕循俗)	다른 지방에 가면 그 풍속을 따름.
127	자강불식(自强不息)	스스로 최선을 다해 힘쓰고 가다듬어 쉬지 아니함.
128	자중지란(自中之亂)	내부에서 일어난 싸움.

129	장삼이사(張三李四)	장씨의 셋째 아들과 이씨의 넷째 아들. 평범한 사람.
130	적소성대(積小成大)	작은 것도 쌓이면 크게 됨. 티끌 모아 태산.
131	절차탁마(切磋琢磨)	옥이나 돌 등을 갈고 닦음. 학문이나 덕행을 힘써 닦음.
132	정문일침(頂門一鍼)	정수리에 침을 놓음. 따끔한 충고나 교훈.
133	조령모개(朝令暮改)	아침에 명령을 내렸다가 저녁에 고침. 법령을 자꾸 고쳐서 갈피를 잡기가 어려움.
134	조변석개(朝變夕改)	아침저녁으로 뜯어고침.
135	주마가편(走馬加鞭)	달리는 말에 채찍질함. 잘하는 사람을 더욱 장려함.
136	주마간산(走馬看山)	말을 타고 달리면서 산을 봄. 대충대충 보고 지나감.
137	중과부적(衆寡不敵)	적은 수의 사람으로는 많은 수의 사람을 대적하지 못함.
138	지록위마(指鹿爲馬)	사슴을 가리키며 말이라고 함. 윗사람을 농락하여 권세를 함부로 부림.
139	창해일속(滄海一粟)	넓은 바닷속의 좁쌀 한 알. 많은 가운데 있는 아주 하찮은 것.
140	천의무봉(天衣無縫)	천사의 옷은 꿰맨 흔적이 없음. 완전무결함.
141	청출어람(靑出於藍)	쪽에서 뽑아낸 푸른색이 쪽보다 더 푸름. 제자가 스승보다 나음.
142	초미지급(焦眉之急)	눈썹에 불이 붙을 만큼 매우 위급한 상황.
143	촌철살인(寸鐵殺人)	한 치의 쇠붙이로도 사람을 죽일 수 있음. 짧고 간결한 말이나 글로 상대를 꼼짝 못하게 함.
144	타산지석(他山之石)	다른 산의 나쁜 돌이라도 자신의 산 옥돌을 가는 데 쓸 수 있음. 다른 사람의 하찮은 언행도 도움이 됨.
145	토적성산(土積成山)	한 줌 흙이 쌓여 산을 이룸.
146	파천황(破天荒)	이전에 아무도 한 적이 없는 일을 해냄.
147	폐포파립(敝袍破笠)	해진 옷과 부서진 갓. 매우 가난하여 볼품없음.
148	하로동선(夏爐冬扇)	여름의 화로와 겨울의 부채. 때에 맞지 않음.
149	하석상대(下石上臺)	아랫돌 빼서 윗돌 괴기. 임시방편.
150	함포고복(含哺鼓腹)	배불리 먹고 배를 두드림. 먹을 것이 풍족하여 즐거움.
151	형설지공(螢雪之功)	반딧불과 눈으로 이룬 보람. 고생을 하면서 열심히 공부함.
152	혹세무민(惑世誣民)	세상을 어지럽히고 백성을 속임.
153	혼정신성(昏定晨省)	저녁에 이부자리를 보고 아침에 안부를 살핌. 지극한 효성.

154	화룡점정(畫龍點睛)	용을 그린 다음 마지막으로 눈동자를 그림. 가장 중요한 부분을 마쳐 일을 완성함.
155	화중지병(畫中之餠)	그림의 떡. 실제로는 소용없음.
156	화호유구(畫虎類狗)	호랑이를 그리려다 개를 그림. 호걸인 체하다가 망신을 당함.
157	후안무치(厚顔無恥)	얼굴이 두꺼워, 즉 뻔뻔스러워 부끄러움을 모름.

[2010학년도 대학수학능력시험]

[16~19] 다음 글을 읽고 물음에 답하시오.

이때 만복사는 이미 허물어져 승려들은 구석진 방에서 살고 있었다. 법당 앞에는 행랑만이 쓸쓸히 남아 있었고, 그 끝에는 좁은 판자방 하나가 있었다.

양생이 여인을 불러 그곳으로 들어가니 여인은 별 주저함 없이 따라갔다. 서로 이야기를 나누며 즐기는 것이 보통 사람과 다름없었다.

이윽고 밤이 깊어지자 달이 동산에 떠올라 달그림자가 창살에 비쳤다. 문득 발자국 소리가 들렸다. 여인이 묻기를,

"누구냐? 시녀가 왔느냐?"

시녀가 말하기를,

"예, 접니다. ⓐ요즘 아가씨께서는 중문 밖을 나가지 않으셨고 뜰 안에서도 좀처럼 걷지 않으셨습니다. 그런데 엊저녁에는 우연히 나가시더니 어찌 이 먼 곳까지 오셨습니까?"

라고 하였다. 이에 여인이 말하기를,

"오늘 일은 아마도 우연이 아닌가 보다. 하늘이 도우시고 부처님이 돌보셔서 한 분 고운 님을 만나 백년해로하기로 했느니라. 부모님께 알리지 않은 것은 비록 명교의 법전에는 어긋나지만, 서로 즐거이 맞이하게 되니 이 또한 평생의 기이한 인연일 것이다. 너는 집에 가서 앉을 자리와 술, 과일을 가져오너라."

　　시녀는 그 분부에 따라 돌아갔다. 이윽고 뜰에는 술자리가 베풀어졌는데, 밤은 이미 사경(四更)에 가까웠다.

(하략)

19. ⓐ의 상황을 가장 잘 나타낸 것은? [1점]

① 두문불출(杜門不出)　　　　　② 가인박명(佳人薄命)
③ 일편단심(一片丹心)　　　　　④ 망양지탄(亡羊之歎)
⑤ 독야청청(獨也靑靑)

정답은 ①이다. 두문불출(杜門不出)은 문을 닫고 밖에 나가지 않음을 뜻한다.

[2011학년도 대학수학능력시험]

[47~50] 다음 글을 읽고 물음에 답하시오.

　　[앞부분의 줄거리] 선비 유영이 꿈에서, 죽은 운영과 김 진사를 만나 그들의 이야기를

듣는다. 안평대군은 궁녀 열 명을 뽑아 가르치면서 궁 밖과의 인연을 금했으나, 궁녀 운영은 김 진사와 사랑에 빠졌다. 김 진사의 노비인 특의 꾀에 따라 둘은 도망가려고 운영의 의복과 재물을 빼냈다.

　　진사는 다른 말은 하지 않고, 오로지 일렀습니다.
　　"너는 재물을 잘 지키고 있겠지? 내가 장차 그것을 다 팔아서 부처께 지성으로 발원하여 오래된 약속을 실천하리라."
　　특은 집으로 돌아가 혼잣말로 일렀습니다.
　　"궁녀가 나오지 못했으니, 그 재물은 하늘이 내게 준 것이로다."
　　특은 벽을 향해 남몰래 웃음을 지었으나, 다른 사람이 그것을 알 리가 없었습니다. 하루는 특이 자기 옷을 찢고 코를 스스로 때려, 피를 온몸에 흠뻑 바르고 머리를 풀어 헤친 채 맨발로 달려 들어와 뜰에 엎드려 울면서 말했습니다.
　　"제가 강도에게 습격을 당했습니다."
　　그러고는 기절한 척했습니다. 진사는 특이 죽으면 재물을 묻은 곳을 알 수 없게 될까 염려되어, 약을 입에 흘려 넣는 등 특을 살려 냈습니다. 그러자 특이 십여 일 만에 일어나 말했습니다.
　　"제가 혼자 산 속에서 지키고 있는데 많은 도적들이 갑자기 들이닥쳤습니다. ㉠박살날 것 같아 죽을힘을 다해 달아나 겨우 목숨을 보존하게 되었습니다. 이 보물이 아니었다면 제가 어찌 이런 위험에 처했겠습니까? 운명이 이리도 험한데 어찌 빨리 죽지 않는고!"
　　말을 마친 특은 발로 땅을 차고 주먹으로 가슴을 치며 통곡했습니다. 진사는 부모님이 알까 두려워 따뜻한 말로 위로하여 보냈다가, 뒤늦게야 특의 소행을 알고 노비 십여 명을 거느리고 가서 불시에 특의 집을 포위하고 수색을 했습니다.

(하략)

50. '특'이 ㉠의 상황을 다음과 같이 표현했을 때, (　　)에 들어갈 말로 가장 적절한 것은?
[1점]

> "(　　　　　　)이었으나 겨우 도망했습니다."

① 내우외환(內憂外患)　　　　　　　　② 명재경각(命在頃刻)

③ 사고무친(四顧無親)   ④ 오리무중(五里霧中)
⑤ 자승자박(自繩自縛)

정답은 ②이다. 명재경각(命在頃刻)은 거의 죽게 되어 곧 숨이 끊어질 지경에 이름을 뜻한다.

[2012학년도 대학수학능력시험]

[25~28] 다음 글을 읽고 물음에 답하시오.

(상략)

(라) 이에 다섯 아들이 같이 어미의 방을 둘러싸고 쳐들어가니 북곽 선생이 크게 놀라서 도망쳤다. 사람들이 자기를 알아볼까 겁이 나 한 다리를 목덜미에 얹고 귀신처럼 춤 추고 낄낄거리며 문을 나가서 내닫다가 그만 들판의 구덩이 속에 빠져 버렸다. 그 구 덩이에는 똥이 가득 차 있었다.

(마) 간신히 기어올라 머리를 내밀고 바라보니 한 범이 길을 막고 있었다. 범이 오만상

을 찌푸리고 구역질을 하며 코를 싸쥐고 머리를 왼편으로 돌리며 한숨을 쉬고 말했다.

"어허, 유자(儒者)여! 구리도다."

북곽 선생이 머리를 조아리고 엉금엉금 기어 나와서 세 번 절하고 꿇어앉아 우러러 말했다.

"범님의 덕은 지극하시지요. 대인은 그 변화를 본받고 제왕은 그 걸음을 배우며, 자식 된 자는 그 효성을 본받고 장수는 그 위엄을 취합니다. 범님의 이름은 신룡(神龍)의 짝이 되는지라, 한 분은 바람을 일으키시고 한 분은 구름을 일으키시니, 저 같은 하토(下土)의 천한 신하는 감히 아랫자리에 서옵니다."

범이 꾸짖었다.

"내 앞에 가까이 오지 마라. 앞서 내 들건대, 유(儒)*란 것은 유(諛)*라 하더니 과연 그렇구나. 네가 평소에 천하의 악명을 모아 망령되게 내게 덮어씌우더니, 이제 사정이 급해지자 면전에서 아첨을 떠니 누가 곧이듣겠느냐. 천하의 원리는 하나다. 범의 본성이 악한 것이라면 인간의 본성도 악할 것이요, 인간의 본성이 선한 것이라면 범의 본성도 선할 것이다."

(중략)

(바) 북곽 선생이 자리에서 물러나 한참 엎드렸다가 일어나 엉거주춤하더니, 두 번 절하고 머리를 거듭 조아리며 말했다.

"『맹자』에 이르기를, 비록 악한 사람이라도 목욕재계를 한다면 상제(上帝)라도 섬길 수 있다 하였사오니, 이 하토에 살고 있는 천한 신하가 감히 아랫자리에 서옵니다."

숨을 죽이고서 가만히 들어 보았다. 오래도록 아무런 분부가 없으므로 실로 황송키도 하고 두렵기도 하여 손을 맞잡고 머리를 조아리며 우러러보니 동녘이 밝았는데, 범은 벌써 가고 없었다.

마침 아침에 밭 갈러 온 농부가,

"선생님, 무슨 일로 이 꼭두새벽에 들판에 대고 절을 하시옵니까?"

라 물으니, 북곽 선생이 말했다.

"내 일찍이 들으니

'하늘이 높다 하되 머리 어찌 안 굽히며,

땅이 두텁다 하되 어찌 조심스레 걷지 않겠는가.'

하였네그려."

– 박지원, 「호질」 –

* 유(儒) : 선비.

* 유(諛) : 아첨하다.

28. (라)~(바)에 나타난 북곽 선생의 행위를 표현하는 말로 거리가 <u>먼</u> 것은?

① 자화자찬(自畵自讚) 　　② 감언이설(甘言利說)

③ 임기응변(臨機應變) 　　④ 대경실색(大驚失色)

⑤ 전전긍긍(戰戰兢兢)

정답은 ①이다. 자화자찬(自畵自讚)은 자신이 한 일을 스스로 칭찬함을 뜻한다.

나 뻔뻔
후안무치
삼인성호
시장에 호랑이
으형
나도 봤어
설마 가 아니었나?
나 王
Me. too!
목불식정
ㅋㅋㅋ
?

Part II.

월별 풍경과 학습법 처방

1 월별 풍경과 학습법 처방

▶ 2학년 7~8월 : 여름방학 – 언어 영역 집중기

▶ 2학년 9월 : 중간고사 – 언어 영역 암흑기

▶ 2학년 10월 : 언어 영역 집중기

▶ 2학년 11월 : 기말고사 – 언어 영역 암흑기

▶ 2학년 12월 : 언어 영역 암흑기, 그러나 집중해야 할 시기

▶ 예비 3학년 1~2월 : 겨울방학 – 언어 영역 최대 집중기

▶ 3학년 3월 : 모의고사 – 언어 영역 실력 확인기

▶ 3학년 4월 : 모의고사 – 언어 영역 실력 확인기

　　　　　　　 중간고사 – 언어 영역 암흑기

▶ 3학년 5월 : 언어 영역 집중기

▶ 3학년 6월 : 모의고사 – 언어 영역 집중기

　　　　　　　 기말고사 – 언어 영역 침체기

▶ 3학년 7~8월 : 여름방학 – 언어 영역 집중기

　　　　　　　 또는 언어 영역 침체기

▶ 3학년 9월 : 모의고사(중간고사 – 언어 영역 실력 확인기

　　　　　　　 언어 영역 집중기

▶ 3학년 10월 : 모의고사 – 언어 영역 정리기

▶ 3학년 11월 : 수능 – 드디어 힘든 공부의

　　　　　　　 결실 맺기

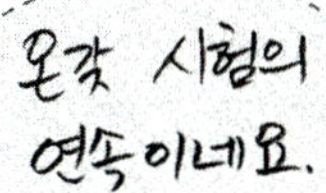
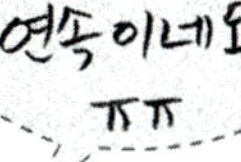

1 월별 풍경과 학습법 처방

"왜 그러니?"

이 한마디에 세상 풍파도 겪지 않았을 여학생이 어쩌면 이렇게도 서럽게 울 수 있을까 싶게 목을 놓아 울기 시작했다.

"엉~, 엉~."

이미 주위 시선은 아랑곳하지 않았다.

"선생님, 저는 재수도 하고 싶지 않고, 그렇다고 대학을 낮춰서 가고 싶지도 않아요."

가슴이 미어지도록 서럽게 우는 통에 뭐라고 해야 할지 덩달아 가슴이 먹먹했다. 열심히 공부한다고 했는데 생각만큼 점수가 나오지 않은 데다 문제까지 잘 풀리지 않고, 수능은 점점 가까워 오니 설움과 두려움이 북받쳐 오른 것이다.

한참을 울게 둔 뒤에 그 아이의 이름을 부르며 냉정하게 말했다.

"지금 이렇게 감정에 휘말리면 너만 손해야. 넌 현명하니까 내 말이 무슨 뜻인지 알겠지?"

가만히 고개 숙이고 있던 아이는 세수를 하러 화장실에 다녀온 후 다시 책상에 앉았다.

고3이 되면 우리 학생들은 이렇게 모의고사를 볼 때마다 울고 웃고, 스스로와 싸우고 이기며 1년을 보낸다. 평생 단 한 번 있을 고3 시절을 치열하게 보내고 있는 것이다.

　그 누가 대신 해 줄 수도 없다. 친구들은 같은 처지이므로 삼삼오오 모여 이야기를 해 보지만 별수 없다. 그나마 같이 걱정하거나 잠시 위로는 받을 수 있으나, 고3은 공부할 시간도 부족하다. 시간을 낭비할 수는 없다.

　계획적으로 공부를 해야 한다. 월별로 계획을 잘 세워서 단계별로 밟아 나가면 힘들어도 수능 날 후회하지 않을 것이다.

　모의고사를 보고 나면 학생들이나 부모님들은 거의 초주검이 된다. 고3이 되면 3월, 4월, 6월, 9월, 10월에 중요한 모의고사를 보게 된다. 이 중에서도 특히 6월과 9월 모의고사는 수능 문제를 출제하는 평가원에서 문제를 내는 것이므로 그 결과에 모두가 민감할 수밖에 없다.

3월
3월 모의고사 때 선생님들이 하시는 말씀.
잘해라. 이번 모의고사 점수가 수능 성적이다!

4월
4월 모의고사 때 학생들이 하는 말.
이번 모의고사는 신경 안 써도 되죠?

6월
6월 모의고사 때 부모님들이 하시는 말씀.
그동안 넌 도대체 뭐 한 거니?

9월
9월 모의고사 때 모두들.
그래도 남은 기간 최선을 다하면 돼!

10월
10월 모의고사 때 포기한 학생들.
빨리 수능 봤으면 좋겠다!
이제 수능 400일 남았다!

11월
11월 수능 시험 날 모두들.
딱 하루만 대박 나게 해 주세요!

해마다 11월 수능 시험이 끝나고 나면 전국의 서점이 북적거린다. 주사를 맞는 사람보다 그것을 지켜보며 기다리는 사람이 더 떨리듯이 고3 수험생보다 더 떠는 학생이 예비 고3이다. 그러다 보니 수능 시험이 끝나면 모두들 수능 대비 문제집을 사느라 서점으로 향한다.

"이거 진짜 괜찮대. 전교 1등 오빠도 이 책 봤대. 난 이거 살래!"

서점에서 한 아이가 말하자 다른 아이들도 바로 그 책을 집어 들었다.

그러나 나는 그 학생들에게 다가가 그 책 말고 다른 책을 고르라고 말해 주고 싶었다. 그 책이 좋긴 하지만 그 책은 고3 중에서도 90점대 학생들이 9월 지나고 보는 것이었기 때문이다. 아직 기어 다니는 아기가 조깅화를 사려는 것이니 안타까운 노릇이었다.

수능 문제집에도 단계가 있다. 등급에 따라 언어 능력에 차이가 있는데, 남들이 좋다고 해서 무조건 그 책을 따라 사는 것은 옳지 않다. 마찬가지로 수능 공부를 하는 데에도 단계가 있으며, 문제만 많이 푼다고 되는 것도 아니다.

수능 언어 영역은 기본을 제대로 익혀야 한다. 기본 익히기가 된 뒤에는 문제를 풀면 풀수록 점수가 쑥쑥 오른다.

 **2학년 7~8월** 

여름방학 – 언어 영역 집중기

2학년 1학기 기말고사가 끝나고 여름방학이 시작된다. 많은 학생이 방학을 계기로 '고3은 지금부터'라는 각오를 다지며 계획을 세워 본다.

독서실에서 졸음을 참아 가며 공부하는 고3 선배들을 보면서 점점 수능이 남의 일 같지 않게 여겨진다.

하지만 몸은 전혀 다른 방향으로 움직인다.

'아직은 고2잖아!'라며 스스로와 타협하고, 더위와 장마 등을 핑계 삼아 하루하루를 보내다 보니 어느덧 방학은 끝이 나 버린다.

학습 전략

재수생이 많다 보니 고2 겨울방학 때부터 언어를 시작하면 늦다. 미리 언어 영역의 기본기를 다지고, 고2 겨울방학 때에는 다음 해 3월 모의고사에서 1등급 받을 준비를 해야 한다.

하지만 대부분의 학생은 무엇을 어떻게 해야 할지 모른다. 부모님은 주변에서 소개한 책을 많이 사서 권해 주지만, '이럴 수가……'

너무도 좋은 책이지만 지금은 할 단계가 아니다.

이 시기에는 언어 영역 문제를 많이 풀기보다는 비문학부터 기본기를 익혀야 한다. 비문학은 50문제 중에서 21문제로 비중이 높고, 비문학 지문 읽기가 익숙해지면 문제의 물음과 선지의 핵심을 정확히 파악할 수 있게 된다. 그러므로 시험 보는 시간이 줄어들고 정답률은 높아진다.

- **비문학** : 지문 독해법 연습
- **현대시** : 줄거리 만들어 내용 파악하기 연습
- **현대소설** : 중요 작품 읽고 내용 파악하기 연습

 ## 2학년 9월

중간고사 – 언어 영역 암흑기

여름방학 때 열심히 수능 공부를 했으므로 9월에는 2학기 중간고사를 준비한다. 내신을 준비하느라 수능 언어 영역은 잠시 미뤄 둔다. 수능도 중요하지만 바로 앞에 닥친 내신을 버릴 수는 없다. 적어도 3주간은 내신 시험 대비에 집중한다.

중간고사 성적을 보고 만족하기도 하고, 방학 기간 중의 시간 낭비를 뼈저리게 후회하는가 하면, 그렇게 열심히 했는데도 기대치만큼의 성적이 오르지 않은 것에 대한 회의감도 갖는다. 그러면서도 다시 한 번 스스로와 타협한다.

'아직은 고2니까~~~~~'

학습 전략

내신 시험에서 변별력을 갖는 문제가 수능형인 경우가 많기 때문에 이전부터 시작했던 수능 공부의 맥을 끊어서는 안 된다. 그러므로 적어도 하루에 1~2개의 지문으로 비문학

과 현대시, 현대소설 공부를 한다.

- **비문학** : 지문 독해법 연습
- **현대시** : 줄거리 만들어 내용 파악하기 연습
- **현대소설** : 중요 작품 읽고 내용 파악하기 연습

 **2학년 10월** 

언어 영역 집중기

　중간고사를 보기 전에 풀었던 문제집을 이어서 보지만, 언제 공부했나 싶게 새롭다. 내신 시험에서는 일정한 범위 안에서 주어진 정보를 암기하고 응용하여 푸는 문제가 많기 때문에 수렴적 사고를 하는데, 수능에서는 정해진 범위 없이 주어진 지문을 보고 문제를 푸는 발산적 사고를 하게 된다. 따라서 내신 문제를 풀던 눈으로 수능 문제를 다시 보면 어렵게 느껴진다.

학습 전략

　언어 영역 기본기를 다지는 데에 계속 집중한다.

- **비문학** : 지문 독해법과 문제 풀이법 연습
- **현대시** : 줄거리 만들어 내용 파악하기와 문제 풀이법 연습
- **현대소설** : 중요 작품 읽고 내용 파악하기 연습

기말고사 - 언어 영역 암흑기

선배들이 수능을 치르는 달이다. 수능 분위기 때문에 고2 학생들의 긴장감 역시 만만치 않다. 곧 자신의 차례이기 때문이다. 수능 시험장에 새벽 응원을 다녀온 학생들은 물론이고 그렇지 않은 학생들도 수능의 위압감을 실감한다.

하지만 기말고사가 남아 있기 때문에 내신에 집중하게 된다. 2학년 마지막 내신 시험이라는 생각에 최선을 다하고, 수능 언어 영역은 잠시 뒤로 미뤄 둔다.

학습 전략

언어 영역의 기본을 잊지 않도록 적어도 하루 1~2개의 지문은 꾸준히 비문학과 현대시, 현대소설 공부를 한다.

- **비문학** : 지문 독해법과 문제 풀이법 연습
- **현대시** : 줄거리 만들어 내용 파악하기와 문제 풀이법 연습
- **현대소설** : 중요 작품 읽고 내용 파악하기와 문제 풀이법 연습

 2학년 12월

언어 영역 암흑기, 그러나 집중해야 할 시기

내신이 끝나는 12월 20일쯤이 되면 드디어 수능 체제로 돌입한다. 하지만 굳은 의지가 담긴 마음속 한편으로는 고3이 되면 더 이상 놀 기회가 없을 것이라 생각한다. 결국 크리스마스와 연말을 즐긴다. 물론 그러고 나서 후회한다. 제대로 수능 공부를 시작하는 것은 1월.

원하는 대학에 가고 싶으면 연말 분위기에 들뜨지 말고 과감히 수능 공부를 시작하자. 이때 자투리 시간을 활용하여 수능에 나올 한자성어를 다 외워 두면 좋다.

- 한자성어 : 완성하기
- 비문학 : 지문 독해법과 문제 풀이법 연습
- 현대시 : 줄거리 만들어 내용 파악하기와 문제 풀이법 연습
- 현대소설 : 중요 작품 읽고 내용 파악하기와 문제 풀이법 연습

예비 3학년 1~2월 — 겨울방학 – 언어 영역 최대 집중기

부모님이 '이 아이가 우리 아이 맞나?' 놀랄 정도로 학생들이 알아서 공부를 하기 시작한다. 평소에 공부에 관심이 없던 학생들도 일생에 단 한 번 있는 고3 시절만큼은 미친 듯이 공부해 보겠다고 달려든다. 그리고 그런 스스로를 뿌듯해하며 수능 학습 계획을 세운다.

하지만 언어 영역은 어디서부터 공부를 시작해야 할지 모른다. 수능 기출 문제가 가장 좋다는 이야기를 듣고 수능 기출 문제집을 사서 풀어 보지만 점수가 들쑥날쑥. 언어 영역을 체계적으로 공부하지 않아서, 제대로 된 실력으로 문제를 푼 것이 아니기 때문이다.

이때에는 주로 고전문학을 많이 틀리기 때문에 고전문학부터 공부 계획을 세운다. 그런데 고전문학은 공부하는 시간에 비해 진도가 잘 나가지 않는다. 고전 원문으로 공부해야 할지 해석이 된 것으로 공부해야 할지도 모른다. 공부할 양은 많은데 고전문학만 가지고 끙끙댈 수 없으니 서서히 불안해진다.

뭔가를 끝내는 맛이 없기에 선배들이 좋다고 하는 책들을 사 보기 시작한다. 그러나 두서없이 문제를 풀다 보면 언어 영역이 점점 더 막연해진다.

언어 영역에 최대한 집중하고 실력을 다질 수 있는 황금기이다. 이때를 놓치면 두고두고 후회를 한다. 내신 시험도 없고 모의고사를 봐야 하는 부담도 없이 오로지 실력만 쌓으면 된다.

하지만 유념하자! 나만 공부하는 것이 아니라 전국의 수십만 수험생이 다들 최고로 많이 공부하는 시기이므로, 보통 때보다 더 많이 공부했다고 만족해서는 절대 안 된다. 내가 한 만큼 다른 학생도 하기 때문에 결과적으로는 더 공부한 것이 아니다. 지금보다 더욱 더 열심히 해야 남들보다 많이 공부한 셈이 된다.

언어 전 영역의 기본기를 완성하고, 3월 첫 모의고사를 준비해야 하는 시기이므로 몹시 바쁘다. 비문학, 현대시, 현대소설이 완성되어 있지 않으면 벅차므로 미리미리 계획에 따라 공부해 둬야 한다.

- **고전시가** : 한 작품의 일부분이 아닌 전체 완성하기
- **고전소설** : 유형별로 30편씩 내용 분석하며 읽기 완성하기
- **어법** : 개념 정리 완성하기
- **최근 5개년 수능 기출 문제** : 완성하기
- **최근 5개년 3월 모의고사 기출 문제** : 시간 맞춰 풀기
- **비문학, 현대시, 현대소설** : 기본기 익히기 완성하기, 계속 문제 풀면서 실력 다지기

 **3학년 3월** 　모의고사 – 언어 영역 실력 확인기 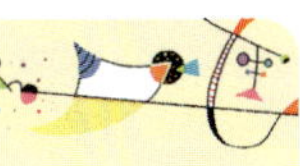

겨울방학 동안 일생일대 최고로 공부를 많이 했다고 생각하기 때문에 결과에 대해 은근히 기대하면서 두근거리는 마음으로 고3 첫 모의고사를 본다.

그런데 전국의 수험생이 모두 그렇게 열심히 공부했기 때문에 최선에 또 최선을 다하지 않았다면 점수가 생각만큼 나오지 않을 수 있다. 그렇다고 좌절해 버리면 안 된다. 수

능은 장거리 달리기이기 때문에 순간순간 기뻐하고 슬퍼해서는 안 된다.

남들보다 더욱 더 많이 하면 3월 모의고사 점수는 잘 나온다. 겨울방학을 어떻게 보냈느냐에 따라 1, 2학년 때보다 향상된 모의고사 점수를 받을 수 있느냐 없느냐가 결정된다.

아직은 스트레스가 덜하기 때문에 공부한 만큼 성적이 나온다. 그러나 시간이 지날수록 머릿속에 많은 정보와 함께 스트레스도 쌓이기 때문에 공부를 해도 뒤죽박죽이 되어 쉽게 성적이 오르지 않는다. 따라서 고2 겨울방학이 가장 열심히 공부할 수 있고 효과를 낼 수 있는 시기이다.

언어 영역의 기본기를 잘 다지면 평균적으로 70점대 학생들은 85점정도까지 올릴 수 있고, 80점대 학생들은 90점대 초반까지는 충분히 올릴 수 있다. 3월 모의고사에서 그 정도 점수를 올리면 그 다음부터는 1등급을 향해 go go!

학습 전략

고3 첫 모의고사 결과에 따라 전략이 다르다. 점수가 계획대로 잘 나온 학생은 계속해서 단계별로 공부하면 되고, 점수가 덜 나온 학생은 취약한 부분을 찾아 기본기부터 다시 밟아야 한다. 그리고 4월 모의고사에서 실력을 확인해야 하므로 모의고사 풀이도 해야 한다.

- 최근 5개년 4월 모의고사 기출 문제 : 시간 맞춰 풀기
- 어법 및 쓰기 : 정리하기
- 고전시가, 고전소설 : 기본기 익히기와 문제 풀면서 실력 다지기
- 비문학, 현대시, 현대소설 : 문제 풀면서 실력 다지기

3학년 4월 | 모의고사 – 언어 영역 실력 확인기
중간고사 – 언어 영역 암흑기

3월에 성적이 오른 학생은 4월 모의고사에 그다지 신경을 쓰지 않는다. 내신 시험 기

간과 겹치기도 하고, 모의고사를 볼 때마다 매번 성적에 신경을 쓰다 보면 전체 수능 공부의 맥이 끊기기 쉽기 때문이다. 부모님들도 마음에 여유가 있어서 4월 점수에는 연연해하지 않는다.

문제는 3월 모의고사에서 점수가 잘 나오지 않은 학생이다. 중간고사 준비를 하면서 수능 모의고사도 같이 준비해야 하니 더 힘들 수밖에 없다. 하지만 3월에 성적이 올랐던 학생들이 그다지 모의고사 준비를 하지 않았기 때문에 조금만 해도 모의고사 점수가 오르고 등급이 오른다.

그런데 3월과 마찬가지로 4월에도 점수가 나쁘면 그때부터 집안은 초긴장 상태가 된다. 그동안 관망하던 아버지도 개입하시기 시작한다. '내가 공부할 때에는~'하고 아이들이 듣기에 잔소리가 시작된다.

부모님은 물론 답답해서 그러시겠지만 정작 더 힘든 사람은 학생들이다. 시험을 잘 못 보고 싶어 하는 학생이 어디 있겠는가. 성적 때문에 괴롭고 부모님 때문에 괴롭다. 공부는 자기가 하면 되지만 부모님은 마음대로 안 된다. 걱정하지 마시란 말도 하기 어렵다. 자신이 없기 때문이다. 공부 안 하려고 안 한 것이 아니라, 해도 성적이 안 나오는 것을 어떡하라는 말인가.

학생들이 불안해지는 만큼 부모님들은 조바심이 이만저만 아니다. 차라리 대신 공부하라고 하면 밤을 새워서라도 할 수 있을 것 같은데, 아이들은 몇 시간도 책상에 진득하게 앉아 있지를 않는다. 속이 까맣게 타고, 참으려고 해도 잔소리를 하지 않을 수가 없다. 지금 조금만 더 열심히 공부하면 대학 가서 얼마든지 자고 놀 수 있을 텐데, 왜 그걸 못 하는지 모르겠다.

그러다 보니 서서히 학생과 부모님 사이의 갈등이 드러나기 시작한다. 부모님은 학생들 마음 상할까 봐 참고, 학생들은 고생하시는 부모님께 죄송해서 말 못 한다. 그러다가 부딪히면 내 인생 내가 책임질 거니 관심 갖지 말라고 화를 내고, 한편으로는 정말 자기에게 신경을 쓰지 않을까 봐 걱정하기도 한다.

이 시기의 부모님들께 꼭 당부드리고 싶은 말씀이 있다. 물론 의도하신 것은 아니겠지만, 모의고사를 볼 때마다 부모님 때문에 학생들이 괴로워하게 해서는 안 된다. 부모님 이상으로 학생 스스로가 힘들어하고 있는데, 부모님과의 갈등으로 시간을 낭비하게 해서는 안 된다. 부디 학생들이 모의고사 성적표를 보여 드리지 않으면 억지로 알려고 하지 말아 주시기 바란다. 시험을 망치면 학생들은 누구보다도 힘들어하니, 자신을 추스르는 동안 부모님께서는 묵직한 바위처럼 기다려 주시길 부탁드린다. 아직은 시간이 더 남아 있고, 학생들이 부모님과 갈등하는 시간에 공부를 해야 하므로…….

학습 전략

수시 비중이 커지면서 내신 성적이 뛰어나지 않은 학생도 내신에 집중하는 시기이다. 그런데 마지막 희망을 갖고 내신에 집중하다 보면 수능 언어 영역의 맥을 놓칠 수 있다. 그렇게 되지 않도록 꾸준히 영역별로 문제를 풀어야 한다.

- 고전시가, 고전소설 : 기본기 익히기와 문제 풀면서 실력 다지기
- 비문학, 현대시, 현대소설 : 문제 풀면서 실력 다지기

 3학년 5월 

언어 영역 집중기

중간고사도 끝나고 6월 모의고사 대비를 위해 수능 언어 영역에 최대한 집중하는 시기이다. 6월 모의고사에는 재수생도 합류하기 때문에 등급이 더 내려갈 것이라는 걱정에 고3 수험생들은 더 긴장을 한다.

학습 전략

긴장하고 걱정만 하면 시간을 버릴 수 있으니, 걱정은 나중에 할 것. 그동안 언어 영역 공부한 것을 점검하고, 모의고사 대비에 집중해야 한다.

- 최근 5개년 6월 모의고사 기출 문제 : 시간 맞춰 풀기
- 어법 및 쓰기 : 정리하기
- 고전시가, 고전소설 : 문제 풀면서 실력 다지기
- 비문학, 현대시, 현대소설 : 문제 풀면서 실력 다지기

3학년 6월

모의고사 - 언어 영역 집중기
기말고사 - 언어 영역 침체기

6월 모의고사가 다가오면 선생님들은 6월 성적이 수능 성적이라며 학생들을 긴장시킨다. 맞기도 하고 아니기도 하다. 하지만 이렇게 강조해야 학생들이 더욱 열심히 공부할 테니까 긴장시킬 필요가 있고, 실제로 6월 모의고사 유형이 수능에 반영되기도 한다.

문제는 고3 학생들이 공부를 하는데도 6월 모의고사에서 등급이 생각만큼 잘 나오지 않는 경우가 있다는 것이다. 그 이유는 평상시 하던 만큼만 하면 다른 학생들도 그 정도로 하기 때문에 점수에 별 차이가 없고, 모의고사의 난이도도 수능이 가까워지는 만큼 어려워지기 때문이다. 실력이 느는 만큼 문제도 어려워진다는 뜻이다.

특히 6월 모의고사에서는 재수생도 합류하여 시험을 보기 때문에 등급이 더 떨어질 수도 있다.

점수가 잘 나온 학생들은 더욱 열심히 하게 되지만, 점수가 덜 나온 학생들은 좌절하기 시작한다. 고2 겨울방학 기간부터 그 어느 때보다 열심히 공부했는데, 점수가 덜 나오면 맥이 빠질 수밖에 없다.

이 시기에는 부모님과의 갈등도 더욱 심해지고, 학생들의 잡념이 많아진다. 이때 마음 다스리기가 굉장히 중요하다. 걱정하고 이런저런 생각을 한다고 점수가 오르는 것이 아니다.

학습 전략

독서실 등에서 친구들끼리 모여 이야기하면서 시간을 보내는 학생이 많은데, 이는 잠시 동병상련의 위로일 뿐, 점수를 올리는 데에는 전혀 도움이 되지 않는다. 과감히 친구들과 떨어져 자기 자리로 돌아가서 공부하길 바란다. 이제부터는 절대적으로 시간과의 싸움이고, 자신과의 집중력 싸움이다. 잡담과 잡념에 빠져 있을 시간이 없다.

기말고사라는 내신 시험이 수능 언어 영역 공부에는 방해가 된다. 배운 내용을 외우며 내신 공부를 하던 습관이 있어서 수능에서 요구하는 통합적 사고 능력이 떨어질 수 있다. 따라서 수능 언어 영역을 잘 보고 싶으면 내신 기간에 양을 줄이더라도 언어 영역 문제를 꾸준히 풀어야 한다.

이때부터는 점수 올리기는 힘들어도 조금만 방심하면 점수가 뚝 떨어지게 되니 조심해야 한다.

- 어법 및 쓰기 : 문제 풀면서 실력 다지기
- 고전시가, 고전소설 : 문제 풀면서 실력 다지기
- 비문학, 현대시, 현대소설 : 문제 풀면서 실력 다지기

3학년 7~8월 — 여름방학 – 언어 영역 집중기 또는 언어 영역 침체기

여름방학이 되면 모든 학생이 수능 공부에 최선을 다할 것이라고 생각하지만, 의외로 그렇지 못한 경우가 많다. 3월, 4월, 6월에 본 세 번의 모의고사 결과가 학생들의 수능 공부 집중력을 바꾸기도 하지만, 그것보다는 실질적으로 학생들의 태도와 부모님과의 관계가 더 큰 영향을 미친다.

결과가 좋든 나쁘든 당장의 결과에 연연해하지 않고 장거리 달리기라고 생각하면서 묵묵히 공부한 학생들이 결국 좋은 점수를 얻는다. 어렵지만 마음에 여유를 가지는 것이 결과적으로 이익이다.

여름방학 때 독서실에서 엎드려 자는 학생들을 보면 대부분이 고3 수험생이다. 공부에 대한 스트레스로 몸과 마음이 지칠 대로 지친 상태이다. 잠깐 엎드렸을 뿐인데 시간은 휙 지나가 버리고 자기도 모르게 자 버린 스스로를 자책한다.

인생에 이보다 더 큰 자기와의 싸움이 있을까? 졸음을 참기 위해 허벅지를 꼬집거나, 억지로 눈꺼풀을 벌리거나, 얼음물을 계속 마시는 학생들. 눈물겨운 사투를 벌인다.

하늘의 벌을 받을 만큼 큰 잘못을 저지르지 않았다면, 반드시 공부했던 만큼 수능 성적이 나올 것이다. 이 세상에 헛된 일은 없다. 애쓰고 노력하면 그 대가를 얻게 마련이다.

힘들어도 파이팅! 혼자서 이겨 내는 우리 수험생들 최고!

학습 전략

방학 중에 탐구 영역에 주력하면 자칫 언어 영역을 소홀히 할 수 있으므로 주의해야 한다. 그리고 방학 때 수능 기출 문제를 풀어 보는 경우가 있는데, 이는 좋은 방법이 아니다. 왜냐하면 수능 실력을 점검하기에 가장 좋은 문제가 수능 기출 문제인데, 여름방학에 풀면 답이 기억나서 정작 수능 보기 직전에 실력 점검을 할 문제가 없게 된다. 수능 기출 문제는 수능 공부를 다 한 뒤 수능 보기 직전에 푸는 것이 가장 좋다.

- 최근 5개년 9월 모의고사 기출 문제 : 시간 맞춰 풀기
- 어법 및 쓰기, 한자성어 : 정리하기
- 고전시가, 고전소설 : 문제 풀면서 실력 다지기
- 비문학, 현대시, 현대소설 : 문제 풀면서 실력 다지기

3학년 9월 — 모의고사(중간고사) – 언어 영역 실력 확인기 언어 영역 집중기

2학기 중간고사를 보는 시기이다. 평가원 모의고사를 보는 때와 겹쳐서 어느 것을 우선으로 해야 할지 고민이 된다. 그동안 내신 성적이 어느 정도 나온 학생이라면 내신에 집중하면 점수를 따기 쉽다. 이미 내신을 포기하고 수능에만 전념하는 학생들도 많기 때문이다. 하지만 수능이 얼마 남지 않았으므로 수능 언어 영역에 최대한 집중해야 한다.

학습 전략

내신이 아니라 수능 언어 영역을 준비하는 학생들은 본인의 취약한 부분을 알고 있을 것이므로 이제는 문제만 많이 풀지 말고, 고2 수능 공부를 시작할 때의 초심으로 돌아가 기본기를 다시 다지는 것이 좋다.

고3이 되면서 거의 수개월을 문제 푸는 데 집중했기 때문에 지문에 답이 있다는 중요

한 사실을 잊어버릴 수 있다. 문제와 지문 중에 더 중요한 것은 지문을 제대로 정확히 보는 것이다. 그렇기 때문에 영역별로 지문 읽기를 하며 기본기를 다져야 더 좋은 점수를 얻을 수 있다.

- 최근 5개년 10월 모의고사 기출 문제 : 시간 맞춰 풀기
- 어법 및 쓰기, 한자성어 : 정리하기
- 고전시가, 고전소설 : 기본기 익히기와 문제 풀면서 실력 다지기
- 비문학, 현대시, 현대소설 : 기본기 익히기와 문제 풀면서 실력 다지기

 **3학년 10월**  **모의고사 – 언어 영역 정리기**

10월 모의고사는 수능 전 자신의 실력을 마지막으로 점검하는 기회이다. 비록 평가원 문제는 아니지만 수능이라 생각하고 풀어야 한다.

학습 전략

수능 기출 문제를 풀어 보고, 자신의 취약한 부분을 다시 점검하면서 영역별로 보완 학습을 한다. 이때에는 새 책을 사서 풀기보다는 그동안 공부했던 책의 작품과 지문들을 정리한다. 수능 공부 정리가 다 되었다고 생각하면 수능 시험 보름 전에 수능 기출 문제를 풀면서, 마지막으로 자신의 실력을 확인해 보자.

- 전 영역 학습했던 책으로 복습하기
- 최근 5개년 수능 기출 문제 : 시간 맞춰 풀기
- 어법 및 쓰기, 한자성어 : 정리하기
- 고전시가, 고전소설 : 기본기 익히기와 문제 풀면서 실력 다지기
- 비문학, 현대시, 현대소설 : 기본기 익히기와 문제 풀면서 실력 다지기

3학년 11월 — 수능 – 드디어 힘든 공부의 결실 맺기

수능 일주일 전 풍경이다.

"빨리 시험을 봐 버렸으면 좋겠어요."

"저 이제 어떡해요!"

"저만 대학 떨어지면 어떡해요?"

"엄마, 아빠한테 뭐라고 해요?"

"대학이 인생의 전부는 아니죠?"

"저 재수 안 시켜 준대요. ○○대학도 괜찮은 데 맞죠?"

"전 떨리지도 않고, 아직 아무런 생각도 없어요. 제가 비정상인가요?"

"시험 보고 나서 돌이 되어 버렸으면 좋겠어요. 시험 끝나고 나면 아무 생각 없이 여행을 떠나고 싶어요."

학습 전략

새로운 문제집을 사서 푸는 것보다는 그동안 풀었던 문제들을 훑어보는 것이 좋다.

수능 시험 20분 전에 문제를 풀면서 언어 두뇌를 준비시킨다. 단 답을 맞춰 보지는 말 것. 틀리면 스트레스 받고 긴장하게 된다.

- 전 영역 학습했던 책으로 복습하기
- 수능 잘 보기

수능이 다가올수록 학생들은 몹시 불안해한다.

자신에 대한 불안보다는 결과가 잘못 나오면 부모님께 뭐라고 해야 할지가 더 걱정인 아이들이 많다. 부모님이 자신을 위해 희생해 왔다는 것을 너무도 잘 알기 때문이다. 하지만 그런 걱정은 안 해도 된다. 부모님은 자식이 잘되기를 바라는 마음이기 때문에 그렇게 생각하는 것을 더 걱정하신다.

매년 11월 마지막 수업을 마치고 변함없이 느끼는 감정이 있다.

문을 열고 나서는 학생에게 "손 한번 잡자"라며 손을 꼭 잡아 주면 아이들 표정이 무척 결연해진다.

선생님의 기를 다 가져가라며 어깨를 도닥여 주고 보낸다.

아이들 누구 할 것 없이, 생각하면 찡하다.

메모장

Part III.

등급별 학습법 처방

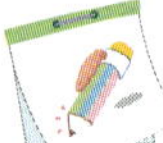

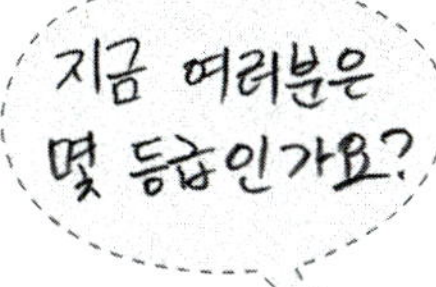

지금 여러분은
몇 등급인가요?

고1 때 언어 영역이 어렵다고 말하는 학생은 드물다. 하지만 고3이 되면 언어 영역이 쉽다고 말하는 학생이 드물다. 언어 영역은 학년이 올라갈수록 점수가 떨어지고, 어떻게 공부해야 할지 모르는 과목 중 하나이다. 외국어도 아닌 우리말임에도 불구하고 고3 중에서 언어 영역 만점을 자신하는 학생은 거의 없다. 확신을 갖고 모든 답을 찾은 것이 아니기 때문에 답을 맞히고도 항상 불안하다.

언어 영역 공부는 어떻게 해야 하나?

문제만 많이 풀어 만점이 보장된다면 얼마든지 문제를 풀 각오가 되어 있는 것이 우리 수험생들이다. 그런데 문제만 많이 푼다고 되는 것이 아니니까 문제이다.

그렇다고 어렸을 때 책을 많이 읽지 않았기 때문에 언어 영역 공부는 이미 늦었다고 미리 포기할 필요도 없다. 수험생 대부분이 어렸을 때 책을 많이 읽지 않았기에 거의 비슷비슷한 수준이다.

해답은 '등급별 학습 전략'에 있다!

이 장에서는 먼저 '등급별 학습 방법'을 소개하고, 그 다음에는 '등급을 올리기 위한 기본기 다지기'를 알려 줄 것이다.

그리고 다음은 이 장을 시작하면서 학생들이 명심해야 할 두 가지 사항이다.

3등급에서 1등급으로 올리려면 2등급 공부법부터 시작해야 한다.

왜?

언어 영역 학습 능력에 차이가 있기 때문이다.

고전시가를 예로 들어 보겠다. 1등급 학생은 고전시가의 원문을 알고 있다. 2등급 학생은 고전시가 원문의 해석을 보면 내용을 알 수 있다. 3등급 학생은 고전시가 원문의 해석을 보더라도 작품의 배경을 모르기 때문에 무슨 내용인지 잘 모른다.

따라서 3등급 학생이 먼저 공부해야 할 것은 1등급 학생처럼 고전시가 원문을 아는 것이 아니라, 2등급 학생처럼 고전시가의 배경을 알고 해석을 이해하는 것이다. 그렇지 않

고 1등급 학생처럼 공부하려고 들면 시간은 시간대로 걸리고 내용도 정확하게 파악하지 못해서, 공부하는 데 경제성이 떨어진다.

예비 고3의 1등급은 고3의 3등급 수준이다.

왜?

예비 고3인 고2는 언어의 전체 영역을 체계적으로 공부한 것이 아니다.

쓰기, 비문학, 문학 등 각 영역을 나누어 전체를 공부한 상태가 아니기 때문에 1등급이라 하더라도 고3 기준으로는 3등급 수준 정도라고 할 수 있다. 1등급이라고 방심하다가는 고3 때 언어 점수가 뚝 떨어지는 일이 생긴다. 그렇기 때문에 예비 고3인 1등급 학생은 3등급을 위한 학습법부터 차례차례 익히는 것이 좋다.

또한 고3 때에는 이론을 바탕으로 한 문제가 출제되기 때문에 언어 영역이 점점 어려워져서 언어적 감이나 머리로만 풀 수는 없게 된다. 다르게 말하면 언어 공부를 하지 않아도 점수가 좋던 얄미운 학생들보다, 체계적으로 공부를 하면 2~4등급 학생들이 얼마든지 더 좋은 점수를 받을 수 있는 때가 오는 것이다.

예비 고3의 언어 실력은 언제든지 뒤바뀔 수 있다. 1등급이라고 방심하지도 말고, 1등급이 아니라고 포기하지도 말자.

고3 한 해를 체계적으로 능력에 맞게 영역별로 공부한다면 충분히 수능 1등급이 될 수 있다.

1 등급별 학습 방법

　언어 실력을 쌓고 목표인 1등급이 되기 위해서는 기본기를 익히는 연습을 충분히 해야 한다. 또한 기본기를 익히는 동시에, 한 등급을 올리기 위해서는 등급별 학습 방법을 따르면 도움이 된다.

　사람의 손금이 모두 다르듯이 문제 푸는 방식도 각자 다르다. 남들이 최선의 방법이라고 추천해도 나에게 반드시 최선이라고 할 수는 없다. 따라서 이 책에서 소개하는 등급별 학습 방법보다 더 좋은, 자신에게 맞는 방법이 있을 수 있다. 하지만 그럴 경우라도 이 책의 내용을 참고하면 많은 도움이 될 것이다.

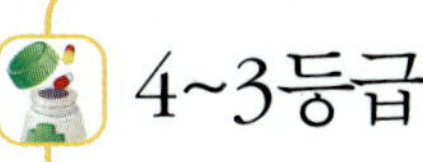

4~3등급 학생이 언어 영역 문제를 푸는 시간을 보면 일반적으로 다음과 같다.

1. 듣기 – 15분
2. 쓰기 – 13분
3. 비문학
   - 인문, 사회, 과학, 기술, 예술, 언어
     지문 독해 1분 30초~4분, 문제 보기 5분~2분 30초
     (=지문당 평균 6분 30초) – 총 39분
4. 문학
   - 현대시, 현대소설
     지문 독해 1분~4분, 문제 보기 6분 30초~3분 30초
     (=지문당 평균 7분 30초) – 총 15분
   - 고전소설, 복합지문 또는 극
     지문 독해 4분~5분, 문제 보기 3분 30초~2분 30초
     (=지문당 평균 7분 30초) – 총 15분
5. OMR 답지 체크 – 3분

• 총 100분으로, 20분을 초과한다. 그 결과 2~3개의 지문에 대한 문제를 제대로 풀지 못한다.

4~3등급 학생은 지문 독해 시간이 일정하지 않지만, 비문학의 경우 대체로 1분 30초 ~2분 동안 빠르게 지문을 읽은 후 문제를 풀다가 다시 지문을 읽거나, 지문이 이해되지 않아 4분 이상 길게 읽는 경향이 있다. 문학의 경우에도 지문을 대충 보고 문제를 풀면서 지문을 다시 보는 경향이 있다.

그렇다면 4~3등급 학생의 문제점을 해결할 수 있는 방법은 무엇인지 살펴보자.

듣기 안내 방송이 나올 때 쓰기나 다른 영역의 문제를 본다. 듣기 방송이 12~13분 정도 나오는데, 문제를 푸는 시간으로는 15분 정도 걸린다. 한 번 듣고 두 문제를 풀어야 하는 4, 5번 문제를 틀리는 경우가 많다.

문제 풀이법 및 학습법 처방

미리 듣기 문제의 핵심어를 찾아 밑줄을 긋고 듣는다.

4번과 5번 문제는 같은 듣기 방송에 대한 질문으로, 말하는 방식과 내용을 묻는 문제가 나온다. 이때에는 내용을 묻는 문제에 초점을 두고 문제의 선지를 지워 가면서 들은 후 답을 적고, 그 다음에 말하는 방식을 묻는 문제를 푼다.

듣기는 비문학 영역이 완성된 뒤에 공부하는 것이 좋다. 외국어처럼 깊이 있게 시간을 들여 공부할 필요는 없다. 비문학을 제대로 공부했다면 듣기 문제는 쉽게 풀 수 있다.

자료 해석과 활용, 개요 작성 및 수정 문제에서 시간을 많이 빼앗긴다. 그리고 고쳐 쓰기와 어휘·어법 문제에서도 시간을 빼앗긴다.

문제 풀이법 및 학습법 처방

문제의 선지를 먼저 보고 요구하는 내용을 파악한 뒤 문제의 〈보기〉를 본다.

자신 없는 문제는 50번 문제까지 다 푼 뒤 맨 나중에 푼다. 쓰기 영역 전체를 맨 마지막에 풀어도 된다. 다른 영역은 지문 하나를 읽으면 3~4개의 문제를 풀 수 있지만 쓰기는 〈보기〉 하나에 한두 문제이기 때문에, 한 지문을 읽고 여러 문제를 푸는 비문학이나 문학을 먼저 푸는 게 나을 수 있다.

어휘·어법의 경우 용어 중심으로 체계적으로 정리를 하고, 나머지는 유형별로 풀면 된다. 다만 쓰기 영역의 공부는 비문학 영역이 완성된 뒤에 하는 것이 좋다.

1200자 지문(A3 시험지 한쪽 면의 5분의 4가 지문으로 채워지고, 그 밑에 한 문제 나오는 정도의 지문 길이)의 경우 평균 6분 30초 정도 걸려서 문제를 푼다. 지문이 한 번에 이해되지 않기 때문에 문제를 풀면서 지문을 다시 읽다 보니 시간이 많이 걸리고, 결국 마지막 2~3개 지문은 못 푸는 경우가 많다.

인문 지문에서 동양 철학이나 서양 철학이 나오면 개념이 잘 잡히지 않고, 사회 지문에서 경제 도표가 나오면 잘 모른다. 과학 지문은 읽어도 이해가 안 되고, 그나마 예술 지문이 제일 쉽게 풀리는 편이다.

문제 풀이법 및 학습법 처방

비문학은 지문을 무턱대고 처음부터 읽는 것보다는 문제를 먼저 보고, 지문을 읽다가 해당되는 부분이 나오면 바로 확인해서 문제를 풀어 가며 읽는 것이 좋다.

잘 모르는 문제가 나오면 계속해서 답을 찾으려고 지문을 오가며 읽다 보니, 다음 문제로 쉽게 넘어가지 못한다. 그러면 시간은 점점 부족하게 된다.

언어 영역에서는 지문을 정확히 이해하는 것이 기본이고 비법이다. 지문을 제대로 파악하는 법과 문제 핵심어를 찾는 연습을 하면 지문 독해 시간이 줄어들고, 전체 문제 푸는 시간도 줄어들게 된다.

현대시의 경우

현대시는 아무리 봐도 무슨 내용인지 잘 이해되지 않는다. 시 내용이 잘 파악되지 않으니 문제를 직감으로 푸는 경우가 많다.

문제 풀이법 및 학습법 처방

현대시는 세 작품을 한꺼번에 보지 말고, 자신 있는 한 작품을 먼저 본 후 그 작품에 해당하는 문제를 찾아 먼저 푼다.

현대시는 줄거리를 파악하는 연습을 해야 한다. 서술어와 감정을 표현하는 단어에 유의해서 줄거리를 파악하면, 작품의 분위기와 어조, 세부적인 단어가 주는 의미도 파악할 수 있다. 시도 소설이라고 생각하면서 읽는 연습을 하면 내용이 이해되고, 그 다음에 문제 푸는 법을 익히면 현대시에서도 시간을 줄일 수 있다.

현대소설은 재미있고 대충 줄거리도 이해되기 때문에 그다지 어렵게 생각하지 않는다. 문제를 다 푸는 데 평균 4분~7분 30초 정도 걸린다.

문제 풀이법 및 학습법 처방

문제의 〈보기〉에 소설 내용과 관련된 정보가 있으면 미리 보고 지문을 읽는다. 그러면 지문의 내용 파악이 쉬워진다. 또한 비문학처럼 단락을 구분하며 읽기 연습을 하면 내용 파악이 수월해진다.

현대소설 문제는 최종적으로는 6분 내로 풀 수 있도록 연습해야 한다. 그러나 쉽다고 생각하고 지나치게 빨리 풀다가 틀리는 경우도 있기 때문에 조심해야 한다.

고전소설은 내용 파악이 잘되지 않는다. 생소한 용어들이 많기 때문이다. 문제를 다 푸는 데 평균 7분 30초 정도 걸린다.

문제 풀이법 및 학습법 처방

문제의 〈보기〉에 소설 내용과 관련된 정보가 있으면 미리 보고 지문을 읽는다. 그러면 내용 파악이 쉬워진다.

고전소설은 영웅소설, 연애소설, 가정소설 등 유형별로 내용 흐름을 알아 두는 것이 좋다. 종류별로 여러 작품을 정리해두면 비슷한 유형이 나올 때 빠르고 정확하게 내용 파악이 가능하다.

고전시가의 경우 무척 어렵게 느껴진다. 현대어에 가깝게 해석되어 있어도 그 작품을 쓴 상황을 잘 모르기 때문에 정확히 이해되지 않는다. 더군다나 원문 그대로 나올 경우에는 내용 파악이 거의 안 된다.

문제 풀이법 및 학습법 처방

지문 내용을 쉽게 파악할 수 있는 문제의 〈보기〉를 먼저 본다. 그리고 자신 있는 작품에 해당하는 문제를 먼저 찾아서 본다.

고전시가는 반드시 수능에 나올 작품들의 제목과 배경 및 줄거리까지 알아 둬야 하며, 우리말 해석을 먼저 보고 공부한다. 그렇게 해서 줄거리를 알면 원문으로 나오더라도 단어 관련 문제가 아니면 풀 수 있고, 내용을 파악하는 데 걸리는 시간도 줄일 수 있다.

검토 및 OMR 답지 체크

2~3개의 지문에 대한 문제를 못 푼 상태로 끝나기 때문에 검토할 시간 없이 답지에 체크하기도 바쁘다. 그래도 OMR 답지 체크 실수를 하지 않도록 주의해야 한다.

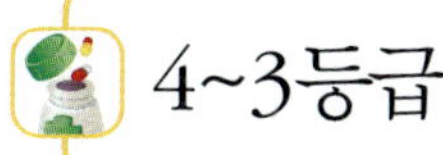

4~3등급   2등급이 되기 위한 영역 처방

4~3등급 학생이 어렵게 생각하는 영역 체크해 보기

듣기	☐	쓰기	☐

비문학

인문	☐	사회	☐
과학	☐	기술	☐
예술	☐	언어	☐

문학

현대시	☐	현대소설	☐
고전시가	☐	고전소설	☐
수필	☐	극	☐

일반적으로 4~3등급 학생은 쓰기, 현대시, 고전시가를 특히 어렵게 생각한다. 그리고 고전소설도 어렵게 생각한다.

비문학에서는 문과 학생의 경우 과학, 기술, 언어 지문을 어려워하고, 이과 학생의 경우 인문, 사회, 기술, 언어 지문을 어려워한다.

❀ 4~3등급 학생이 일반적으로 틀리는 개수

듣기	1~2개		쓰기	2~3개

비문학

인문	0~1개	사회	0~1개
과학	1~2개	기술	1~2개
예술	0개	언어	1~2개

문학

현대시	1~2개	현대소설	0~1개
복합지문	1~2개	고전소설	1~2개

* 시간이 부족해서 2~3개의 지문 문제를 못 푸는 경우가 있는데, 각자 못 푼 영역이 다르므로 일반적으로 틀리는 영역의 개수를 표시했음.

❀ 4~3등급에서 2등급으로 되기 위한 영역 처방

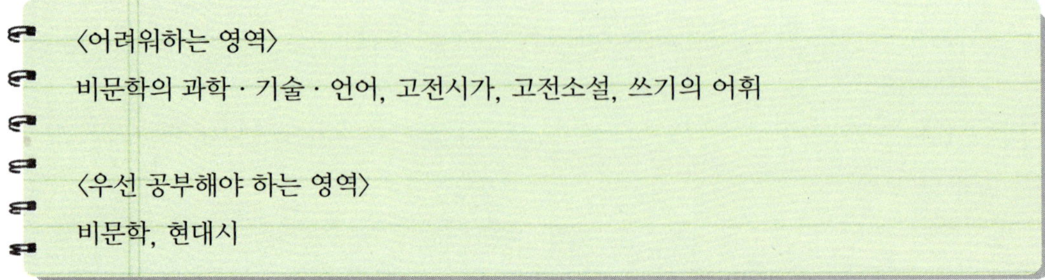

〈어려워하는 영역〉

비문학의 과학 · 기술 · 언어, 고전시가, 고전소설, 쓰기의 어휘

〈우선 공부해야 하는 영역〉

비문학, 현대시

4~3등급은 어렵게 생각되는 고전문학이나 어휘를 먼저 공부하지 말고, 비문학 영역과 현대시를 우선 공부해야 한다.

왜?

비문학은 언어 영역 전체 50문제 중에서 21문제로, 문제 수가 가장 많다. 따라서 비문학 독해법으로 1~2개 지문의 문제를 더 맞히면 5~15점 정도 점수가 상승할 수 있다. 그리고 비문학을 제대로 공부하면 다른 영역 점수도 동반 상승한다. 문제의 물음이나 선지의 핵심이 무엇인지를 정확히 파악하는 능력이 생기므로 정답이 요구하는 핵심어를 잘 찾아내기 때문이다.

4~3등급은 어휘 문제를 많이 틀리는데, 그렇다고 해서 어휘를 따로 공부할 필요는 없고 그럴 시간도 없다. 비문학이 완성되면 문장으로 어휘를 익히게 되므로 어휘 문제는 저절로 해결된다.

고전시가는 원문으로 되어 있으면 무슨 내용인지 해석이 안 되며, 고전소설도 등장인물이 너무 많이 나오는 것 같고 용어를 잘 모르기 때문에 어렵게 생각한다. 하지만 3~4등급이 고전문학을 먼저 공부하는 것은 권하고 싶지 않다. 공부하는 데 들이는 시간에 비해 얻는 것이 적기 때문이다.

그 대신 현대시를 먼저 공부하는 것이 좋다. 고전시가와 현대시의 비중을 봤을 때 현대시 문제가 더 많고, 줄거리 파악이 더 잘되기 때문에 고전시가보다 성취감을 훨씬 많이 느낄 수 있다.

2등급 학생이 언어 영역 문제를 푸는 시간을 보면 일반적으로 다음과 같다.

1. 듣기 – 15분
2. 쓰기 – 10분
3. 비문학
   – 인문, 사회, 과학, 기술, 예술, 언어
     지문 독해 2분 30초, 문제 보기 3분 30초(=지문당 평균 6분) – 총 36분
4. 문학
   – 현대소설
     지문 독해 3분 30초, 문제 보기 3분 – 총 6분 30초
   – 현대시, 고전소설, 복합지문 또는 극
     지문 독해 4분, 문제 보기 2분 30초(=지문당 평균 6분 30초) – 총 19분 30초
5. OMR 답지 체크 – 3분

- 총 90분으로 10분을 초과한다. 그 결과 1~2개의 지문에 대한 문제를 제대로 풀지 못한다.

그렇다면 2등급 학생의 문제점과 그 해결 방법은 무엇인지 살펴보자.

듣기 평가의 경우

들기 안내 방송이 나올 때 6번 쓰기 문제를 먼저 푼다. 그리고 듣기 방송이 나오면 그때부터 들으면서 문제를 풀기 시작한다. 듣기 방송이 12~13분 정도 나오는데, 4번과 5번 문제에서 약간 시간이 걸리므로 15분 정도에 문제를 다 풀고, 쓰기를 이어서 푼다.

문제 풀이법 및 학습법 처방

미리 듣기 문제의 핵심어를 찾아 밑줄을 긋고 듣는다.

4번과 5번 문제는 말하는 방식과 내용을 묻는 문제인데, 내용을 묻는 문제에 초점을 두고 문제의 선지를 지워 가면서 들은 후 답을 적고, 그 다음에 말하는 방식을 묻는 문제를 푼다.

듣기는 시간을 내어 따로 공부하지 않아도 된다. 비문학 공부가 완성되었다면 저절로 쉽게 풀 수 있는 영역이다.

쓰기의 경우

개요 작성 및 수정, 어법 문제에서 시간이 많이 걸린다. 쓰기를 다 마치는 데 평균 10분 정도 걸린다. 8시 40분에 수능 언어 시험이 시작되므로, 9시 5분이 되어야 13번 문제를 풀게 된다. 1등급 학생들이 9시 정도에 13번 문제를 풀기 시작한다는 점을 생각하면 시간을 단축시킬 필요가 있다.

문제 풀이법 및 학습법 처방

시간을 줄이기 위해서는 단어보다 구 단위로 읽는 연습을 한다. 그리고 문제의 선지를 먼저 보고 요구하는 내용을 파악한 뒤 문제의 〈보기〉를 본다.

비문학의 경우

1200자 지문의 경우 평균 2분 30초 안에 지문 독해를 한다. 지문은 대충 읽고 문제에 집중하기 때문에 문제를 풀면서 지문을 다시 읽는 경우가 많다. 1등급 비문학 해결 시간이 지문당 평균 4분 30초인데, 2등급의 경우 6분이면 많이 걸리는 편이다.

문제를 풀면서 지문을 몇 번씩 찾아 읽으니 당연히 시간이 많이 걸리고, 1~2개의 지문에 대한 문제를 못 풀게 되는 불상사가 생긴다. 지문을 대충 읽고 문제를 풀면 지문 전체 맥락을 놓치기 쉽고, 지문 단어를 활용한 교묘한 함정에 빠지기도 쉽다.

본인은 시험을 잘 봤다고 생각하지만 채점을 해 보면 죽죽 비 내리듯이 틀리는 이유는 이런 방식으로 문제를 풀었기 때문이다. 비문학 독해법에 따라 지문을 정확하고 빠르게 읽는 연습을 해야 한다.

특히 문과 학생의 경우에는 과학과 기술 지문을 많이 어려워해서, 도표나 그림이 나오면 지레 겁을 먹는다. 하지만 과학과 기술 관련 문제는 전체를 완전히 이해해서 문제를 풀기보다는 숨은 단어 찾기라는 마음으로 풀면 된다.

이과 학생의 경우에는 인문과 사회, 언어 지문을 어려워한다. 특히 동양 철학이나 서양 철학을 어렵게 생각해, 공자와 플라톤은 왜 어려운 책을 써서 자신들을 괴롭히는지 모르겠다고 불만을 토로한다. 하지만 이는 누구나 어려워하는 내용이니까 스트레스 받을 필요 없다.

문제 풀이법 및 학습법 처방

잘 모르는 문제가 나오면 다음 문제로 쉽게 넘어가지 못한다. 그러다 보니 시간은 점점 부족하게 된다. 시간을 많이 끈 문제가 틀릴 확률이 높다는 점을 고려하면, 도저히 안 풀리는 문제는 과감히 넘어가는 것이 좋다. 다른 문제를 풀면서 지문 이해도가 높아진 다음에 그 문제를 다시 보면 답이 보이는 경우가 많다.

언어 영역에서 가장 중요한 것은 지문을 정확히 읽는 것이다. 1등급 학생들은 지문을 한 번에 아주 정확히 읽고 문제를 푼다. 지문 독해법과 문제 독해법을 충분히 연습할 필요가 있다.

지문 내용과 관련이 없는 단순 어휘 문제가 나올 경우에는 지문 전체를 읽기 전에 미리 푼다. 그러면 풀어야 할 문제 수가 적어지기 때문에 심리적으로 불안감이 줄어들어 성급하게 실수하는 일이 줄어든다.

비문학에서는 인문, 사회, 과학, 기술, 예술, 언어 지문이 반드시 한 지문씩 나오기 때문에 좋아하는 지문과 싫어하는 지문에 대한 선입견을 갖지 않기를 바란다. 거짓말처럼 문제들도 자신을 좋아하는지 싫어하는지 안다. 개인적인 생각이지만 지문도 좋아하는 마음으로 읽다 보면 문제의 답이 눈에 더 잘 들어온다.

현대소설의 경우

현대소설은 그나마 괜찮다. 내용도 재미있고 대략적인 줄거리도 이해된다. 1등급 학생들은 다른 영역은 거의 다 맞고 현대소설에서 틀리는 경우가 있다 보니 현대소설을 어렵게 생각하지만, 2등급 학생들은 전 영역에서 골고루 틀리기 때문에 내용을 파악하기 어려운 현대시보다는 현대소설이 덜 어렵다고 생각한다.

소설 지문을 읽을 때 비문학처럼 내용 단락을 구분해서 읽으며, 지문 독해 3분 30초,

문제 보기 3분 해서 지문당 평균 6분 30초 정도 걸린다.

문제 풀이법 및 학습법 처방

문제의 〈보기〉에 소설 내용과 관련된 정보가 있으면 미리 본 후 지문을 읽는다. 그러면 내용 파악이 쉬워진다. 현대소설 문제는 6분 내로 풀 수 있도록 연습해야 한다.

비문학처럼 단락을 구분하며 읽기 연습을 하면 내용 파악이 수월해진다. 장면이나 등장인물에 따라 단락을 구분하면서 줄거리를 파악하는 연습을 해야 한다.

현대시의 경우

학교에서 배운 현대시는 내용 파악이 쉽지만, 그렇지 않은 작품들은 상징적인 시어들 때문에 내용을 파악하기가 어렵다. 따라서 2등급이 가장 어려워하는 부분이 현대시이다.

현대시는 문제보다는 지문이 잘 이해되지 않아서 독해 시간이 많이 걸리고, 정답률도 높지 않다. 문제를 풀면서 지문을 다시 보는 시간을 포함해서 한 지문당 문제 풀이 시간이 6분 30초 정도 걸린다.

문제 풀이법 및 학습법 처방

현대시는 작가와 제목을 먼저 본다. 그 다음에 내용을 짐작할 수 있는 문제의 〈보기〉를 본다. 문제의 〈보기〉가 지문 이해에 도움이 되는 내용이 아니면 안 보고 푸는 것이 낫다.

지문의 작품들을 다 보고 문제를 풀어도 되고, 한 작품씩 해당하는 문제를 찾아서 풀어도 된다.

현대시 푸는 시간을 줄이기 위해서는 줄거리를 파악하는 연습을 해야 한다. 서술어와 감정을 표현하는 단어에 유의해서 줄거리를 파악하면 작품의 분위기, 어조, 상징적 의미와 관련된 문제를 풀 수 있다.

고전소설의 경우

고전소설은 등장인물이 잘 파악되지 않아 어렵게 느낀다. 단락을 나누어 읽는 연습을 해야 한다. 지문 독해 시간이 4분 정도 걸리고 문제를 푸는 데에는 평균 6분 30초 정도 걸린다.

문제 풀이법 및 학습법 처방

내용을 짐작할 수 있는 문제의 〈보기〉를 미리 본다.

평소에 영웅소설, 연애소설, 가정소설의 유형별 내용 파악을 연습해서 정확한 독해 시간을 줄여야 한다.

등장인물을 표현하는 용어인, '상, 상공, 승상, 공자, 소공, 소저, 한림, 채란' 등을 알면 내용 파악이 훨씬 쉬워진다.

- 상 : 임금.
- 상공, 승상 : 장관급, 주로 주인공의 아버지, 착한 인물.
- 공자, 소공 : 청년, 주로 남자 주인공, 착하지만 시련을 겪는 사람.
- 소저 : 처녀, 주로 여자 주인공, 착한 인물.
- 한림 : 대학생, 주로 남자 주인공, 사랑에 빠진 인물.
- 채란 : 기생이거나 궁녀, 또는 하녀. 여자 이름만 나올 경우 거의 몸종.

복합지문(고전시가 복합, 수필 복합) 또는 극의 경우

고전시가의 경우 익숙한 작품이 많기 때문에 지문 독해 시간은 1분 정도, 수필의 경우는 지문 독해에 2분 정도 걸린다.

고전시가는 출제되는 작품이 거의 정해져 있기 때문에 2등급 학생들이 별 부담 없이 시간을 줄일 수 있는 영역이다.

문제 풀이법 및 학습법 처방

처음부터 지문을 다 보고 풀어도 되고, 자신 있는 작품을 먼저 보고 관련 문제를 풀어도 된다.

검토 및 OMR 답지 체크

1~2개의 지문에 대한 문제를 풀지 못하고 시험 시간이 종료되기 때문에 문제를 검토할 시간이 없다. 하지만 아무리 급해도 OMR 답지 체크에 실수하지 않도록 주의해야 한다.

2등급 학생이 어렵게 생각하는 영역 체크해 보기

듣기	☐	쓰기	☐

비문학

인문	☐	사회	☐
과학	☐	기술	☐
예술	☐	언어	☐

문학

현대시	☐	현대소설	☐
고전시가	☐	고전소설	☐
수필	☐	극	☐

일반적으로 1~2등급 학생은 현대시와 어법을 어렵게 생각하고, 2~3등급 학생은 고전시가와 고전소설을 어렵게 생각한다.

비문학에서는 문과 학생의 경우 과학, 기술 지문을 어려워하고, 이과 학생의 경우 인문, 사회, 언어 지문을 어려워한다.

2등급 학생이 일반적으로 틀리는 개수

듣기	0~1개	쓰기	1~2개

비문학

인문	0개	사회	0~1개
과학	1개	기술	1개
예술	0개	언어	0~1개

| 현대시 | 0~1개 | 현대소설 | 1개 |
| 복합지문 | 0~1개 | 고전소설 | 0~1개 |

* 시간이 부족해서 1~2개의 지문 문제를 못 푸는 경우가 있는데, 각자 못 푼 영역이 다르므로 일반적으로 틀리는 영역의 개수를 표시했음.

2등급에서 1등급으로 되기 위한 영역 처방

〈어려워하는 영역〉
현대시, 고전소설, 어법

〈우선 공부해야 하는 영역〉
고전시가, 고전소설, 쓰기

2등급이 어려워하는 영역은 현대시와 고전소설이지만, 현대시는 3등급 단계에서 공부했어야 하므로 2등급은 고전문학과 쓰기 영역을 공부하면 된다.

고전시가를 3등급에서 하지 않고 2등급에서 공부해야 하는 이유는 시간을 덜 들이고 많은 효과를 얻을 수 있기 때문이다.

수험생에게는 시간이 점수이다. 고전문학을 완성하는 데 3등급이 10의 에너지와 시간을 쓴다면, 2등급은 그보다 훨씬 적은 시간과 노력을 들여도 된다.

왜?

고전시가는 수능에 나올 작품이 정해져 있다. 2학년 내신 때 배웠기 때문에 아는 작품도 많다. 하지만 작품의 내용을 부분적으로 알면 시험에 다른 내용 부분이 나올 때 불안해진다. 따라서 작품의 전문을 다 공부해 두어야 한다. 한 번만 제대로 공부하면 고전시가만큼 쉬운 것이 없다. 1등급 학생들이 문제 푸는 시간을 줄이는 영역이 바로 고전시가이다.

　고전소설 역시 수능에 나오는 유형이 정해져 있다. 영웅소설, 연애소설, 가정소설 정도인데, 등장인물과 용어를 유형별로 10작품씩만 정리해 두면 어떤 작품이 나와도 비슷하기 때문에 고전시가처럼 문제 푸는 시간을 줄일 수 있다.

　쓰기 영역은 7개 유형의 문제 풀이법을 익히고, 어법은 수능에 나오는 개념을 확실히 정리해 두어야 한다.

1등급 학생이 언어 영역 문제를 푸는 시간을 보면 일반적으로 다음과 같다.

1. 듣기 – 14분
2. 쓰기 – 8분
3. 비문학
   – 인문, 사회, 과학, 기술, 예술, 언어
     지문 독해 2분 30초, 문제 보기 2분(=지문당 평균 4분 30초) – 총 27분
4. 문학
   – 현대시, 현대소설
     지문 독해 3분 30초, 문제 보기 2분 30초(=지문당 평균 6분) – 총 12분
   – 고전소설, 복합지문 또는 극
     지문 독해 3분, 문제 보기 2분 30초(=지문당 평균 5분 30초) – 총 11분
5. 검토 – 5분
   OMR 답지 체크 – 3분

• 총 80분

그렇다면 1등급 학생들은 어떤 방법을 통해 만점을 받을 수 있을지 살펴보자.

듣기 평가의 경우

　듣기 방송이 나오기 전에 듣기 문제를 미리 본다. 듣기 방송이 12~13분 정도 나오는데, 1분 생각하고 14분이면 문제 풀이를 끝내고 쓰기를 풀기 시작한다.

문제 풀이법 및 학습법 처방

미리 듣기 문제의 핵심어를 찾아 밑줄을 긋고 듣는다.

4번과 5번 문제를 풀 때에는 먼저 내용을 묻는 문제에 초점을 두고 문제의 선지를 지워 가면서 들은 후 답을 적고, 그 다음에 말하는 방식을 묻는 문제를 푼다.

듣기는 따로 공부하지 않아도 된다. 비문학이 잘되면 저절로 풀 수 있기 때문이다.

쓰기의 경우

맨 처음 나오는 6번의 연상을 통한 내용 생성 문제는 듣기 안내 방송이 나올 때 미리 풀어 둔다. 개요 작성 및 수정 문제와 어법 문제에서 시간이 조금 걸리기 때문에 평균 8분 정도면 쓰기 문제 7개를 마친다. 즉 수능 언어 시험 시작이 8시 40분부터이므로, 9시에서 9시 2분 사이에 쓰기 문제를 끝낸다.

문제 풀이법 및 학습법 처방

문제의 선지를 먼저 보고 요구하는 내용을 파악한 뒤 문제를 푼다.

비문학의 경우

1200자 지문의 경우 평균 2분 2분 30초 안에 지문 독해를 하고, 2분 안에 문제를 보고 푼다.

문제 풀이법 및 학습법 처방

지문을 처음부터 집중해서 보고 문제를 푼다. 지문 독해법을 꾸준히 연습하면 정확도를 높이고 시간을 줄일 수 있다.

현대시의 경우

평소 시 작품을 많이 봤고 독해법이 어느 정도 완성되어 있으므로 크게 어려워하지 않는다. 시 지문은 줄거리를 파악하면서 읽으며, 지문 독해에 3분 30초, 문제 보기에 2분 30초 정도 걸려서 지문당 6분 정도 걸린다.

문제 풀이법 및 학습법 처방

현대시는 작가와 제목을 먼저 본다. 그리고 내용을 파악하는 데 도움이 되는 〈보기〉가 있으면 참고한다.

지문에 나온 세 작품을 차례대로 다 보고 문제를 푸는 경우가 대부분이지만, 세 작품 중 내용 파악에 자신 있는 한 작품을 골라 먼저 해당 문제를 푸는 방법도 있다.

지문 뒤에 바로 나오는 공통점 찾기 문제를 풀 때에도 모든 작품의 공통점을 찾지 않고 개별 작품의 특징과 맞지 않는 내용이 있는지만 확인해 보면 된다.

공통점 찾기 문제를 맨 나중에 풀어도 좋다. 다른 문제를 풀다 보면 작품을 더 잘 알게 되어 공통점 파악이 잘된다.

현대소설의 경우

현대소설은 1등급 학생들이 어려워하는 영역이다. 50문제 중에서 안타깝게 1~2개의 문제를 틀린다면 현대소설인 경우가 많다. 수능이 가까워질수록, 갈등이 두드러져서 내용 파악이 쉬운 작품보다는 심리를 다루거나 역순행적 구성 등으로 내용 파악이 어려운 소설들이 지문으로 나오기 때문이다.

소설 지문을 읽을 때에는 비문학처럼 내용 단락을 구분해서 읽는다. 지문 독해에 3분 30초, 문제 보기에 2분 30초 걸린다. 따라서 지문당 문제 풀이에 6분 정도 걸린다.

문제 풀이법 및 학습법 처방

문제의 〈보기〉에 소설 내용과 관련된 정보가 있으면 미리 본다. 그런 다음 지문을 읽으면 내용 파악이 쉬워진다.

공간이나 시간, 새로운 등장인물 등장 여부에 따라 단락을 구분하며 읽기 연습을 하면 내용 파악이 수월해진다.

고전소설의 경우

고전소설은 현대소설에 비해 독해 시간이 많이 걸리지 않는다. 고전소설의 경우 유형별로 영웅소설, 연애소설, 가정소설 등으로 정리를 해 두어 내용 전개가 비슷하다는 것을 알기 때문에 현대소설보다 쉽게 이해한다. 지문 독해 시간이 3분 정도이고 문제를 다

보는 데 2분 30초가 걸리므로, 지문당 평균 5분 30초 정도면 모두 풀 수 있다.

문제 풀이법 및 학습법 처방

　내용을 짐작할 수 있는 문제의 〈보기〉를 먼저 본다.
　소설 유형을 짐작하고, 단락을 구분하며, 지문을 먼저 정확히 읽는 연습을 한다.

복합지문(고전시가 복합, 수필 복합) 또는 극의 경우

　고전시가의 경우 작품을 대부분 알고 있기 때문에 지문 독해 시간은 거의 걸리지 않고, 수필의 경우도 2분 정도면 충분히 파악하여, 지문당 문제 풀이 시간은 평균 5분 30초이다.

　구구단을 외우면 곱셈 계산이 빨라지고 쉬워지듯이, 고전시가도 출제되는 작품이 거의 정해져 있기 때문에 한 번만 내용을 확실히 파악해 두면 시간을 줄일 수 있다. 1등급 학생들이 가장 쉽게 생각하고 시간을 버는 영역이 고전시가이다.

문제 풀이법 및 학습법 처방

　잘 아는 작품이 나오면 문제를 먼저 보고 풀어도 된다.
　고전시가의 경우 출제되는 작품이 거의 정해져 있으니, 이를 반드시 전문을 공부해 두는 것이 좋다. 작품의 일부분만 공부하다 보면 공부하지 않은 다른 부분이 출제될 때 시간을 들여 독해해야 하기 때문이다.

검토 및 OMR 답지 체크

　언어 영역은 1점짜리 문제가 5개, 2점짜리 문제가 40개, 3점짜리 문제가 5개 나온다. 검토할 시간이 난다면 당연히 3점에 해당하는 문제를 봐야 한다. 1점은 5개 다 틀려도 −5점이지만, 3점은 5개 틀리면 −15점이다.

　수능 1교시가 언어이기 때문에 많은 학생이 OMR 답지에 체크하는 데에도 지나치게 떨어서 답지를 몇 번씩 바꾸기도 한다. 하지만 1등급 학생의 경우에는 문제를 다 풀어도 시간에 약간의 여유가 있기 때문에 답지 체크를 서둘러서 실수하는 경우가 드물다.

1등급 학생이 어렵게 생각하는 영역 체크해 보기

듣기	☐	**쓰기**	☐
비문학			
인문	☐	사회	☐
과학	☐	기술	☐
예술	☐	언어	☐
문학			
현대시	☐	현대소설	☐
고전시가	☐	고전소설	☐
수필	☐	극	☐

일반적으로 1등급 학생은 현대소설을 어렵게 생각한다.

1등급 학생이 일반적으로 틀리는 개수

듣기	0개	**쓰기**	0~1개
비문학			
인문	0개	사회	0~1개
과학	0개	기술	0~1개
예술	0개	언어	0개

1등급 학생이 만점 받기 위한 영역 처방

1등급은 현대소설이 갈등 위주의 줄거리만 파악해서 푸는 문제가 아니라는 것을 알기 때문에 어려워한다. 특히 심리를 다루는 소설이거나 역순행적 구성일 때에는 내용 파악이 쉽지 않아, 언어 영역에서 한 문제를 틀린다면 현대소설에서 틀리는 경우가 많다.

현대소설도 비문학과 마찬가지로 장면을 나누면 4~5개의 단락으로 나누어지는데, 이처럼 장면 나누어 읽기를 하면 문제를 훨씬 쉽게 풀 수 있다. 장면은 시간이나 공간이 달라지거나 새로운 인물이 등장할 때를 기준으로 나누면 된다.

어법은 예비 고3 겨울방학에 충분히 공부하고 모의고사와 수능 시험 2주 전에 한 번씩 총정리를 해 주면 된다.

2 등급 올리기 위한 기본기 다지기 처방

언어 공부를 잘하고 수능 언어 1등급을 받기 위해서는 기본기를 익히는 것이 중요하다. 가장 중요한 기본을 제대로 다져야 비법도 활용할 수 있고 자기에게 맞는 문제 풀이법도 찾을 수 있다.

몇 년간 통했던 비법이 내가 수능 보는 날에는 안 통할 수도 있다. 그러니 위험한 모험을 할 필요가 없다. 기본 실력이 쌓이면 자신도 1등급 학생들의 문제 풀이법을 활용하고 있다는 사실을 알게 될 것이다.

비문학 기본기 다지기 처방

1 비문학 문제를 푸는 자신의 스타일 체크하기

1 먼저 초시계를 준비한다.

2 지문을 읽은 시간을 기록한다.

(지문을 먼저 읽지 않은 학생이라면 기록하지 않아도 된다.)

3 문제까지 다 푼 시간을 기록한다.

4 채점은 하지 않는다.

이제 시간을 재기 시작하고 문제를 풀어 보자.

[2010학년도 수능 대비 6월 모의고사]

[47~50] 다음 글을 읽고 물음에 답하시오.

일반적으로 영화는 구체적인 대상을 재현하는 데에는 그 어떤 예술보다 강하지만, 대사나 자막을 이용하지 않고서는 정신적인 의미를 표현하는 데 약하다. 그런데 영화의 출발이 시각 예술이라는 것을 감안하면, 언어적 요소에 의존하는 것은 영화 본연의 방식이라고 보기 어렵다. 따라서 영화가 독자적인 예술이 되기 위해서는 기본적으로 순수하게 시각적인 방식으로 추상적인 의미 표현에 이를 수 있어야 한다.

에이젠슈테인은 여기서 한자의 구성 원리에 주목한다. 한자의 육서(六書) 중 그가 주목한 것은 상형 문자와 회의 문자다. 상형 문자는 사물의 형태를 본뜬 문자다. 그러나 눈으로 볼 수 있는 것은 형태를 본떠서 재현할 수 있지만, 눈으로 볼 수 없는 것은 재현하기 어렵다. 예를 들어 '휴식'과 같이 추상적인 개념은 상형 문자로 표현할 수 없다. 이때 이를 표현할 수 있는 것이 회의 문자다. 회의 문자 '쉴 휴(休)'는 '사람 인(人)'과 '나무 목(木)'이 결합된 문자다. 이 두 문자를 결합하면 '휴식'이라는 추상적 의미가 만들어진다. 하지만 '휴식'이란 말의 의미는 '人'에도 '木'에도 들어 있지 않다. ㉠두 개의 문자가 결합되면서 두 문자의 단순한 총합이 아닌 새로운 차원이 열리며, 이를 통해 추상적인 의미를 표현할 수 있다는 것이 바로 에이젠슈테인이 회의 문자에서 주목한 지점이다.

　이러한 원리가 영화의 시각적인 의미 표현에 어떻게 적용될 수 있을까? 여기서 중요한 것은 회의 문자를 이루는 요소들이 상형 문자라는 점이다. 묘사적이고 단일하며 가치중립적인 상형 문자의 특성은 영화의 개별 장면(shot)들의 특성에 상응한다. 회의 문자를 이루는 각각의 문자는 따로 떼어 놓고 보면 사물이나 사실에 대응되지만, 그 조합은 개념에 대응된다. 이와 마찬가지로 ㉡영화의 개별 장면들은 사물이나 사실에 대응되지만, 이들을 특정하게 결합시키면 그 조합은 개념에 대응된다. 따라서 회의 문자의 구성 원리를 이용하면 눈에 보이지 않는 것, 묘사할 수 없는 것, 추상적인 것을 순수하게 시각적인 방식으로 표현할 수 있다는 결론이 나온다.

　그러나 개별 장면들의 시간적 병치를 통해서 이루어 낸 추상적 의미는 영화를 보는 관객의 머릿속에서만 존재한다. 따라서 이런 방식으로 만들어진 영화를 보면서 거기에 담긴 의미를 구성해 내는 것은 관객의 몫으로 남게 된다.

47. 위 글의 내용에 부합하는 것은?

① 영화는 구체적인 대상의 재현을 통해 독자적인 예술이 된다.
② 영화의 개별 장면과 회의 문자 사이에 구조적 유사성이 있다.
③ 영화의 정신적인 의미는 개별 장면들의 특성으로 환원될 수 있다.
④ 영화는 추상적인 의미를 표현하기 위해 언어적 요소를 풍부하게 이용해야 한다.
⑤ 영화 외의 영역에서도 영화가 독자적인 예술이 되기 위한 원리를 끌어낼 수 있다.

48. 〈보기〉가 위 글의 필자가 택한 글쓰기 전략이라고 할 때, 글에 구현되지 <u>않은</u> 것은?

〈 보기 〉

- 목표 설정 : 영화의 특성을 심층적으로 살필 수 있는 이론을 소개한다. ·············· ①
- 예상 독자 설정 : 영화에 관심이 많고, 일정 수준의 교양을 갖춘 독자를 대상으로 한다. ·· ②
- 내용 선정 : 시각 예술로서 영화의 특질을 보여 줄 수 있는 핵심 내용을 선정한다. ③
- 자료 수집 : 소개하고자 하는 이론의 특성이 잘 드러나는 작품을 폭넓게 수집한다. ④
- 논지 전개 : 핵심 논제를 제기하고, 이론을 요약 소개하며 그에 대한 답을 제시한다. ·· ⑤

49. 문맥상 ㉠과 같은 방법으로 만들어진 표현이 <u>아닌</u> 것은?

① 선생님은 <u>얼굴을 익히려고</u> 그 학생을 유심히 바라보았다.
② 나불거리는 아이들의 <u>입방아</u> 때문에 정신이 없었다.
③ 네 이야기는 <u>모순</u>이 있어 잘 이해할 수가 없다.
④ 그 이야기를 듣자 모두들 <u>배꼽을 쥐었다.</u>
⑤ 그는 <u>개밥에 도토리</u> 신세가 되었다.

50. 〈보기 2〉는 〈보기 1〉의 영화를 보고 나눈 대화의 일부이다. ㉡을 바탕으로 할 때, 〈보기 2〉
의 ⓐ에 들어갈 내용으로 가장 적절한 것은?

〈보기 1〉

– 스탠리 큐브릭 감독, 〈2001년, 스페이스 오디세이〉에서 –

〈보기 2〉

철수 : 영화는 좋았는데, 한 대목이 이해가 안 되네. 원시인이 소 정강이뼈를 하늘 높이
던지는 장면 있잖아. 그리고 아무 설명 없이 원시 시대에서 갑자기 우주 시대로 바뀌
고 공간도 완전히 바뀌는데, 어떻게 장면을 그런 식으로 연결할 수 있지?

영희 : 맞아, 두 장면의 연결이 충격적이지. 근데 그 앞부분 내용은 기억나니?

철수 : 응, 한 원시인이 우연히 소 정강이뼈를 만지작거리게 되잖아. 그리고 그 뼈로 자
기보다 더 큰 동물을 잡고, 다른 힘센 부족과 싸움도 벌이지. 그 뼈 덕분에 승리를 거
두고 나서 그것을 하늘로 던지는 장면이 나오지.

영희 : 정확히 기억하네. 여기서 그 뼈와 우주선을 연결시키는 어떤 개념이 없다면 이
연결은 설명이 안 돼. 뼈와 우주선을 연결하면 그 개념이 나오지.

철수 : 좀 더 자세히 설명해 줘.

영희 : (ⓐ   )

① 원시의 황야와 우주 공간이 이어지니까, 여기서 '거대한 공간과 싸우는 인간'이라는
개념을 만들어 낼 수 있지.

② 인류는 개인의 힘은 약하지만 집단을 이루어 우주를 개척할 수 있었어. 여기서 '인간의 사회성'이라는 개념을 추론할 수 있지.

③ 우주 개척 시대는 뛰어난 지도력과 관계가 깊고 그 덕분에 새로운 시대가 열린 것이니까, 여기서 '정치'라는 개념이 부각되지.

④ 원시인이 기쁨에 차서 뼈를 던지고 이것이 우주선의 경쾌한 운동과 이어지잖아. 여기서 '유희적 인간'이라는 개념을 도출할 수 있지.

⑤ 정교한 우주선도 결국 동물 뼈와 같은 초보적인 도구가 발달하여 만들어진 거잖아. 여기서 '도구의 사용'이라는 개념을 이끌어 낼 수 있지.

> • 지문 독해에 걸린 시간 :　　　분　　　초
> • 문제까지 다 푸는 데 걸린 시간 :　　　분　　　초

5 **자신의 스타일을 체크한다.**

• 지문을 처음부터 읽고 제대로 이해한 뒤에 문제를 푼다. (○ , ×)

• 문제 먼저 보고 지문을 처음부터 꼼꼼히 읽는다. (○ , ×)

• 지문을 대충 읽고 문제를 보면서 지문을 다시 읽는다. (○ , ×)

• 문제를 보면서 지문의 해당 부분을 찾아 읽는다. (○ , ×)

• 어휘 문제를 먼저 풀고 지문을 처음부터 읽는다. (○ , ×)

6 **등급별 문제 풀이 스타일과 자신의 스타일을 비교한다.**

• 1등급 : 지문을 처음부터 읽고 제대로 이해한 뒤에 문제를 푼다.

• 2등급 : 문제 먼저 보고 지문을 처음부터 꼼꼼히 읽는다.

• 3등급 : 지문을 대충 읽고 문제를 푼다. 기억이 잘 안 나면 해당 내용을 찾아 다시 읽는다.

• 4등급 이하 : 지문을 대충 읽고, 직감으로 문제를 푼다.

> • 현재 나의 등급은? (　　)등급
> • 비문학 문제 풀이 스타일에 따르면 나의 등급은? (　　)등급

* 초시계를 준비하고 시간을 체크하면서 문제를 풀어 보자.

* 지문을 먼저 읽지 말고, 문제를 보면서 해당 지문을 찾아 읽고 문제를 풀어 보자.

 시작!

[2011학년도 수능 대비 3월 모의고사]

[36~39] 다음 글을 읽고 물음에 답하시오.

유럽인들에게 쫓겨 강제로 거주지를 옮겨야만 했던 케냐의 마사이 족은 새로운 정착지에 원래 살던 곳의 지명을 그대로 붙였다. 이와 비슷하게 유럽인들 역시 신대륙에 정착하면서 유럽의 지명들을 붙였다. 그들은 왜 새로운 곳에 예전의 지명을 붙였을까? 그것은 '공간'을 '장소'로 만든 것이라고 할 수 있다.

실증주의적 관점에 따르면 공간은 단순히 물리적으로 위치하고 있는 것으로, 인간이 머릿속에서 기하학적으로 ⓐ측량하고 재단할 수 있는 것이다. 이러한 개념에서 공간은 인간이 활동하는 배경으로만 여겨지거나 인간의 활동과는 무관한 것으로 여겨졌다.

그러나 인본주의적 관점에 따르면 각각의 공간들은 다른 공간들과 구별되는 자연적·인문적인 특징을 가지고 있고, 이러한 특징으로 ⓑ구성된 곳을 장소라고 한다. 공간이 보편적이고 일반적인 속성을 담고 있는 개념이라면, 장소는 특수하고 예외적인 속성을 담고 있는 개념이다. 즉 장소는 주관적이고 개성적이며 독특한 것을 담고 있는 곳이다. 인간은 일상생활 속의 공간에서 발생하는 다양한 현상들을 경험하고, 이를 해석하며, 의미를 ⓒ부여한다. 이러한 일상적 경험을 통해 물리적인 '공간'이 인간의 감정이 이입된 상징적 '장소'로 바뀌는 것이다. 예를 들면 우리가 일상적으로 지나다니는 가로수 길이 그곳과 관련을 맺고 있지 않은 사람에게는 지나가는 '공간'이지만, 헤어진 연인과의 기억을 갖고 있는 사람에게는 추억의 '장소'가 되는 것이다.

인간에게 장소는 그곳의 실제적인 쓰임새보다 훨씬 더 깊은 의미를 갖는다. 이는 자신들의 장소를 파괴하려는 외부의 힘에 ⓓ대항하는 개인이나 집단의 행동에서 명백하게 드러난다. 또 어떤 장소를 동경하거나 향수병을 겪는 사람들을 통해서도 알 수 있다. 결국 모든 사람은 태어나고, 자라고, 지금도 살고 있는 또는 특히 감동적인 경험을 가졌던 장소와 깊은 관련을 맺고 있으며 그 장소를 의식하고 있는 것이다. 즉 인간답다는 것은 의미 있는 장소로 ⓔ충만한 세상에서 산다는 것이며, 인간이 세계를 경험하는 심오하고도 복잡한 곳이 바로 장소라는 것이다.

이렇게 장소는 개인이나 집단에게 안정감을 주고 정체성을 갖게 한다. 따라서 의미 있는 장소를 경험하고, 창조하고, 유지하는 방법을 잃지 않는 것이 중요하다. 그런데 지금 이런 방법들이 사라지고 있는 탓에 ㉠몰장소성(沒場所性)이 확산되고 있다. 즉 장소가 지닌 독특하고 다양한 경험과 정체성이 약화되는 현상이 확산되고 있는 것이다. 특징적인 장소들을 훼손하는 현상과 규격화된 경관 만들기 현상이 그것인데 이런 몰장소화는 인간의 정체성을 흔드는 일이다. 몰장소성은 결국 뿌리를 잘라 내고, 다양성을 획일성으로, 구체적 장소를 개념적 공간으로 바꾸어 버리는 것이기 때문이다.

36. 마사이 족과 유럽인들이 새로운 곳에 예전의 지명을 붙인 이유로 적절하지 <u>않은</u> 것은?

① 자신들의 정체성을 유지하기 위해서이다.
② 고향에 대한 그리움을 달래기 위해서이다.
③ 새로운 곳에 대한 낯섦을 덜기 위해서이다.
④ 새로 정착한 곳에서 빨리 안정감을 얻기 위해서이다.
⑤ 자신들을 쫓아낸 이들에게 저항감을 보이기 위해서이다.

37. 위 글을 바탕으로 〈보기〉의 내용을 이해한 것으로 적절한 것은?

〈 보기 〉

오스트레일리아의 중앙에는 울루루(Uluru)라고 불리는 세계 최대의 단일 바위가 있다. 울루루에는 수많은 관광객들이 방문한다. 관광객들은 원하면 이 바위에 올라가 볼 수도 있는데, 등반로 입구에 가면 다음과 같은 팻말들이 붙어 있다.

울루루에 올라가도 좋습니다. 그러나 바람이 세게 불거나 비가 오면 올라가지 마십시오. 올라가다가 떨어지거나 미끄러져서 죽거나 다칠 수도 있기 때문입니다.
– 울루루 국립공원관리공단

당신들은 이 바위에 올라갈 수 있습니다. 그렇지만 우리에게는 이 바위가 신성한 존재입니다. 그래서 우리는 울루루가 보호되고 존경받기를 바라며 올라가지 않기를 바랍니다.
– 울루루 원주민

① 울루루에 가 보고 싶어서 준비를 하고 있는 사람에게 울루루는 '공간'일 것이다.

② 울루루에 관광객들이 등반하지 않기를 바라는 원주민에게 울루루는 '장소'일 것이다.

③ 살 곳을 찾아다니다가 우연히 울루루에 도착한 원주민에게 울루루는 '장소'일 것이다.

④ 울루루에 올라가다가 떨어져 다친 기억이 남은 관광객에게 울루루는 '공간'일 것이다.

⑤ 자연 현상을 이유로 울루루에 올라가지 못하게 하는 국립공원관리공단에게는 울루루가 '장소'일 것이다.

38. 〈보기〉에서 ㉠이 드러난 사례가 <u>아닌</u> 것끼리 짝지어진 것은?

> ─〈 보기 〉─
> ㉮ ○○시는 △△동을 한옥 보존 지구로 지정하였다.
> ㉯ ○○시는 간판의 모양과 규격, 디자인을 통일시켰다.
> ㉰ ○○시는 행정의 효율성 때문에 □□시에 통합되었다.
> ㉱ ○○시는 특정 거리에 있는 옛 건물의 외관과 틀은 그대로 두고 내부만 현대식으로 수리할 수 있도록 하였다.

① ㉮, ㉰　　　　　　　　　　② ㉮, ㉱

③ ㉯, ㉰　　　　　　　　　　④ ㉯, ㉱

⑤ ㉰, ㉱

39. 문맥상 ⓐ~ⓔ를 바꿔 쓸 수 있는 것으로 적절하지 <u>않은</u> 것은? [1점]

① ⓐ : 헤아리고　　　　　　　② ⓑ : 이루어진

③ ⓒ : 붙인다　　　　　　　　④ ⓓ : 맞서는

⑤ ⓔ : 가득 찬

• 문제까지 다 푸는 데 걸린 시간 :　　분　　초

B 타입 --

* 초시계를 준비하고 시간을 체크하면서 문제를 풀어 보자.
* 이번에는 지문을 처음부터 제대로 읽고 문제를 풀어 보자.

 시작!

[36~39] 다음 글을 읽고 물음에 답하시오.

　　유럽인들에게 쫓겨 강제로 거주지를 옮겨야만 했던 케냐의 마사이 족은 새로운 정착지에 원래 살던 곳의 지명을 그대로 붙였다. 이와 비슷하게 유럽인들 역시 신대륙에 정착하면서 유럽의 지명들을 붙였다. 그들은 왜 새로운 곳에 예전의 지명을 붙였을까? 그것은 '공간'을 '장소'로 만든 것이라고 할 수 있다.

　　실증주의적 관점에 따르면 공간은 단순히 물리적으로 위치하고 있는 것으로, 인간이 머릿속에서 기하학적으로 ⓐ측량하고 재단할 수 있는 것이다. 이러한 개념에서 공간은 인간이 활동하는 배경으로만 여겨지거나 인간의 활동과는 무관한 것으로 여겨졌다.

　　그러나 인본주의적 관점에 따르면 각각의 공간들은 다른 공간들과 구별되는 자연적 · 인문적인 특징을 가지고 있고, 이러한 특징으로 ⓑ구성된 곳을 장소라고 한다. 공간이 보편적이고 일반적인 속성을 담고 있는 개념이라면, 장소는 특수하고 예외적인 속성을 담고 있는 개념이다. 즉 장소는 주관적이고 개성적이며 독특한 것을 담고 있는 곳이다. 인간은 일상생활 속의 공간에서 발생하는 다양한 현상들을 경험하고, 이를 해석하며, 의미를 ⓒ부여한다. 이러한 일상적 경험을 통해 물리적인 '공간'이 인간의 감정이 이입된 상징적 '장소'로 바뀌는 것이다. 예를 들면 우리가 일상적으로 지나다니는 가로수 길이 그곳과 관련을 맺고 있지 않은 사람에게는 지나가는 '공간'이지만, 헤어진 연인과의 기억을 갖고 있는 사람에게는 추억의 '장소'가 되는 것이다.

　　인간에게 장소는 그곳의 실제적인 쓰임새보다 훨씬 더 깊은 의미를 갖는다. 이는 자신들의 장소를 파괴하려는 외부의 힘에 ⓓ대항하는 개인이나 집단의 행동에서 명백하게 드러난다. 또 어떤 장소를 동경하거나 향수병을 겪는 사람들을 통해서도 알 수 있다. 결국 모든 사람은 태어나고, 자라고, 지금도 살고 있는 또는 특히 감동적인 경험을 가졌던 장소와 깊은 관련을 맺고 있으며 그 장소를 의식하고 있는 것이다. 즉 인간답다는 것은 의미 있는 장소로 ⓔ충만한 세상에서 산다는 것이며, 인간이 세계를 경험하는 심오하고도 복잡한 곳이 바로 장소라는 것이다.

　　이렇게 장소는 개인이나 집단에게 안정감을 주고 정체성을 갖게 한다. 따라서 의미 있는 장소를 경험하고, 창조하고, 유지하는 방법을 잊지 않는 것이 중요하다. 그런데 지금 이런 방법들이 사라지고 있는 탓에 ㉠몰장소성(沒場所性)이 확산되고 있다. 즉 장소가 지닌 독특하고 다양한 경험과 정체성이 약화되는 현상이 확산되고 있는 것이다. 특징적인 장소들을 훼손하는 현상과 규격화된 경관 만들기 현상이 그것인데 이런 몰장소화는 인간의 정체성을 흔드는 일이다. 몰장소성은 결국 뿌리를 잘라 내고, 다양성을 획일성으로, 구체적 장소를 개념적 공간으로 바꾸어 버리는 것이기 때문이다.

• 지문 독해에 걸린 시간 :   분   초

36. 마사이 족과 유럽인들이 새로운 곳에 예전의 지명을 붙인 이유로 적절하지 <u>않은</u> 것은?

① 자신들의 정체성을 유지하기 위해서이다.

② 고향에 대한 그리움을 달래기 위해서이다.

③ 새로운 곳에 대한 낯섦을 덜기 위해서이다.

④ 새로 정착한 곳에서 빨리 안정감을 얻기 위해서이다.

⑤ 자신들을 쫓아낸 이들에게 저항감을 보이기 위해서이다.

37. 위 글을 바탕으로 〈보기〉의 내용을 이해한 것으로 적절한 것은?

> 〈 보기 〉
>
> 오스트레일리아의 중앙에는 울루루(Uluru)라고 불리는 세계 최대의 단일 바위가 있다. 울루루에는 수많은 관광객들이 방문한다. 관광객들은 원하면 이 바위에 올라가 볼 수도 있는데, 등반로 입구에 가면 다음과 같은 팻말들이 붙어 있다.
>
> > 울루루에 올라가도 좋습니다. 그러나 바람이 세게 불거나 비가 오면 올라가지 마십시오. 올라가다가 떨어지거나 미끄러져서 죽거나 다칠 수도 있기 때문입니다.
> >
> > – 울루루 국립공원관리공단
>
> > 당신들은 이 바위에 올라갈 수 있습니다. 그렇지만 우리에게는 이 바위가 신성한 존재입니다. 그래서 우리는 울루루가 보호되고 존경받기를 바라며 올라가지 않기를 바랍니다.
> >
> > – 울루루 원주민

① 울루루에 가 보고 싶어서 준비를 하고 있는 사람에게 울루루는 '공간'일 것이다.

② 울루루에 관광객들이 등반하지 않기를 바라는 원주민에게 울루루는 '장소'일 것이다.

③ 살 곳을 찾아다니다가 우연히 울루루에 도착한 원주민에게 울루루는 '장소'일 것이다.

④ 울루루에 올라가다가 떨어져 다친 기억이 남은 관광객에게 울루루는 '공간'일 것이다.

⑤ 자연 현상을 이유로 울루루에 올라가지 못하게 하는 국립공원관리공단에게는 울루루가 '장소'일 것이다.

38. 〈보기〉에서 ㉠이 드러난 사례가 <u>아닌</u> 것끼리 짝지어진 것은?

㉮ ○○시는 △△동을 한옥 보존 지구로 지정하였다.

㉯ ○○시는 간판의 모양과 규격, 디자인을 통일시켰다.

㉰ ○○시는 행정의 효율성 때문에 □□시에 통합되었다.

㉱ ○○시는 특정 거리에 있는 옛 건물의 외관과 틀은 그대로 두고 내부만 현대식으로 수리할 수 있도록 하였다.

① ㉮, ㉰   ② ㉮, ㉱

③ ㉯, ㉰   ④ ㉯, ㉱

⑤ ㉰, ㉱

39. 문맥상 ⓐ~ⓔ를 바꿔 쓸 수 있는 것으로 적절하지 <u>않은</u> 것은? [1점]

① ⓐ : 헤아리고   ② ⓑ : 이루어진

③ ⓒ : 붙인다   ④ ⓓ : 맞서는

⑤ ⓔ : 가득 찬

• 문제까지 다 푸는 데 걸린 시간 :　　　분　　　초

정답　36. ⑤　37. ②　38. ②　39. ①

• A 타입으로 맞힌 개수 : (　　　)개

• B 타입으로 맞힌 개수 : (　　　)개

이번에는 문제 푸는 방법을 A 타입과 B 타입의 순서를 바꿔서 B 타입으로 먼저 풀어 본다.

* 초시계를 준비하고 시간을 체크하면서 문제를 풀어 보자.

* 지문을 처음부터 제대로 읽고 문제를 풀어 보자.

 시작!

[2011학년도 수능 대비 3월 모의고사]

[23~25] 다음 글을 읽고 물음에 답하시오.

모든 사람들은 불가피하게 위험에 빠질 가능성을 안고 살아간다. 그래서 개인들은 스스로 위험에 대비하려 하며, 시장은 이를 포착하여 알맞은 상품을 제공한다. 생명보험, 암보험 등의 각종 보험 상품이 바로 그것이다. 그러나 개인의 자발적 선택에 의해 가입하는 민간 보험 상품만으로 개인들이 위험에 완전히 대처했다고 할 수는 없다.

개인들은 자신의 소득을 현재의 욕구를 위한 소비와 미래의 욕구를 위한 저축으로 적절히 배분해야 한다. 그러나 인간은 미래의 욕구보다는 현재의 욕구를 과대평가하는 본능적 성향을 가지고 있다. 또 행운의 확률을 과대평가하고 불행의 확률을 과소평가하는 불합리한 존재이다. 그래서 위험에 대비하기 위해 저축을 하기보다는 현재의 욕구를 위해 소득의 대부분을 지출해 버리는 개인이 나타나게 된다. 이들은 위험에 직면하게 되면 대비책이 없어 무너지게 되고 이는 곧 사회적 문제가 된다. 그래서 국가는 사람들에게 전형적으로 나타나는 사회적 위험에 대비하도록 강제하는 것이다. 그 제도가 사회보험이다. 이것은 개인의 선택에 관계없이 의무적으로 가입해야 하는 강제보험인데 국민건강보험, 국민연금, 고용보험, 산업재해보험 등이 여기에 해당한다.

그런데 이 강제에 대해 문제를 제기하는 사람들도 있다. 그 이유 중의 하나가 자신이 상대적으로 보험료를 많이 낸다고 생각하는 것이다. 사회보험은 본인의 총액소득에 일정한 비율을 곱해서 보험료를 정하기 때문에 고소득자는 보험료가 높게 책정된다. 그렇다고 해서 연금 지급액이 동일한 비율로 상승하지는 않는다. 그래서 고소득자에게는 사회보험이 민간 보험보다 수익률이 낮을 수 있다. 또 같은 혜택을 받는 국민건강보험료도 고소득자가 보험료를 더 내야 한다. 이처럼 사회보험에서 고소득자는 상대적 손실을 입게 되고 저소득자는 혜택을 보게 된다. 그러나 이러한 점에서 공동체 구성원 사이의 사회적 연대라는 사회보험의 성격이 잘 드러나고 강제성이 정당화될 수 있다.

사회보험은 보험시장에 대한 국가의 부당한 개입이라고 주장하는 사람이 있다. 그런데 이 주장을 고용보험에 적용해 보면 타당성이 없음을 분명히 알 수 있다. 일반적으로 민간의 보험 상품이 공급되기 위해서는 보험금 지급 대상 위험이 암이나 교통사고와 같이 상호 독립적이어야 한다. 그러나 실업은 외환 위기 때 경험한 것처럼 다른 사람의 실업이 증가할수록 나의 실업 확률도 커지는 상호 의존적 성격이 강하기 때문에 민간 보험회사들은 고용보험상품을 제공하려 하지 않는다. 또 국민연금이나 국민건강보험 역시 국가가 추구하는 공익성을 우선시해야 하기 때문에 상업적 이익을 추구하는 민간 보험사에 맡길 수는 없다. 그러므로 사회보험은 국가가 주도할 수밖에 없는 것이다.

국가는 개인들이 위험에 대처할 수 있는 안전망을 마련해야 한다. 국가는 그 장치로서 사회보험 제도를 도입하였고, 이는 어느 정도의 강제성을 가질 수밖에 없다.

• 지문 독해에 걸린 시간 :　　　분　　　초

23. 위 글의 내용과 일치하지 <u>않는</u> 것은?

① 민간 보험은 개인의 선택에 의해 가입이 성립된다.
② 사회보험은 국민들에게 균일한 금전적 이익을 주는 보험이다.
③ 사람들이 불행의 확률을 과소평가하면 위험에 빠질 가능성이 있다.
④ 국가는 위험으로부터 국민들을 보호하기 위해 안전망을 마련하고 있다.
⑤ 사람들은 노후생활자금 부족, 질병, 실업, 산업재해 등의 위험에 빠질 가능성을 가지고 살아간다.

24. 위 글과 관련하여 〈보기〉에 대해 설명한 내용이 적절하지 <u>않은</u> 것은? [3점]

〈 보기 〉
　　다른 회사들이 연쇄적으로 부도가 나는 바람에 10년 동안 다니던 S씨의 회사도 역시 부도가 났다. 이후 일용직 근로자가 되어 과도한 육체적 노동에 시달리던 S씨는 결국 병이 나고 말았다. 그래서 국가가 운영하는 무료 병원에서 치료를 받았으나 몸이 완치되지 않았다. 그러나 S씨는 국가에서 지원하는 생계비를 받았기 때문에 살아갈 수 있었다.

① S씨의 실직은 사람들에게 일어날 수 있는 전형적인 사회적 위험이라고 볼 수 있다.
② S씨가 국가에서 운영하는 병원에서 치료받은 것은 사회보험의 일종이라 할 수 있다.

③ S씨와 같은 실직자를 위해서 민간 보험회사는 고용보험상품을 제공하려고 할 것이다.

④ S씨의 실업은 상호 독립적이라기보다는 상호 의존적 성격에서 비롯되었다고 볼 수 있다.

⑤ S씨가 병원 치료 이후 생활할 수 있었던 것은 국가가 마련한 사회 안전망 때문이라고 할 수 있다.

25. 위 글을 읽은 독자가 〈보기〉의 뉴스를 보고 보인 반응으로 적절하지 <u>않은</u> 것은?

〈 보기 〉

　국민연금 상습 체납자 명단을 공개하는 법 개정이 추진됩니다. □□당 △△△ 의원은 국민연금 보험료를 고의로 미납하는 고액·상습 체납자의 명단을 공개하도록 하는 내용의 국민연금법 개정안을 국회에 제출했습니다. 고액·상습 체납자의 기준은 6개월 이상 체납 금액이 사업장의 경우 1억 원, 지역 가입자는 천만 원 이상으로 정했습니다.

－ ○○○ 뉴스 －

① 〈보기〉의 법이 적용될 대상자는 저소득자들은 아니군.

② 국가가 체납자들에게 가입자로서의 의무 이행을 강제하려 하는군.

③ 국가가 민간 보험에 가입한 고소득자를 사회보험으로 유도하고 있군.

④ 〈보기〉의 상습 체납자는 사회보험 제도에 협조하지 않고 있는 셈이군.

⑤ 〈보기〉의 상습 체납자는 공동체 구성원 사이의 사회적 연대 의식이 부족하겠군.

• 문제까지 다 푸는 데 걸린 시간 :　　　분　　　초

＊ 초시계를 준비하고 시간을 체크하면서 문제를 풀어 보자.

＊ 이번에는 지문을 먼저 읽지 말고, 문제를 보면서 해당 지문을 찾아 읽고 문제를 풀어 보자.

 시작!

[23~25] 다음 글을 읽고 물음에 답하시오.

　모든 사람들은 불가피하게 위험에 빠질 가능성을 안고 살아간다. 그래서 개인들은 스스로 위험에 대비하려 하며, 시장은 이를 포착하여 알맞은 상품을 제공한다. 생명보험, 암보험 등의 각종 보험 상품이 바로 그것이다. 그러나 개인의 자발적 선택에 의해 가입하는 민간 보험 상품만으로 개인들이 위험에 완전히 대처했다고 할 수는 없다.

　개인들은 자신의 소득을 현재의 욕구를 위한 소비와 미래의 욕구를 위한 저축으로 적절히 배분해야 한다. 그러나 인간은 미래의 욕구보다는 현재의 욕구를 과대평가하는 본능적 성향을 가지고 있다. 또 행운의 확률을 과대평가하고 불행의 확률을 과소평가하는 불합리한 존재이다. 그래서 위험에 대비하기 위해 저축을 하기보다는 현재의 욕구를 위해 소득의 대부분을 지출해 버리는 개인이 나타나게 된다. 이들은 위험에 직면하게 되면 대비책이 없어 무너지게 되고 이는 곧 사회적 문제가 된다. 그래서 국가는 사람들에게 전형적으로 나타나는 사회적 위험에 대비하도록 강제하는 것이다. 그 제도가 사회보험이다. 이것은 개인의 선택에 관계없이 의무적으로 가입해야 하는 강제보험인데 국민건강보험, 국민연금, 고용보험, 산업재해보험 등이 여기에 해당한다.

　그런데 이 강제에 대해 문제를 제기하는 사람들도 있다. 그 이유 중의 하나가 자신이 상대적으로 보험료를 많이 낸다고 생각하는 것이다. 사회보험은 본인의 총액소득에 일정한 비율을 곱해서 보험료를 정하기 때문에 고소득자는 보험료가 높게 책정된다. 그렇다고 해서 연금 지급액이 동일한 비율로 상승하지는 않는다. 그래서 고소득자에게는 사회보험이 민간 보험보다 수익률이 낮을 수 있다. 또 같은 혜택을 받는 국민건강보험료도 고소득자가 보험료를 더 내야 한다. 이처럼 사회보험에서 고소득자는 상대적 손실을 입게 되고 저소득자는 혜택을 보게 된다. 그러나 이러한 점에서 공동체 구성원 사이의 사회적 연대라는 사회보험의 성격이 잘 드러나고 강제성이 정당화될 수 있다.

　사회보험은 보험시장에 대한 국가의 부당한 개입이라고 주장하는 사람이 있다. 그런데 이 주장을 고용보험에 적용해 보면 타당성이 없음을 분명히 알 수 있다. 일반적으로 민간의 보험 상품이 공급되기 위해서는 보험금 지급 대상 위험이 암이나 교통사고와 같이 상호 독립적이어야 한다. 그러나 실업은 외환 위기 때 경험한 것처럼 다른 사람의 실업이 증가할수록 나의 실업 확률도 커지는 상호 의존적 성격이 강하기 때문에 민간 보험회사들은 고용보험상품을 제공하려 하지 않는다. 또 국민연금이나 국민건강보험 역시 국가가 추구하는 공익성을 우선시해야 하기 때문에 상업적 이익을 추구하는 민간 보험사에 맡길 수는 없다. 그러므로 사회보험은 국가가 주도할 수밖에 없는 것이다.

　국가는 개인들이 위험에 대처할 수 있는 안전망을 마련해야 한다. 국가는 그 장치로서 사회보험 제도를 도입하였고, 이는 어느 정도의 강제성을 가질 수밖에 없다.

23. 위 글의 내용과 일치하지 <u>않는</u> 것은?

① 민간 보험은 개인의 선택에 의해 가입이 성립된다.
② 사회보험은 국민들에게 균일한 금전적 이익을 주는 보험이다.
③ 사람들이 불행의 확률을 과소평가하면 위험에 빠질 가능성이 있다.
④ 국가는 위험으로부터 국민들을 보호하기 위해 안전망을 마련하고 있다.
⑤ 사람들은 노후생활자금 부족, 질병, 실업, 산업재해 등의 위험에 빠질 가능성을 가지고 살아간다.

24. 위 글과 관련하여 〈보기〉에 대해 설명한 내용이 적절하지 <u>않은</u> 것은? [3점]

> ─〈 보기 〉─
>
> 다른 회사들이 연쇄적으로 부도가 나는 바람에 10년 동안 다니던 S씨의 회사도 역시 부도가 났다. 이후 일용직 근로자가 되어 과도한 육체적 노동에 시달리던 S씨는 결국 병이 나고 말았다. 그래서 국가가 운영하는 무료 병원에서 치료를 받았으나 몸이 완치되지 않았다. 그러나 S씨는 국가에서 지원하는 생계비를 받았기 때문에 살아갈 수 있었다.

① S씨의 실직은 사람들에게 일어날 수 있는 전형적인 사회적 위험이라고 볼 수 있다.
② S씨가 국가에서 운영하는 병원에서 치료받은 것은 사회보험의 일종이라 할 수 있다.
③ S씨와 같은 실직자를 위해서 민간 보험회사는 고용보험상품을 제공하려고 할 것이다.
④ S씨의 실업은 상호 독립적이라기보다는 상호 의존적 성격에서 비롯되었다고 볼 수 있다.
⑤ S씨가 병원 치료 이후 생활할 수 있었던 것은 국가가 마련한 사회 안전망 때문이라고 할 수 있다.

25. 위 글을 읽은 독자가 〈보기〉의 뉴스를 보고 보인 반응으로 적절하지 <u>않은</u> 것은?

> ─〈 보기 〉─
>
> 국민연금 상습 체납자 명단을 공개하는 법 개정이 추진됩니다. □□당 △△△ 의원은 국민연금 보험료를 고의로 미납하는 고액·상습 체납자의 명단을 공개하도록 하는 내용의 국민연금법 개정안을 국회에 제출했습니다. 고액·상습 체납자의 기준은 6개월 이상 체납 금액이 사업장의 경우 1억 원, 지역 가입자는 천만 원 이상으로 정했습니다.
>
> － ○○○ 뉴스 －

① <보기>의 법이 적용될 대상자는 저소득자들은 아니군.

② 국가가 체납자들에게 가입자로서의 의무 이행을 강제하려 하는군.

③ 국가가 민간 보험에 가입한 고소득자를 사회보험으로 유도하고 있군.

④ <보기>의 상습 체납자는 사회보험 제도에 협조하지 않고 있는 셈이군.

⑤ <보기>의 상습 체납자는 공동체 구성원 사이의 사회적 연대 의식이 부족하겠군.

• 문제까지 다 푸는 데 걸린 시간 :　　　분　　　초

정답　23. ②　24. ③　25. ③

• B 타입으로 맞힌 개수 : (　　　)개
• A 타입으로 맞힌 개수 : (　　　)개

　B 타입을 먼저 푸니까 A 타입도 더 잘 풀리지 않는가? 결국 지문을 먼저 정확히 읽고 문제를 푸는 것이 현명하게 비문학을 정복하는 길이다. 기본을 다지는 것이 정말 중요하다.

2　비문학 지문을 정확히 읽는 방법 처방

　기본이 잘 갖춰졌을 때 요령이나 비법이 제대로 통한다. 수능 시험 날 단 하루만으로 중요한 인생의 관문을 통과하는 학생들에게 요령이나 비법을 함부로 말할 수는 없다.

　예를 들어 10년간 통했던 비법이 있다고 하더라도 어느 한 해에는 통하지 않을 수 있다. 내 아이라면 그런 사실을 번연히 알면서도 '비법이 진리'라고 할 수 있을까? 지금보다 훨씬 어렸을 때, 그때에는 내 나이가 얼마 되지 않았고 부모님이나 학생의 절박한 심정을 잘 몰랐다. 그래서 과감하게 학원생들에게 수능 출제 예상 작품을 알려 주기도 했다. 시 작품 같은 경우에도 나름대로 출제 흐름이 있었기 때문에 예상이 가능했다. 특히 비문학인 경우에는 요령이 더 잘 먹혔다. 평균 1500자 지문, 즉 시험지 2분의 1면이 지문이고 문제 수가 60문제이기 때문에 지문을 다 읽고 이해해서 문제를 풀기에는 시간이 턱없이 모자랐다. 또한 문제를 먼저 보고 그 문제에 해당하는 단락이나 문장, 그리고 그 앞뒤 두 문장 정도를 읽어도 답을 찾는 데 그다지 힘들지 않았다.

하지만 7차 교육과정부터는 1200자 정도로 지문 길이가 짧아지면서 양상이 달라졌다. 6차 교육과정 때처럼 문제를 먼저 보고 지문에서 답을 찾으려 하면 시간도 더 걸리고, 답이 쉽게 나오지 않는다. 지문이 짧아진 대신 지문의 일부가 아니라 전체를 제대로 이해해야 정확히 답을 찾을 수 있는 문제가 대부분이기 때문이다.

그러므로 1등급을 받고 싶으면 기본기부터 제대로 익히자!

비문학 지문을 정확히 읽는 방법

- 1단계 : 지문을 읽으면서 중요하다고 생각되는 곳에 연필로 밑줄 긋기
    - ① 단락별 중심 문장 밑줄 긋기
    - ② 단락별 뒷받침 문장 밑줄 긋기
- 2단계 : 오미쌤과 밑줄 맞춰 보기
- 3단계 : 지문 외우기
    - ① 지문 전체의 중심 문장만 외우기
    - ② 한 단락씩 중심 문장과 뒷받침 문장 외우기
    - ③ 지문 전체의 중심 문장과 뒷받침 문장 외우기
- 4단계 : 외운 지문을 마인드맵으로 정리하기
- 5단계 : 문제로 확인하기

1단계 **지문을 읽으면서 중요하다고 생각되는 곳에 연필로 밑줄 긋기**

"지문은 분명히 이해했는데 틀린다"라고 하는 학생들이 있다. 그러나 사실은 지문을 제대로 이해하지 못해서 틀리는 것이다.

비문학 한 지문은 평균 4~5개의 단락으로 나뉘고, 단락을 나눈 이유는 뭔가 중심 내용이 달라졌기 때문이다. 이는 달라진 중심 문장이 있다는 뜻이고, 중심 문장에 따른 뒷받침 문장이 있다는 뜻이다.

학생들도 이 사실을 너무나 잘 안다. 그러나 이론으로만 알고 있을 뿐 문제를 풀 때에는 '그게 뭐냐?'는 듯이 지문을 읽는 경향이 있다. 그래서는 안 된다.

> 단락 = 중심 문장 + 뒷받침 문장

기본기를 익힐 때에는 먼저 단락별로 중심 문장을 찾아 밑줄을 쭉~ 그어 본다. 그러고 나서 중심 문장을 머릿속에 큰 틀로 외우고, 다시 뒷받침 문장을 찾아 밑줄을 긋는다.

2단계 오미쌤과 밑줄 맞춰 보기

자신이 밑줄 그은 내용과 내가 밑줄 그은 내용을 비교해 봤을 때 서로 잘 맞으면 지문을 제대로 이해한 것이다. 그렇지 않으면 밑줄 그었던 것을 지우고 다시 읽어야 한다.

밑줄을 긋는 이유는 자신의 머릿속에 잘 기억하기 위한 것이다.

밑줄을 그을 때 처음에는 중심 문장과 뒷받침 문장을 다 긋는다. 그러다가 어느 정도 실력이 늘면 중심 문장만 그으면 된다. 이때 뒷받침 문장은 머릿속으로 외우고 있는 상태면 된다.

3단계 지문 외우기

지문을 외우라고 하면 '수능에 나올 것도 아닌데 굳이 외울 필요가 있나?' 하면서 의아해할 수도 있다. 그래도 외우기 연습을 해야 한다. 왜냐하면 수능에 나올 지문을 암기하는 것이 아니라, 비문학 지문을 정확히 이해하고 기억하는 연습을 하는 데 외우기만큼 좋은 방법은 없기 때문이다.

단, 과학과 기술 지문은 밑줄만 긋고, 외울 필요는 없다.

외우는 방법은 다음의 세 단계를 거치면 된다.

> ① 지문 전체의 중심 문장만 외우기
> ② 한 단락씩 중심 문장과 뒷받침 문장 외우기
> ③ 지문 전체의 중심 문장과 뒷받침 문장 외우기

4단계 **외운 지문을 마인드맵으로 정리하기**

50개의 지문까지는 외운 내용을 공책에 정리해 보는 것이 좋다. 그러다 보면 지문이 병렬식 구조인지, 찬반 대비 구조인지, 통시적인지, 공시적인지 등 지문의 구조가 한눈에 들어온다. 그렇게 연습을 충분히 하면, 지문을 읽으면서 바로 머릿속에 마인드맵이 그려지게 된다.

5단계 **문제로 확인하기**

이 과정을 반복하면 비문학 지문 독해 실력이 놀랄 만큼 향상될 것이다.

비문학은 인문, 사회, 과학, 기술, 예술, 언어의 6개 지문으로 구성되며, 독해 방법은 각 분야에 따라 차이가 있다. 인문, 사회, 예술 지문은 전체를 기억해야 하고, 과학, 기술, 언어 지문은 전체를 기억할 필요가 없다.

 난이도 ★

1단계 지문을 읽으면서 중요하다고 생각되는 곳에 연필로 밑줄 긋기
① 단락별 중심 문장 밑줄 긋기
② 단락별 뒷받침 문장 밑줄 긋기

* 이때 중심 문장은 밑줄을 그은 후 〈 〉로 표시해 두고, 뒷받침 문장은 밑줄만 긋는다. 예시, 부연, 비유의 내용은 ( )로 표시하고, 전문가 이름에는 동그라미를 그린다.

[2009학년도 수능 대비 3월 모의고사]

친구 따라 강남 간다는 속담이 있듯이 다른 사람들의 행동을 따라 하는 것을 심리학에서는 '동조(同調)'라고 한다. OX 퀴즈에서 답을 잘 모를 때 더 많은 사람들이 선택하는 쪽을 따르는 것도 일종의 동조이다.

심리학에서는 동조가 일어나는 이유를 크게 두 가지로 설명한다. 첫째는, 사람들은 자기가 확실히 알지 못하는 일에 대해 남이 하는 대로 따라 하면 적어도 손해를 보지는 않는다고 생각한다는 것이다. 낯선 지역을 여행하던 중에 식사를 할 때 여행객들은 대개 손님들로 북적거리는 식당을 찾게 마련이다. 식당이 북적거린다는 것은 그만큼 그 식당의 음식이 맛있다는 것을 뜻한다고 여기기 때문이다. 둘째는, 어떤 집단이 그 구성원들을 이끌어 나가는 질서나 규범 같은 힘을 가지고 있을 때, 그러한 집단의 압력 때문에 동조 현상이 일어난다는 것이다. 만약 어떤 개인이 그 힘을 인정하지 않는다면 그는 집단에서 배척당하기 쉽다. 이런 사정 때문에 사람들은 집단으로부터 소외되지 않기 위해서 동조를 하게 된다. 여기서 주목할 것은 자신이 믿지 않거나 옳지 않다고 생각하는 문제에 대해서도 동조의 입장을 취하게 된다는 것이다.

상황에 따라서는 위의 두 가지 이유가 함께 작용하는 경우도 있다. 예컨대 선거에서 지지할 후보를 결정하고자 할 때 사람들은 대개 활발하게 거리 유세를 하며 좀 더 많은 지지자들의 호응을 이끌어 내는 후보를 선택하게 된다. 곧 지지자들의 열렬한 태도가

다른 사람들도 그 후보를 지지하도록 이끄는 정보로 작용한 것이다. 이때 지지자 집단의 규모가 클수록 지지를 이끌어 내는 데에 효과적으로 작용한다.

　동조는 개인의 심리 작용에 영향을 미치는 요인이 무엇이냐에 따라 그 강도가 다르게 나타난다. 가지고 있는 정보가 부족하여 어떤 판단을 내리기 어려운 상황일수록, 자신의 판단에 대한 확신이 들지 않을수록 동조 현상은 강하게 나타난다. 또한 집단의 구성원 수가 많고 그 결속력이 강할 때, 특정 정보를 제공하는 사람의 권위와 그에 대한 신뢰도가 높을 때도 동조 현상은 강하게 나타난다. 그리고 어떤 문제에 대한 집단 구성원들의 만장일치 여부도 동조에 큰 영향을 미치게 되는데, 만약 이때 단 한 명이라도 이탈자가 생기면 동조의 정도는 급격히 약화된다.

　어떤 사람이 길을 건너려고 할 때 무단 횡단하는 사람들이 있으면 별생각 없이 따라 하는 것처럼, 동조 현상은 부정적인 경우에도 일어난다. 그러나 정류장에서 차례로 줄을 서서 버스를 기다리는 모습처럼 긍정적으로 작용하는 경우도 많다. 또한 동조는 개인으로 하여금 정보 부족 상태에서 좀 더 나은 판단이나 선택을 할 수 있게 하는가 하면, 사회적으로는 질서를 유지하게 하는 원동력으로 작용하기도 한다. 뿐만 아니라 붐비는 가게를 찾고, 같은 농담을 즐기며, 유행하는 옷을 선호하는 사람들의 행동 특성이나 사회 현상을 이해하는 데에도 동조는 적절한 근거를 제공해 준다.

2단계　오미쌤과 밑줄 맞춰 보기

　친구 따라 강남 간다는 속담이 있듯이 다른 사람들의 행동을 따라 하는 것을 심리학에서는 〈'동조(同調)'〉라고 한다. OX 퀴즈에서 답을 잘 모를 때 더 많은 사람들이 선택하는 쪽을 따르는 것도 일종의 동조이다.

　심리학에서는 〈동조가 일어나는 이유〉를 크게 두 가지로 설명한다. 첫째는, 사람들은 자기가 확실히 알지 못하는 일에 대해 남이 하는 대로 따라 하면 적어도 손해를 보지는 않는다고 생각한다는 것이다. 낯선 지역을 여행하던 중에 식사를 할 때 여행객들은 대개 손님들로 북적거리는 식당을 찾게 마련이다. 식당이 북적거린다는 것은 그만큼 그 식당의 음식이 맛있다는 것을 뜻한다고 여기기 때문이다. 둘째는, 어떤 집단이 그 구성원들을 이끌어 나가는 질서나 규범 같은 힘을 가지고 있을 때, 그러한 집단의 압력 때문에 동조 현상이 일어난다는 것이다. 만약 어떤 개인이 그 힘을 인정하지 않는다면 그는 집단에서 배척당하기 쉽다. 이런 사정 때문에 사람들은 집단으로부터 소외되지 않기 위해서 동조를 하게 된다. 여기서 주목할 것은 자신이 믿지 않거나 옳지 않다고 생각하는 문제에 대해서도 동조의 입장을 취하게 된다는 것이다.

상황에 따라서는 위의 〈두 가지 이유가 함께 작용〉하는 경우도 있다. (예컨대 선거에서 지지할 후보를 결정하고자 할 때 사람들은 대개 활발하게 거리 유세를 하며 좀 더 많은 지지자들의 호응을 이끌어 내는 후보를 선택하게 된다. 곧 지지자들의 열렬한 태도가 다른 사람들도 그 후보를 지지하도록 이끄는 정보로 작용한 것이다. 이때 지지자 집단의 규모가 클수록 지지를 이끌어 내는 데에 효과적으로 작용한다.)

동조는 개인의 〈심리 작용에 영향을 미치는 요인〉이 무엇이냐에 따라 그 〈강도〉가 다르게 나타난다. 가지고 있는 정보가 부족하여 어떤 판단을 내리기 어려운 상황일수록, 자신의 판단에 대한 확신이 들지 않을수록 동조 현상은 강하게 나타난다. 또한 집단의 구성원 수가 많고 그 결속력이 강할 때, 특정 정보를 제공하는 사람의 권위와 그에 대한 신뢰도가 높을 때도 동조 현상은 강하게 나타난다. 그리고 어떤 문제에 대한 집단 구성원들의 만장일치 여부도 동조에 큰 영향을 미치게 되는데, 만약 이때 단 한 명이라도 이탈자가 생기면 동조의 정도는 급격히 약화된다.

어떤 사람이 길을 건너려고 할 때 무단 횡단하는 사람들이 있으면 별생각 없이 따라 하는 것처럼, 동조 현상은 〈부정적인〉 경우에도 일어난다. 그러나 정류장에서 차례로 줄을 서서 버스를 기다리는 모습처럼 〈긍정적으로〉 작용하는 경우도 많다. 또한 동조는 개인으로 하여금 정보 부족 상태에서 좀 더 나은 판단이나 선택을 할 수 있게 하는가 하면, 사회적으로는 질서를 유지하게 하는 원동력으로 작용하기도 한다. 뿐만 아니라 붐비는 가게를 찾고, 같은 농담을 즐기며, 유행하는 옷을 선호하는 사람들의 행동 특성이나 사회 현상을 이해하는 데에도 동조는 적절한 근거를 제공해 준다.

3단계 지문 외우기

① 지문 전체의 중심 문장만 외우기
② 한 단락씩 중심 문장과 뒷받침 문장 외우기
③ 지문 전체의 중심 문장과 뒷받침 문장 외우기

잠깐! 지문을 외울 때에는 다음의 사항을 꼭 기억한다.

1. 소리 내어 외운다.

머릿속으로만 외우면 눈으로 기억하지만, 소리 내어 외우면 눈으로 기억하고, 귀로 기억하고, 입으로 기억하게 된다.

2. 전체 지문을 딱 3분만 기억한다는 마음으로 외운다.

문제를 푸는 데 걸리는 시간이 3분을 넘지 않을 것이므로 3분 정도만 기억한다는 마음으로 외우면 된다.

3. ①, ②, ③의 방법으로 따라 하면 자신도 모르게 구조 독해를 하게 된다.

언어 지문들이 사실은 잘 짜여진 구조로 이루어져 있다는 사실을 알지 못했더라도 이 독해 방법을 따르다 보면 어느새 지문의 구조가 머릿속에 그려지게 된다.

4. 중심 문장만 먼저 외우는 이유는 글 전체의 구조를 먼저 기억하기 위해서이다.

① 지문 전체의 중심 문장만 외우기

1단락 〈'동조(同調)'〉

2단락 〈동조가 일어나는 이유〉

3단락 〈두 가지 이유가 함께 작용〉

4단락 〈심리 작용에 영향을 미치는 요인〉, 〈강도〉

5단락 〈부정적인〉, 〈긍정적으로〉

② 한 단락씩 중심 문장과 뒷받침 문장 외우기

문장 전체를 읽으면서 내용을 충분히 이해한 뒤, 눈을 감고 밑줄 그은 부분을 소리 내어 외운다.

1단락 다른 사람들의 행동을 따라 하는 것을 〈'동조'〉라고 한다.

• 1단락이 잘 기억나면 2단락으로 넘어가자.

2단락 〈동조가 일어나는 이유〉는, 첫째는 손해를 보지는 않는다고 생각하기 때문이고, 둘째는 집단의 압력 때문이다.

• 2단락이 잘 기억나면 3단락으로 넘어가자.

3단락 〈두 가지 이유가 함께 작용〉하는 경우도 있다. (활발하게 거리 유세를 하며 좀 더 많은 지지자들의 호응을 이끌어 내는 후보를 선택하게 되는데, 지지자 집단의 규모가 클수록 효과적으로 작용한다.)

• 3단락이 잘 기억나면 4단락으로 넘어가자.

4단락 동조는 개인의 〈심리 작용에 영향을 미치는 요인〉에 따라 그 〈강도〉가 다르게 나타난다. 판단을 내리기 어려운 상황일수록, 판단에 대한 확신이 들지 않을수록, 집단의 구성원 수가 많고 그 결속력이 강할 때, 신뢰도가 높을 때도 동조 현상은 강하게 나타난다. 만장일치 여부도 동조에 큰 영향을 미치게 되는데, 만약 이때 단 한 명이라도 이탈자가 생기면 동조의 정도는 급격히 약화된다.

• 4단락이 잘 기억나면 5단락으로 넘어가자.

5단락 무단 횡단하는 〈부정적인〉 경우도 있고, 줄을 서서 버스를 기다리는 모습처럼 〈긍정적으로〉 작용하는 경우도 많다. 더 나은 판단이나 선택을 할 수 있게 하는가 하면, 질서를 유지하게 하는 원동력으로 작용하기도 한다. 사람들의 행동 특성이나 사회 현상을 이해하는 데에도 동조는 적절한 근거를 제공해 준다.

• 5단락이 잘 기억나면 다음 ③단계로 넘어가자.

③ 지문 전체의 중심 문장과 뒷받침 문장 외우기

　전체 중심 문장을 먼저 기억하고, 단락별 중심 문장과 뒷받침 문장을 기억하면서 전체 문장을 쭈욱~ 소리 내어 외운다.

1단락 다른 사람들의 행동을 따라 하는 것을 〈'동조'〉라고 한다.

2단락 〈동조가 일어나는 이유〉는, 첫째는 손해를 보지는 않는다고 생각하기 때문이고, 둘째는 집단의 압력 때문이다.

3단락 〈두 가지 이유가 함께 작용〉하는 경우도 있다. (활발하게 거리 유세를 하며 좀 더 많은 지지자들의 호응을 이끌어 내는 후보를 선택하게 되는데, 지지자 집단의 규모가 클수록 효과적으로 작용한다.)

4단락 동조는 개인의 〈심리 작용에 영향을 미치는 요인〉에 따라 그 〈강도〉가 다르게 나타난다. 판단을 내리기 어려운 상황일수록, 판단에 대한 확신이 들지 않을수록, 집단의 구성원 수가 많고 그 결속력이 강할 때, 신뢰도가 높을 때도 동조 현상은 강하게 나타난다. 만장일치 여부도 동조에 큰 영향을 미치게 되는데, 만약 이때 단 한 명이라도 이탈자가 생기면 동조의 정도는 급격히 약화된다.

 무단 횡단하는 〈부정적인〉 경우도 있고, 줄을 서서 버스를 기다리는 모습처럼 〈긍정적으로〉 작용하는 경우도 많다. 더 나은 판단이나 선택을 할 수 있게 하는 가 하면, 질서를 유지하게 하는 원동력으로 작용하기도 한다. 사람들의 행동 특 성이나 사회 현상을 이해하는 데에도 동조는 적절한 근거를 제공해 준다.

4단계 외운 지문을 마인드맵으로 정리하기

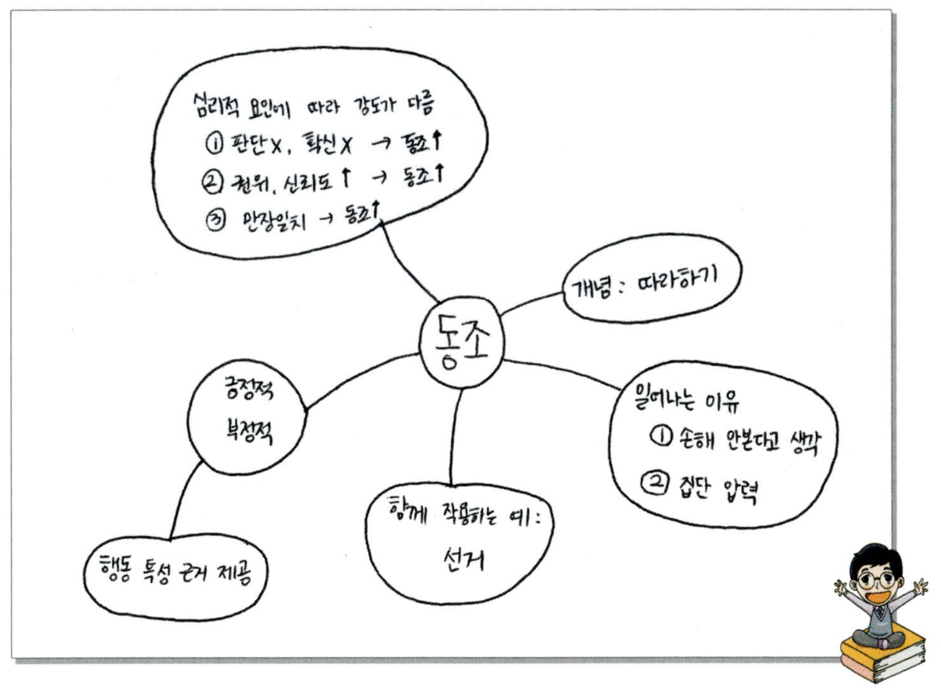

[48~50] 다음 글을 읽고 물음에 답하시오.

친구 따라 강남 간다는 속담이 있듯이 다른 사람들의 행동을 따라 하는 것을 심리학에서는 '동조(同調)'라고 한다. OX 퀴즈에서 답을 잘 모를 때 더 많은 사람들이 선택하는 쪽을 따르는 것도 일종의 동조이다.

심리학에서는 동조가 일어나는 이유를 크게 두 가지로 설명한다. 첫째는, 사람들은 자기가 확실히 알지 못하는 일에 대해 남이 하는 대로 따라 하면 적어도 손해를 보지는 않는다고 생각한다는 것이다. 낯선 지역을 여행하던 중에 식사를 할 때 여행객들은 대개 손님들로 북적거리는 식당을 찾게 마련이다. 식당이 북적거린다는 것은 그만큼 그 식당의 음식이 맛있다는 것을 뜻한다고 여기기 때문이다. 둘째는, 어떤 집단이 그 구성원들을 이끌어 나가는 질서나 규범 같은 힘을 가지고 있을 때, 그러한 집단의 압력 때문에 동조 현상이 일어난다는 것이다. 만약 어떤 개인이 그 힘을 인정하지 않는다면 그는 집단에서 배척당하기 쉽다. 이런 사정 때문에 사람들은 집단으로부터 소외되지 않기 위해서 동조를 하게 된다. 여기서 주목할 것은 자신이 믿지 않거나 옳지 않다고 생각하는 문제에 대해서도 동조의 입장을 취하게 된다는 것이다.

상황에 따라서는 위의 두 가지 이유가 함께 작용하는 경우도 있다. 예컨대 선거에서 지지할 후보를 결정하고자 할 때 사람들은 대개 활발하게 거리 유세를 하며 좀 더 많은 지지자들의 호응을 이끌어 내는 후보를 선택하게 된다. 곧 지지자들의 열렬한 태도가 다른 사람들도 그 후보를 지지하도록 이끄는 정보로 작용한 것이다. 이때 지지자 집단의 규모가 클수록 지지를 이끌어 내는 데에 효과적으로 작용한다.

동조는 개인의 심리 작용에 영향을 미치는 요인이 무엇이냐에 따라 그 강도가 다르게 나타난다. 가지고 있는 정보가 부족하여 어떤 판단을 내리기 어려운 상황일수록, 자신의 판단에 대한 확신이 들지 않을수록 동조 현상은 강하게 나타난다. 또한 집단의 구성원 수가 많고 그 결속력이 강할 때, 특정 정보를 제공하는 사람의 권위와 그에 대한 신뢰도가 높을 때도 동조 현상은 강하게 나타난다. 그리고 어떤 문제에 대한 집단 구성원들의 만장일치 여부도 동조에 큰 영향을 미치게 되는데, 만약 이때 단 한 명이라도 이탈자가 생기면 동조의 정도는 급격히 약화된다.

어떤 사람이 길을 건너려고 할 때 무단 횡단하는 사람들이 있으면 별생각 없이 따라 하는 것처럼, 동조 현상은 부정적인 경우에도 일어난다. 그러나 정류장에서 차례로 줄을 서서 버스를 기다리는 모습처럼 긍정적으로 작용하는 경우도 많다. 또한 동조는 개인으로 하여금 정보 부족 상태에서 좀 더 나은 판단이나 선택을 할 수 있게 하는가 하면, 사회적으로는 질서를 유지하게 하는 원동력으로 작용하기도 한다. 뿐만 아니라 붐비는 가게를 찾고, 같은 농담을 즐기며, 유행하는 옷을 선호하는 사람들의 행동 특성이나 사회 현상을 이해하는 데에도 동조는 적절한 근거를 제공해 준다.

48. 위 글을 통해 답을 구할 수 있는 물음이 <u>아닌</u> 것은?

① 동조의 강도는 어떤 경우에 달라지는가?
② 동조 현상에 대한 이해가 우리에게 어떤 도움을 줄까?
③ 사람들의 동조 행위를 근절할 수 있는 방법은 무엇일까?
④ 항상 타인의 생각에 동의해야만 동조가 일어나는 것일까?
⑤ 동조 현상은 생활 속에서 부정적으로 작용하기도 하는가?

49. 위 글에 언급된 '동조'에 대해 가장 잘 이해한 것은?

① 많은 사람들이 선택한 합리적 결과에 승복하여 따르는 것
② 포용적인 마음가짐으로 타인의 제안을 수용하여 따르는 것
③ 타인의 고충을 해결해 줌으로써 그들이 자신을 따르게 하는 것
④ 부정적 사회 현실을 개선하기 위하여 집단의 힘을 이용하는 것
⑤ 정보 부족이나 집단 압력으로 인해 타인의 행동을 따르는 것

50. 위 글을 읽고 〈보기〉의 상황을 해석한 것으로 적절하지 <u>않은</u> 것은? [3점]

〈 보기 〉

　옛날에 허영심이 많고 옷 욕심이 유별난 임금이 있었다. 하루는 특별한 옷을 만들 수 있다며 장인(匠人) 행세를 하는 사기꾼들이 임금을 찾아와, 자기들이 만든 아름다운 옷은 정직하지 않은 사람의 눈에는 보이지 않는 옷이라고 했다. 솔깃한 임금은 옷을 주문하였고, 며칠 후 사기꾼들은 벌거벗은 임금에게 자기들이 만들어 왔다는 옷을 입혀 주는 시늉을 하였다. 임금의 눈에는 아무것도 보이지 않았지만, 그렇다고 말하면 정직하지 않은 사람으로 여겨질 것이 두려웠던 임금은 옷을 자랑하고 싶은 마음에 거리로 나섰다. 정직하지 않은 사람에게는 보이지 않는 옷이 있다는 소문을 들었던 백성들은 벌거벗은 임금을 바라보면서도 이구동성으로 임금의 옷이 참 아름답다고 말했다. 이때 군중들 틈에 서 있던 한 소년이 큰 소리로 외쳤다.

① ‘임금’이 옷을 자랑하려는 의도로 거리에 나선 것은 긍정적 측면에서의 동조 행위라고 할 수 있다.
② ‘백성’들이 ‘소년’에 대해 동조의 입장을 보인 것은 순진한 ‘소년’의 말이라는 점에 신뢰감을 느꼈기 때문이다.
③ ‘백성’들과 다른 행동을 취한 ‘소년’의 태도로 만장일치가 불가능해지자 동조의 강도가 약화되는 현상이 초래되었다.
④ ‘임금’이 ‘사기꾼’들을 전문적인 옷 기술자로 여겨 보이지 않는 옷을 보이는 것처럼 처신한 것도 일종의 동조 행위로 볼 수 있다.
⑤ ‘임금’의 옷이 아름답다고 사실과 다르게 말한 ‘백성’들의 심리에는 집단으로부터 소외당하고 싶지 않은 마음이 깔려 있다.

머릿속에 지문을 기억하고 있으니 문제를 풀 때 답이 훤히 보이게 된다.

정답 48. ③ 49. ⑤ 50. ①

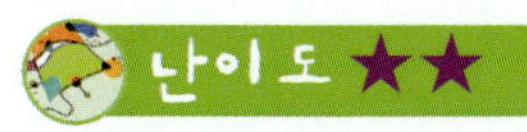

1단계 지문을 읽으면서 중요하다고 생각되는 곳에 연필로 밑줄 긋기

① 단락별 중심 문장 밑줄 긋기

② 단락별 뒷받침 문장 밑줄 긋기

*이때 중심 문장은 밑줄을 그은 후 〈 〉로 표시해 두고, 뒷받침 문장은 밑줄만 긋는다. 예시, 부연, 비유의 내용은 ( )로 표시하고, 전문가 이름에는 동그라미를 그린다.

[2008학년도 수능 대비 3월 모의고사]

역사는 인간만이 가진 것으로 과거의 사실에 대한 기록이다. 그러나 과거의 모든 사실이 역사가 되지는 않는다. 역사는 과거의 모든 사실들의 단순한 결합이 아니라 특정하게 선택된 사실들의 의미를 인과적으로 연결한 논리적 구성물이다. 이성계의 위화도 회군이 역사로 기록되는 이유는 이 사실이 조선의 개국을 설명하는 데 중요한 의미를 지니기 때문이다.

그러나 조선 왕조의 창건에 대해서 새로운 사실이나 사물이 발견되고, 이를 통해 조선 개국의 과정이 다른 방향에서 설득력 있게 설명될 수 있다면 위화도 회군의 역사적 의미는 달라질 수 있다. 이는 역사 서술의 과정에서 자료가 새롭게 선택될 수 있고, 역사적 의미 또한 바뀔 수 있음을 말해 준다. 선택은 언제나 역사가에 의해 결정되며, 해석은 필연적으로 의미 해석이므로 역사는 그냥 주어진 자연현상이 아니라 인간에 의해 만들어진 창조물인 셈이다.

역사가 인간의 창조물이라고 하지만 소설가의 상상에 의해 쓰인 역사 소설과는 다르다. 역사와 역사 소설은 모두 선택된 사실에서 출발한다는 것은 같지만 만들어 가는 과정은 다르다. 역사 소설은 선택된 사실을 바탕으로 상상력에 근거한 '문학적 허구'를 펼쳐 가지만, 역사는 사실을 조사한 후, 탐구하고 검증하는 작업을 거친다.

또한 소설은 하나의 사건이나 사물이 갖는 의미를 좁고 깊게 파고든다면, 역사는 개별적 사건을 전체적 맥락에서 접근한다는 차이점이 있다. 어떤 유적, 유물, 문서의 발굴은 어디까지나 단편적 사실의 발굴이지 그 자체로서 역사의 일부가 되는 것은 아니다. 그러한 사물들이나 사실들은 한 사회의 과거와 현재의 논리적·의미론적 연결고리를 설명하는 역할을 해야만 비로소 역사적 의미를 띠고 역사의 일부로 편입된다. 역사는 어떤 사실에 특정한 의미가 부여되더라도 그것이 개별적 차원을 넘는 전체적인 틀 안에서 파악되고 해석되지 않는 한, 그것은 개별적 존재의 의미로만 남아 역사적 의미를 가질 수 없다.

이러한 해석의 과정에서 역사가에게 필요한 것이 역사관인데, 역사관이란 역사에 대한 총체적 비전을 가리킨다. 순환적인 역사관, 기독교적인 역사관, 마르크스 역사관 등 다양한 역사관이 있다. 역사가는 자신의 역사관을 바탕으로 역사를 서술하는 것이다. 역사관에 따라 똑같은 역사적 사실이나 사건이 '진보', '발전'이라는 틀에서 그 의미가 부여되기도 하고, '반복', '혼동'이란 이름으로 그 의미가 삭제되기도 한다. 그래서 역사는 언제나 새롭게 서술될 수 있고, 어떻게 역사를 기억하고 기록하느냐에 따라 과거 사실의 의미와 깊이가 변할 수 있다. 곧 역사는 선택과 재구성의 과정을 거친 창조적인 작업이다.

2단계 오미쌤과 밑줄 맞춰 보기

역사는 인간만이 가진 것으로 과거의 사실에 대한 기록이다. 그러나 과거의 모든 사실이 역사가 되지는 않는다. 〈역사〉는 과거의 모든 사실들의 단순한 결합이 아니라 특정하게 선택된 사실들의 의미를 인과적으로 연결한 논리적 구성물이다. (이성계의 위화도 회군이 역사로 기록되는 이유는 이 사실이 조선의 개국을 설명하는 데 중요한 의미를 지니기 때문이다.)

그러나 조선 왕조의 창건에 대해서 새로운 사실이나 사물이 발견되고, 이를 통해 조선 개국의 과정이 다른 방향에서 설득력 있게 설명될 수 있다면 위화도 회군의 역사적 의미는 달라질 수 있다. 이는 〈역사 서술의 과정에서 자료가 새롭게 선택될 수 있고, 역사적 의미 또한 바뀔 수 있음〉을 말해 준다. 선택은 언제나 역사가에 의해 결정되며, 해석은 필연적으로 의미 해석이므로 역사는 그냥 주어진 자연현상이 아니라 인간에 의해 만들어진 창조물인 셈이다.

역사가 인간의 창조물이라고 하지만 소설가의 상상에 의해 쓰인 〈역사 소설과는 다르다〉. 역사와 역사 소설은 모두 선택된 사실에서 출발한다는 것은 같지만 〈만들어 가는 과정〉은 다르다. 역사 소설은 선택된 사실을 바탕으로 상상력에 근거한 '문학적 허구'를 펼쳐 가지만, 역사는 사실을 조사한 후, 탐구하고 검증하는 작업을 거친다.

또한 〈소설〉은 하나의 사건이나 사물이 갖는 의미를 좁고 깊게 파고든다면, 〈역사〉는 개별적 사건을 전체적 맥락에서 접근한다는 차이점이 있다. (어떤 유적, 유물, 문서의 발굴은 어디까지나 단편적 사실의 발굴이지 그 자체로서 역사의 일부가 되는 것은 아니다. 그러한 사물들이나 사실들은 한 사회의 과거와 현재의 논리적·의미론적 <u>연결고리</u>를 설명하는 역할을 해야만 비로소 역사적 의미를 띠고 역사의 일부로 편입된다.) 역사는 어떤 사실에 특정한 의미가 부여되더라도 그것이 개별적 차원을 넘는 전체적인 틀 안에서 파악되고 해석되지 않는 한, 그것은 개별적 존재의 의미로만 남아 역사적 의미를 가질 수 없다.

이러한 해석의 과정에서 역사가에게 <u>필요한 것이 역사관</u>인데, 역사관이란 역사에 대한 총체적 비전을 가리킨다. (순환적인 역사관, 기독교적인 역사관, 마르크스 역사관 등 다양한 역사관이 있다.) 역사가는 자신의 역사관을 바탕으로 역사를 서술하는 것이다. 역사관에 따라 똑같은 역사적 사실이나 사건이 '진보', '발전'이라는 틀에서 그 <u>의미가 부여되기도</u> 하고, '반복', '혼동'이란 이름으로 그 <u>의미가 삭제되기도</u> 한다. 그래서 역사는 언제나 새롭게 서술될 수 있고, 어떻게 역사를 기억하고 기록하느냐에 따라 과거 사실의 의미와 깊이가 변할 수 있다. 곧 〈역사는 선택과 재구성의 과정을 거친 창조적인 작업〉이다.

3단계 지문 외우기

① 지문 전체의 중심 문장만 외우기

1단락 〈역사〉

2단락 〈역사 서술의 과정에서 자료가 새롭게 선택될 수 있고, 역사적 의미 또한 바뀔 수 있음〉

3단락 〈역사 소설과는 다르다〉, 〈만들어 가는 과정〉

4단락 〈소설〉, 〈역사〉

5단락 〈역사는 선택과 재구성의 과정을 거친 창조적인 작업〉

② 한 단락씩 중심 문장과 뒷받침 문장 외우기

문장 전체를 읽으면서 내용을 충분히 이해한 뒤, 눈을 감고 밑줄 그은 부분을 소리 내어 외운다.

1단락 <u>과거의 모든 사실이 역사가 되지는 않는다.</u> 〈역사〉는 <u>과거의 모든 사실들의 단순한 결합이 아니라 특정하게 선택된 사실들의 의미를 인과적으로 연결한 논리</u>

적 구성물이다.
- 1단락이 잘 기억나면 2단락으로 넘어가자.

2단락 〈역사 서술의 과정에서 자료가 새롭게 선택될 수 있고, 역사적 의미 또한 바뀔 수 있음〉. 선택은 언제나 역사가에 의해 결정되며, 해석은 의미 해석이므로 역사는 창조물이다.
- 2단락이 잘 기억나면 3단락으로 넘어가자.

3단락 역사는 〈역사 소설과는 다르다〉. 역사와 역사 소설은 모두 선택된 사실에서 출발하지만 〈만들어 가는 과정〉이 다르다. 역사 소설은 허구지만, 역사는 탐구하고 검증하는 작업을 거친다.
- 3단락이 잘 기억나면 4단락으로 넘어가자.

4단락 〈소설〉은 하나의 사건이나 사물이 갖는 의미를 좁고 깊게 파고든다면, 〈역사〉는 개별적 사건을 전체적 맥락에서 접근한다. (어떤 유적, 유물, 문서의 발굴은 과거와 현재의 논리적 · 의미론적 연결고리를 설명하는 역할을 해야만 역사의 일부로 편입된다.)
- 4단락이 잘 기억나면 5단락으로 넘어가자.

5단락 역사가에게 필요한 것이 역사관이다. (다양한 역사관이 있다.) 똑같은 역사적 사실이나 사건이 그 의미가 부여되기도, 의미가 삭제되기도 한다. 〈역사는 선택과 재구성의 과정을 거친 창조적인 작업〉이다.
- 5단락이 잘 기억나면 다음 ③단계로 넘어가자.

③ 지문 전체의 중심 문장과 뒷받침 문장 외우기
  전체 중심 문장을 먼저 기억하고, 단락별 중심 문장과 뒷받침 문장을 기억하면서 전체 문장을 쭈욱~ 소리 내어 외운다.

1단락 과거의 모든 사실이 역사가 되지는 않는다. 〈역사〉는 과거의 모든 사실들의 단순한 결합이 아니라 특정하게 선택된 사실들의 의미를 인과적으로 연결한 논리적 구성물이다.

 〈역사 서술의 과정에서 자료가 새롭게 선택될 수 있고, 역사적 의미 또한 바뀔 수 있음〉. 선택은 언제나 역사가에 의해 결정되며, 해석은 의미 해석이므로 역사는 창조물이다.

 역사는 〈역사 소설과는 다르다〉. 역사와 역사 소설은 모두 선택된 사실에서 출발하지만 〈만들어 가는 과정〉이 다르다. 역사 소설은 허구지만, 역사는 탐구하고 검증하는 작업을 거친다.

 〈소설〉은 하나의 사건이나 사물이 갖는 의미를 좁고 깊게 파고든다면, 〈역사〉는 개별적 사건을 전체적 맥락에서 접근한다. (어떤 유적, 유물, 문서의 발굴은 과거와 현재의 논리적 · 의미론적 연결고리를 설명하는 역할을 해야만 역사의 일부로 편입된다.)

 역사가에게 필요한 것이 역사관이다. (다양한 역사관이 있다.) 똑같은 역사적 사실이나 사건이 그 의미가 부여되기도, 의미가 삭제되기도 한다. 〈역사는 선택과 재구성의 과정을 거친 창조적인 작업〉이다.

 외운 지문을 마인드맵으로 정리하기

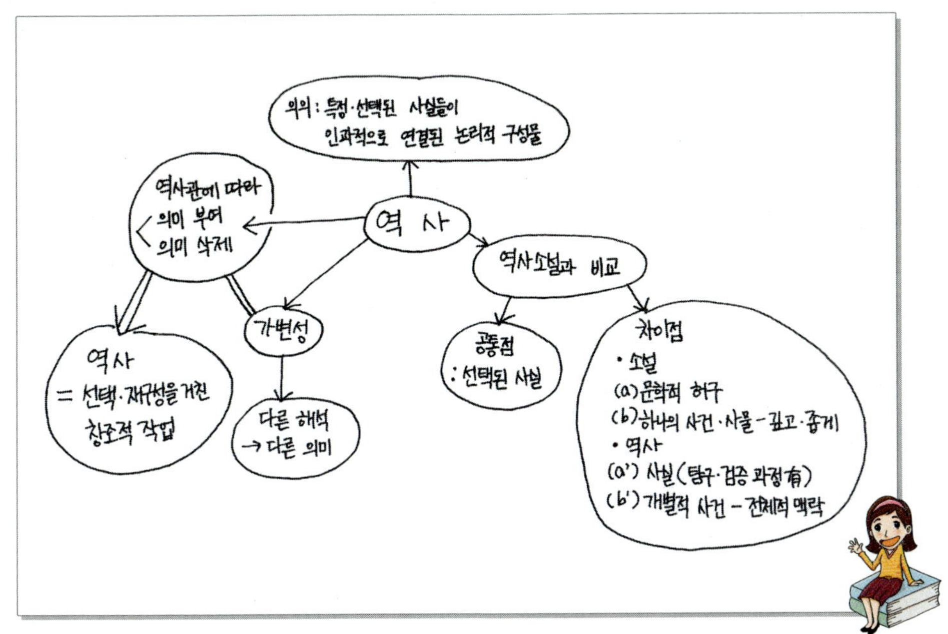

[17~20] 다음 글을 읽고 물음에 답하시오.

역사는 인간만이 가진 것으로 과거의 사실에 대한 기록이다. 그러나 과거의 모든 사실이 역사가 되지는 않는다. 역사는 과거의 모든 사실들의 단순한 결합이 아니라 특정하게 선택된 사실들의 의미를 인과적으로 연결한 논리적 구성물이다. 이성계의 위화도 회군이 역사로 기록되는 이유는 이 사실이 조선의 개국을 설명하는 데 중요한 의미를 지니기 때문이다.

그러나 조선 왕조의 창건에 대해서 새로운 사실이나 사물이 발견되고, 이를 통해 조선 개국의 과정이 다른 방향에서 설득력 있게 설명될 수 있다면 위화도 회군의 역사적 의미는 달라질 수 있다. 이는 역사 서술의 과정에서 자료가 새롭게 선택될 수 있고, 역사적 의미 또한 바뀔 수 있음을 말해 준다. 선택은 언제나 역사가에 의해 결정되며, 해석은 필연적으로 의미 해석이므로 역사는 그냥 주어진 자연현상이 아니라 인간에 의해 만들어진 창조물인 셈이다.

역사가 인간의 창조물이라고 하지만 소설가의 상상에 의해 쓰인 역사 소설과는 다르다. 역사와 역사 소설은 모두 선택된 사실에서 출발한다는 것은 같지만 만들어 가는 과정은 다르다. 역사 소설은 선택된 사실을 바탕으로 상상력에 근거한 '문학적 허구'를 펼쳐 가지만, 역사는 사실을 조사한 후, 탐구하고 검증하는 작업을 거친다.

또한 소설은 하나의 사건이나 사물이 갖는 의미를 좁고 깊게 파고든다면, 역사는 개별적 사건을 전체적 맥락에서 접근한다는 차이점이 있다. 어떤 유적, 유물, 문서의 발굴은 어디까지나 단편적 사실의 발굴이지 그 자체로서 역사의 일부가 되는 것은 아니다. 그러한 사물들이나 사실들은 한 사회의 과거와 현재의 논리적·의미론적 연결고리를 설명하는 역할을 해야만 비로소 역사적 의미를 띠고 역사의 일부로 편입된다. 역사는 어떤 사실에 특정한 의미가 부여되더라도 그것이 개별적 차원을 넘는 전체적인 ⓐ틀 안에서 파악되고 해석되지 않는 한, 그것은 개별적 존재의 의미로만 남아 역사적 의미를 가질 수 없다.

이러한 해석의 과정에서 역사가에게 필요한 것이 역사관인데, 역사관이란 역사에 대한 총체적 비전을 가리킨다. 순환적인 역사관, 기독교적인 역사관, 마르크스 역사관 등 다양한 역사관이 있다. 역사가는 자신의 역사관을 바탕으로 역사를 서술하는 것이다. 역사관에 따라 똑같은 역사적 사실이나 사건이 '진보', '발전'이라는 ⓑ틀에서 그 의미가 부여되기도 하고, '반복', '혼동'이란 이름으로 그 의미가 삭제되기도 한다. 그래서

17. 위 글의 내용과 일치하지 <u>않는</u> 것은? [1점]

① 역사는 창조적 성격을 가지고 있다.
② 역사는 인과성을 가진 논리적 구성물이다.
③ 한번 기록된 역사의 의미는 바뀌지 않는다.
④ 역사와 역사 소설은 만들어지는 과정이 다르다.
⑤ 과거의 모든 사실이 역사의 자료가 되지는 않는다.

18. ㉠을 구체화하여 보충하기 위한 사례로 적절하지 <u>않은</u> 것은?

㉮	포석정	귀족들의 유흥 장소	신라 패망의 원인을 가늠할 수 있는 지배층의 놀이터
		하늘에 제사 지내는 곳	신라의 국가적 행사 규모와 신성성을 파악할 수 있는 유적
㉯	연개소문	폭력적인 독재자	개인적인 권력욕 때문에 국가의 혼란을 초래한 인물
		고구려의 영웅	고구려의 기상을 국내외에 떨친 전쟁 영웅
㉰	조선시대 궁녀	왕의 시녀	규율과 법도에 얽매여 쓸쓸하게 살아간 희생자
		궁중의 전문 관리자	궁중 문화를 발전시킨 전문직 여성

(라)	박지원의 문학	고문에 대한 반항	중국 고문을 본받지 않아 문학적 가치를 인정할 수 없음
		독자적 문학 세계 구축	풍자와 해학으로 한국 문학의 지평을 넓히고 근대성을 앞당김
(마)	거북선	판옥선을 개량함	조선 전함(戰艦) 판옥선의 장점을 발전적으로 응용함
		돌격선 역할	적선(敵船) 깊숙이 파고들어 일본 수군의 전열을 흐트러뜨림

① ㉮   ② ㉯   ③ ㉰   ④ ㉱   ⑤ ㉲

19. ⓐ와 ⓑ를 글의 흐름에 맞게 적절하게 바꿔 쓴 것은?

① ⓐ – 경향, ⓑ – 체제   ② ⓐ – 방법, ⓑ – 의도
③ ⓐ – 목표, ⓑ – 전략   ④ ⓐ – 계획, ⓑ – 수단
⑤ ⓐ – 구조, ⓑ – 관점

20. 위 글을 읽은 독자의 반응으로 적절하지 <u>않은</u> 것은?

① 위화도 회군과 유사한 성격의 역사적 사례들을 알아봐야겠어.
② 새로운 유물이나 유적을 발굴하는 과학적인 방법을 찾아봐야겠어.
③ 동일한 제재를 다룬 역사서와 역사 소설을 비교하면서 읽어 봐야겠어.
④ 역사박물관을 찾아 과거의 사실들이 지닌 역사적 의미를 살펴봐야겠어.
⑤ 과거의 유적이나 유물이 역사적 의미를 갖게 되는 과정을 탐구해 봐야겠어.

정답 17. ③ 18. ⑤ 19. ⑤ 20. ②

1단계 **지문을 읽으면서 중요하다고 생각되는 곳에 연필로 밑줄 긋기**

① 단락별 중심 문장 밑줄 긋기
② 단락별 뒷받침 문장 밑줄 긋기

＊이때 중심 문장은 밑줄을 그은 후 〈 〉로 표시해 두고, 뒷받침 문장은 밑줄만 긋는다. 예시,
부연, 비유의 내용은 ( )로 표시하고, 전문가 이름에는 동그라미를 그린다.

[2011학년도 수능 대비 10월 모의고사]

감각과 지각은 어떠한 의미를 갖고 있는가? 그리고 어떻게 우리는 감각을 지각으로
바꿔 놓는가? 감각은 그 자체로서는 단지 자극에 대한 의식에 지나지 않는다. 경험의
시작 단계로 그것 자체로는 아직 인식이 아니다. 그런데 여러 가지 감각이 공간과 시간
속에서 어떤 대상-예컨대 사과-의 둘레에 모였다고 하자. 코의 후각, 혀의 미각, 망막
의 시각, 형태를 알아내는 손가락과 손의 촉각을 이 사물의 둘레에 모이게 하자. 그러면
이제 자극에 대한 의식보다는 오히려 특수한 대상에 대한 의식이 생긴다. 다시 말하면
지각이 생긴다. 감각이 인식으로 옮겨 간 것이다.

그러면 이러한 이행은 자동적인가? 여러 가지 감각이 저절로 모여서 질서를 갖추고
지각이 되는가? 경험주의자들은 그렇다고 대답한다. 그러나 칸트는 그렇지 않다고 말한
다. 여러 가지 감각은 피부와 눈과 귀와 혀로부터 뇌에 이르는 무수한 신경을 통해 전달
된다. 이렇게 전달되는 감각들은 그냥 놓아두면 끝까지 오합지졸이며 혼돈의 '다양'에
지나지 않는다. 전선의 무수한 지점으로부터 한 장군에게 보내는 보고들이 아무런 도움
없이 저절로 이해되어 명령으로 변하기를 바라는 것과 같은 상황이다. 이 오합지졸, 곧
감각을 받아들일 뿐만 아니라 이 감각을 취사선택해서 의미 있는 것으로 만들고 지휘하
고 조정하는 힘이 있다.

칸트는 우선 모든 보고가 반드시 접수되는 것이 아니라는 사실에 주목한다. 현재의
목적에 알맞은 지각으로 형성될 수 있는 감각만이 선택된다는 것이다. 시계가 똑딱거리
고 있어도 들리지 않다가 우리의 목적에 시계 소리가 필요한 경우에는 즉시 그 시계 소
리가 전보다 커진 것도 아닌데 들리게 된다. 감각은 심부름꾼으로서 우리가 부르기를
기다리고 있고, 우리가 필요로 하지 않는 한 찾아오지 않는다. 그러므로 이 심부름꾼을

선택하고 부리는 사람, 즉 그들의 주인이 반드시 필요한 것이다.

칸트는 두 가지 인식의 틀, 곧 공간과 시간을 통해 감각이라는 자료를 정리한다고 생각했다. 장군이 제출된 보고를 발신 장소와 작성 시간에 따라 정리하듯이 우리는 여러 가지 감각을 공간과 시간 속에 배열하고 여러 가지 감각을 여기의 이 대상, 저기의 저 대상, 현재 또는 과거에 귀속시킨다. 이때 공간과 시간은 지각된 사물이 아니라 지각의 방식, 감각을 의미 있는 것으로 만드는 인식의 틀이다. 이미 정돈되었거나 앞으로 정돈될 모든 경험은 공간과 시간을 포함하고 또 전제하고 있기 때문에 공간과 시간은 경험에 좌우되지 않는다. 그리고 공간과 시간이 경험에 좌우되지 않기 때문에 공간 및 시간의 법칙은 절대적이고 필연적이고 불변한다. 이렇게 해서 칸트는 경험주의자들과 달리 우리가 경험을 파악하는 방식 자체에 경험에 좌우되지 않는 것, 즉 인식 주체가 있음을 밝혔다.

 오미쌤과 밑줄 맞춰 보기

감각과 지각은 어떠한 의미를 갖고 있는가? 그리고 어떻게 우리는 감각을 지각으로 바꿔 놓는가? 〈감각〉은 그 자체로서는 단지 자극에 대한 의식에 지나지 않는다. 경험의 시작 단계로 그것 〈자체로는 아직 인식이 아니다〉. (그런데 여러 가지 감각이 공간과 시간 속에서 어떤 대상—예컨대 사과—의 둘레에 모였다고 하자. 코의 후각, 혀의 미각, 망막의 시각, 형태를 알아내는 손가락과 손의 촉각을 이 사물의 둘레에 모이게 하자.) 그러면 이제 자극에 대한 의식보다는 오히려 특수한 대상에 대한 의식이 생긴다. 다시 말하면 지각이 생긴다. 감각이 인식으로 옮겨 간 것이다.

그러면 이러한 〈이행은 자동적인가?〉 여러 가지 감각이 저절로 모여서 질서를 갖추고 지각이 되는가? 〈경험주의자들〉은 그렇다고 대답한다. 그러나 칸트는 그렇지 않다고 말한다. 여러 가지 감각은 피부와 눈과 귀와 혀로부터 뇌에 이르는 무수한 신경을 통해 전달된다. 이렇게 전달되는 감각들은 그냥 놓아두면 끝까지 오합지졸이며 혼돈의 '다양'에 지나지 않는다. (전선의 무수한 지점으로부터 한 장군에게 보내는 보고들이 아무런 도움 없이 저절로 이해되어 명령으로 변하기를 바라는 것과 같은 상황이다. 이 오합지졸, 곧 감각을 받아들일 뿐만 아니라 이 감각을 취사선택해서 의미 있는 것으로 만들고 지휘하고 조정하는 힘이 있다.)

칸트는 우선 모든 보고가 반드시 접수되는 것이 아니라는 사실에 주목한다. 현재의 〈목적에 알맞은 지각으로 형성될 수 있는 감각만이 선택〉된다는 것이다. (시계가 똑딱거리고 있어도 들리지 않다가 우리의 목적에 시계 소리가 필요한 경우에는 즉시 그 시계 소리가 전보다 커진 것도 아닌데 들리게 된다.) 감각은 심부름꾼으로서 우리가 부르기를 기다리고 있고, 우리가 필요로 하지 않는 한 찾아오지 않는다. 그러므로 이 심부름꾼을 선택하고 부리는 사람, 즉 그들의 주인이 반드시 필요한 것이다.

칸트는 두 가지 인식의 틀, 곧 공간과 시간을 통해 감각이라는 자료를 정리한다고 생각했다. (장군이 제출된 보고를 발신 장소와 작성 시간에 따라 정리하듯이) 우리는 여러 가지 감각을 공간과 시간 속에 배열하고 여러 가지 감각을 여기의 이 대상, 저기의 저 대상, 현재 또는 과거에 귀속시킨다. 이때 공간과 시간은 지각된 사물이 아니라 지각의 방식, 감각을 의미 있는 것으로 만드는 인식의 틀이다. 이미 정돈되었거나 앞으로 정돈될 모든 경험은 공간과 시간을 포함하고 또 전제하고 있기 때문에 공간과 시간은 경험에 좌우되지 않는다. 그리고 공간과 시간이 경험에 좌우되지 않기 때문에 공간 및 시간의 법칙은 절대적이고 필연적이고 불변한다. 이렇게 해서 〈칸트는 경험주의자들과 달리〉 우리가 경험을 파악하는 방식 자체에 경험에 좌우되지 않는 것, 즉 〈인식 주체가 있음〉을 밝혔다.

3단계 지문 외우기

① 지문 전체의 중심 문장만 외우기

1단락 〈감각〉, 〈자체로는 아직 인식이 아니다〉

2단락 〈이행은 자동적인가?〉, 〈경험주의자들〉, 〈칸트〉

3단락 〈목적에 알맞은 지각으로 형성될 수 있는 감각만이 선택〉

4단락 〈칸트는 경험주의자들과 달리〉, 〈인식 주체가 있음〉

② 한 단락씩 중심 문장과 뒷받침 문장 외우기

문장 전체를 읽으면서 내용을 충분히 이해한 뒤, 눈을 감고 밑줄 그은 부분을 소리 내어 외운다.

1단락 〈감각〉 〈자체로는 아직 인식이 아니다.〉. 자극에 대한 의식보다는 오히려 특수한 대상에 대한 의식이 생긴다. 감각이 인식으로 옮겨 간 것이다.

• 1단락이 잘 기억나면 2단락으로 넘어가자.

2단락 〈이행은 자동적인가?〉 〈경험주의자들〉은 그렇다고 대답한다. 그러나 〈칸트〉는 그렇지 않다고 말한다. 감각들은 그냥 놓아두면 혼돈의 '다양'에 지나지 않는다.
• 2단락이 잘 기억나면 3단락으로 넘어가자.

3단락 〈목적에 알맞은 지각으로 형성될 수 있는 감각만이 선택〉된다. 감각은 필요로 하지 않는 한 찾아오지 않는다.
• 3단락이 잘 기억나면 4단락으로 넘어가자.

4단락 칸트는 두 가지 인식의 틀, 곧 공간과 시간을 통해 감각이라는 자료를 정리한다고 생각했다. 공간과 시간은 지각된 사물이 아니라 지각의 방식, 감각을 의미 있는 것으로 만드는 인식의 틀이다. 공간과 시간이 경험에 좌우되지 않기 때문에 공간 및 시간의 법칙은 절대적이고 필연적이고 불변한다. 〈칸트는 경험주의자들과 달리〉 경험을 파악하는 방식 자체에 경험에 좌우되지 않는 것, 즉 〈인식 주체가 있음〉을 밝혔다.
• 4단락이 잘 기억나면 다음 ③단계로 넘어가자.

③ 지문 전체의 중심 문장과 뒷받침 문장 외우기

　전체 중심 문장을 먼저 기억하고, 단락별 중심 문장과 뒷받침 문장을 기억하면서 전체 문장을 쭈욱~ 소리 내어 외운다.

1단락 〈감각〉〈자체로는 아직 인식이 아니다〉. 자극에 대한 의식보다는 오히려 특수한 대상에 대한 의식이 생긴다.　감각이 인식으로 옮겨 간 것이다.

2단락 〈이행은 자동적인가?〉〈경험주의자들〉은 그렇다고 대답한다. 그러나 〈칸트〉는 그렇지 않다고 말한다. 감각들은 그냥 놓아두면 혼돈의 '다양'에 지나지 않는다.

3단락 〈목적에 알맞은 지각으로 형성될 수 있는 감각만이 선택〉된다. 감각은 필요로 하지 않는 한 찾아오지 않는다.

4단락 칸트는 두 가지 인식의 틀, 곧 공간과 시간을 통해 감각이라는 자료를 정리한다고 생각했다. 공간과 시간은 지각된 사물이 아니라 지각의 방식, 감각을 의미 있는 것으로 만드는 인식의 틀이다. 공간과 시간이 경험에 좌우되지 않기 때문에 공간 및 시간의 법칙은 절대적이고 필연적이고 불변한다. 〈칸트는 경험주의자들과 달리〉 경험을 파악하는 방식 자체에 경험에 좌우되지 않는 것, 즉 〈인식 주체가 있음〉을 밝혔다.

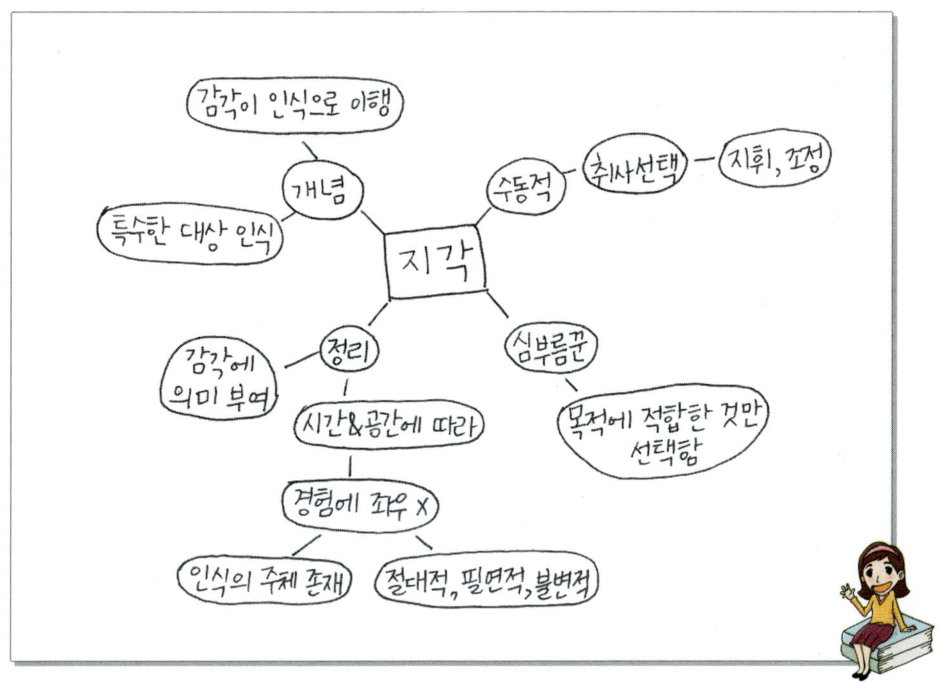

5단계 문제로 확인하기

[35~37] 다음 글을 읽고 물음에 답하시오.

감각과 지각은 어떠한 의미를 갖고 있는가? 그리고 어떻게 우리는 감각을 지각으로 바꿔 놓는가? 감각은 그 자체로서는 단지 자극에 대한 의식에 지나지 않는다. 경험의 시작 단계로 그것 자체로는 아직 인식이 아니다. 그런데 여러 가지 감각이 공간과 시간 속에서 어떤 대상―예컨대 사과―의 둘레에 모였다고 하자. 코의 후각, 혀의 미각, 망막의 시각, 형태를 알아내는 손가락과 손의 촉각을 이 사물의 둘레에 모이게 하자. 그러면 이제 자극에 대한 의식보다는 오히려 특수한 대상에 대한 의식이 생긴다. 다시 말하면 지각이 생긴다. 감각이 인식으로 옮겨 간 것이다.

그러면 이러한 이행은 자동적인가? 여러 가지 감각이 저절로 모여서 질서를 갖추고 지각이 되는가? 경험주의자들은 그렇다고 대답한다. 그러나 칸트는 그렇지 않다고 말한다. 여러 가지 감각은 피부와 눈과 귀와 혀로부터 뇌에 이르는 무수한 신경을 통해 전달

된다. 이렇게 전달되는 감각들은 그냥 놓아두면 끝까지 오합지졸이며 혼돈의 '다양'에 지나지 않는다. 전선의 무수한 지점으로부터 한 장군에게 보내는 보고들이 아무런 도움 없이 저절로 이해되어 명령으로 변하기를 바라는 것과 같은 상황이다. 이 오합지졸, 곧 감각을 받아들일 뿐만 아니라 이 감각을 취사선택해서 의미 있는 것으로 만들고 지휘하고 조정하는 힘이 있다.

칸트는 우선 모든 보고가 반드시 접수되는 것이 아니라는 사실에 주목한다. 현재의 목적에 알맞은 지각으로 형성될 수 있는 감각만이 선택된다는 것이다. 시계가 똑딱거리고 있어도 들리지 않다가 우리의 목적에 시계 소리가 필요한 경우에는 즉시 그 시계 소리가 전보다 커진 것도 아닌데 들리게 된다. 감각은 심부름꾼으로서 우리가 부르기를 기다리고 있고, 우리가 필요로 하지 않는 한 찾아오지 않는다. 그러므로 이 심부름꾼을 선택하고 부리는 사람, 즉 그들의 주인이 반드시 필요한 것이다.

칸트는 두 가지 인식의 틀, 곧 ㉠공간과 시간을 통해 감각이라는 자료를 정리한다고 생각했다. 장군이 제출된 보고를 발신 장소와 작성 시간에 따라 정리하듯이 우리는 여러 가지 감각을 공간과 시간 속에 배열하고 여러 가지 감각을 여기의 이 대상, 저기의 저 대상, 현재 또는 과거에 귀속시킨다. 이때 공간과 시간은 지각된 사물이 아니라 지각의 방식, 감각을 의미 있는 것으로 만드는 인식의 틀이다. 이미 정돈되었거나 앞으로 정돈될 모든 경험은 공간과 시간을 포함하고 또 전제하고 있기 때문에 공간과 시간은 경험에 좌우되지 않는다. 그리고 공간과 시간이 경험에 좌우되지 않기 때문에 공간 및 시간의 법칙은 절대적이고 필연적이고 불변한다. 이렇게 해서 칸트는 경험주의자들과 달리 우리가 경험을 파악하는 방식 자체에 경험에 좌우되지 않는 것, 즉 인식 주체가 있음을 밝혔다.

35. 위 글의 서술 전략과 관련이 없는 것은?

① 개념의 변화 과정을 통해 주장을 강화한다.
② 비유적 진술을 활용하여 화제의 이해를 돕는다.
③ 구체적 사례를 제시하여 견해의 타당성을 높인다.
④ 묻고 답하는 방식을 활용하여 독자의 관심을 환기한다.
⑤ 대상에 대한 접근을 단계별로 진행하여 논점을 분명히 한다.

36. 〈보기〉에 대해 칸트의 입장에서 제기할 수 있는 비판으로 가장 적절한 것은? [3점]

인간의 모든 지식은 경험과 감각을 통해 획득된다. 태어났을 때의 인간의 정신은 백지(tabula rasa)이고, 여기에 감각적 경험이 다양한 방법으로 글씨를 써서 마침내 감각으로부터 기억이 생기고 기억으로부터 관념이 생긴다.

① 당신은 지각이 도리어 경험과 감각에 영향을 준다는 사실을 간과하고 말았군요.
② 당신은 관념이 형성되기 위해서 다양한 감각이 전제되어야 한다는 사실을 잊었군요.
③ 당신은 인간에게 경험이나 감각을 지휘하고 조정하는 힘이 있다는 사실을 놓치고 말았군요.
④ 당신의 말과 달리 기억에서 관념이 생기고, 관념에서 기억이 생긴다는 사실을 알았으면 합니다.
⑤ 인간은 성장하면서 경험과 감각을 정돈하는 능력이 서서히 계발된다는 사실을 알았으면 합니다.

37. ㉠에 대한 설명으로 적절하지 <u>않은</u> 것은?

① 경험의 내용에 좌우되지 않는다.
② 절대적이고 필연적이고 불변한다.
③ 지각된 내용을 분류하고 정리한다.
④ 특정한 대상에 대한 의식을 가능하게 한다.
⑤ 감각을 의미 있는 것으로 만드는 인식의 틀이다.

정답 35. ① 36. ③ 37. ③

문제가 좀 어려웠다고 해도 걱정하지 말자. 문제를 정확히 푸는 방법을 보면 실수하지 않고 잘 풀 수 있을 것이다.

비문학에서 문제 유형은 크게 여섯 가지이다.

> 첫째, 전체 내용 – 일치 · 불일치
>
> 둘째, 중심 내용 – 제목, 취지, 평가, 비판
>
> 셋째, 부분 내용 – 반론, 전제, 사례
>
> 넷째, 어휘 – 사전적 의미, 문맥적 의미
>
> 다섯째, 서술 방식
>
> 여섯째, 도표

이 여섯 가지 유형의 문제 푸는 방법만 알면 언어 1등급 완성~!

언어 영역의 답은 얄미울 정도로 작은 데 있다. 답이 되는 단어나 어구를 찾느냐 못 찾느냐가 정답이냐 오답이냐를 결정한다. 일치 · 불일치 문제로 답을 찾는 연습을 해 보자.

일치 · 불일치 문제 푸는 방법

- 문제 선지의 핵심어에 밑줄 긋기
- 문제 선지의 핵심어 찾는 방법
  - 한 문장은 기본적으로 3~4개의 어구로 되어 있다.
  - 답이 되는 것은 주어, 목적어, 부사어, 서술어이다.

지문을 보지 않고도 문제의 선지에서 핵심을 찾을 수 있다. 문제 선지의 핵심이 된다고 생각하는 곳에 밑줄을 그어 보고 나와 맞춰 보자.

[2010학년도 수능 대비 6월 모의고사 39번 문제]

[물음] 위 글을 통해서 확인할 수 있는 것은?

① 반론권 제도는 프랑스에서 가장 먼저 도입하였다.

② 보도 내용이 진실한 경우에도 반론권을 청구할 수 있다.

③ 피해자는 반론 보도와 정정 보도를 동시에 청구할 수 있다.

④ 반론권은 개인은 물론이고 법인이나 단체, 조직도 행사할 수 있다.

⑤ 반론권은 문제가 된 보도와 같은 분량의 지면이나 방송으로 행사되어야 한다.

〈오미쌤과 맞춰 보기〉

① 반론권 제도는 <u>프랑스에서 가장 먼저</u> 도입하였다.

② <u>보도 내용이 진실한 경우에도</u> 반론권을 청구할 수 있다.

③ 피해자는 <u>반론 보도와 정정 보도를 동시에</u> 청구할 수 있다.

④ 반론권은 개인은 물론이고 <u>법인이나 단체, 조직도</u> 행사할 수 있다.

⑤ 반론권은 문제가 된 보도와 <u>같은 분량의</u> 지면이나 <u>방송으로</u> 행사되어야 한다.

[2009학년도 대학수학능력시험 26번 문제]

[물음] 위 글을 통해 알 수 있는 것은?

① 창조 산업은 미래 예측성과 성공 가능성이 크다.

② 창조 도시를 위해서는 기존 환경을 단시간에 개조해야 한다.

③ 창조 산업과 창조 계층이 갖추어져야 창조 환경이 마련된다.

④ 창조 도시에는 문화적 요소와 경제적 요소가 복합적으로 작용한다.

⑤ 창조 계층의 창의력을 이끌어 내기 위해서는 그 능력을 표준화해야 한다.

〈오미쌤과 맞춰 보기〉

① 창조 산업은 <u>미래 예측성과 성공 가능성이 크다.</u>

② 창조 도시를 위해서는 기존 환경을 <u>단시간에 개조해야</u> 한다.

③ <u>창조 산업과 창조 계층이 갖추어져야 창조 환경이 마련된다.</u>

④ 창조 도시에는 문화적 요소와 경제적 요소가 <u>복합적으로 작용</u>한다.

⑤ 창조 계층의 창의력을 이끌어 내기 위해서는 그 <u>능력을 표준화해야</u> 한다.

[2007학년도 수능 대비 10월 모의고사 29번 문제]

[물음] 위 글을 통해 알 수 있는 내용이 <u>아닌</u> 것은?

① 기억 정보의 유형에 따라 저장되는 뇌 부위가 달라진다.
② 비서술 정보는 자극의 횟수에 의해 기억 여부가 결정된다.
③ 장기 기억되는 서술 정보는 대뇌피질에 분산되어 저장된다.
④ 서술 정보와 비서술 정보는 말로 표현할 수 있느냐의 여부에 따라 구분된다.
⑤ 시냅스 전 뉴런에서 시냅스 후 뉴런으로의 신호 전달은 매개물을 통해 이루어진다.

〈오미쌤과 맞춰 보기〉

① 기억 <u>정보의 유형에 따라</u> 저장되는 뇌 부위가 달라진다.
② 비서술 정보는 <u>자극의 횟수에 의해</u> 기억 여부가 결정된다.
③ 장기 기억되는 서술 정보는 <u>대뇌피질에</u> 분산되어 저장된다.
④ 서술 정보와 비서술 정보는 <u>말로 표현할 수 있느냐의 여부에 따라</u> 구분된다.
⑤ 시냅스 전 뉴런에서 시냅스 후 뉴런으로의 신호 전달은 <u>매개물을 통해</u> 이루어진다.

[2011학년도 대학수학능력시험 25번 문제]

[물음] 위 글을 통해 알 수 있는 사실로 옳지 <u>않은</u> 것은?

① 저장된 자료에 접근할 때는 포인터를 이용한다.
② 자료 접근 과정은 사용하는 자료 관리 구조에 따라 달라진다.
③ ‘배열’에서는 자료의 논리적 순서에 따라 자료 접근 시간이 달라진다.
④ ‘연결 리스트’는 저장되는 전체 자료의 개수가 자주 변할 때 편리하다.
⑤ ‘이중 연결 리스트’의 한 저장소에는 세 가지 다른 정보가 저장된다.

〈오미쌤과 맞춰 보기〉

① 저장된 자료에 접근할 때는 <u>포인터를 이용</u>한다.
② 자료 접근 과정은 사용하는 <u>자료 관리 구조에 따라</u> 달라진다.
③ ‘배열’에서는 자료의 <u>논리적 순서에 따라</u> 자료 접근 시간이 달라진다.
④ ‘연결 리스트’는 저장되는 전체 <u>자료의 개수가 자주 변할 때</u> 편리하다.
⑤ ‘이중 연결 리스트’의 한 저장소에는 세 가지 <u>다른 정보가</u> 저장된다.

1 현대시 문제를 푸는 자신의 스타일 체크하기

1 먼저 초시계를 준비한다.

2 지문을 읽은 시간을 기록한다.

  (지문을 먼저 읽지 않은 학생이라면 기록하지 않아도 된다.)

3 문제까지 다 푼 시간을 기록한다.

4 채점을 하지 않는다.

  최근 수능 기출 문제나 모의고사 문제는 풀어 봐서 답이 생각날 수도 있으니, 한참 지난 문제로 체크해 보겠다. 이제 시간을 재기 시작하고 문제를 풀어 보자.

[2007학년도 수능 대비 6월 모의고사]

[15~19] 다음 글을 읽고 물음에 답하시오.

> (가) 아무도 찾지 않으려네
>   ㉠내 살던 집 툇마루에 앉으면
>   벽에는 아직도 쥐오줌 얼룩져 있으리
>   담 너머로 늙은 수유나뭇잎 날리거든
>   두레박으로 우물물 한 모금 떠 마시고
>   가윗소리 요란한 엿장수 되어
>   고추잠자리 새빨간 노을길 서성이려네
>   감석 깔린 장길은 피하려네
>   내 좋아하던 고무신집 딸아이가
>   수틀 끼고 앉았던 가겟방도 피하려네
>   두엄더미 수북한 쇠전마당을
>   금줄기 찾는 허망한 금전꾼 되어

초저녁 하얀 달 보며 거닐려네
장국밥으로 깊은 허기 채우고
읍내로 가는 버스에 오르려네
쫓기듯 도망치듯 살아온 이에게만
삶은 때로 애닯기도 하리
ⓛ긴 능선 검은 하늘에 박힌 별 보며
길 잘못 든 나그네 되어 떠나려네

– 신경림, 「고향길」 –

(나)　눈을 가만 감으면 굽이 잦은 풀밭 길이
　　　개울물 돌돌돌 길섶으로 흘러가고
　　　백양 숲 사립을 가린 초집들도 보이구요

　　　ⓒ송아지 몰고 오며 바라보던 진달래도
　　　저녁 노을처럼 산을 둘러 퍼질 것을
　　　어마씨 그리운 솜씨에 향그러운 꽃지짐

　　　어질고 고운 그들 멧남새도 캐어 오리
　　　집집 끼니마다 봄을 씹고 사는 마을
　　　감았던 그 눈을 뜨면 마음 도로 애젓하오

–김상옥, 「사향(思鄕)」 –

(다)　진주 장터 생어물전에는
　　　바다 밑이 깔리는 해 다 진 어스름을,　　[A]

　　　울엄매의 장사 끝에 남은 고기 몇 마리의
　　　ⓔ빛 발(發)하는 눈깔들이 속절없이　　[B]
　　　은전(銀錢)만큼 손 안 닿는 한(恨)이던가.
　　　울엄매야 울엄매,

　　　별밭은 또 그리 멀리
　　　우리 오누이의 머리 맞댄 골방 안 되어　　[C]
　　　손시리게 떨던가 손시리게 떨던가.

진주 남강 맑다 해도 ⎯⎯⎯⎯⎯⎯
오명 가명   [D]
신새벽이나 밤빛에 보는 것을, ⎯⎯⎯
울엄매의 마음은 어떠했을꼬.
달빛 받은 옹기전의 옹기들같이 ⎯⎯⎯
말없이 글썽이고 반짝이던 것인가. ⎯⎯ [E]

－박재삼, 「추억에서」 －

15. (가)~(다)에 대한 설명으로 적절하지 <u>않은</u> 것은?

① (가)에는 고향에 정착할 수 없는 화자의 심정이 담겨 있다.

② (나)는 아름다운 추억이 간직되어 있는 고향을 그리고 있다.

③ (다)는 지명을 통해 고향에 대한 정감을 환기하고 있다.

④ (나)와는 달리 (가)는 화자가 직접 고향을 찾아가는 상황을 설정하고 있다.

⑤ (가)에 비해 (다)는 고향을 이상적이고 낭만적인 공간으로 묘사하고 있다.

16. ㉠~㉣에 내포된 화자의 정서가 가장 가까운 것끼리 묶은 것은? [1점]

① ㉠, ㉡   ② ㉠, ㉢   ③ ㉠, ㉣   ④ ㉡, ㉢   ⑤ ㉢, ㉣

17. (나)의 시상의 흐름에 맞추어 (다)를 개작할 때, 고려해야 할 사항은?

① 시간의 경과에 따른 변화가 두드러지도록 연을 재배열한다.

② 회상 형식이 드러나도록 처음과 끝에 화자의 현재 상황을 부여한다.

③ 제재가 병렬적으로 구성되도록 특정한 시어들을 반복적으로 사용한다.

④ 점층적인 구성이 되도록 화자의 시선을 먼 곳에서 가까운 곳으로 이동시킨다.

⑤ 각 연마다 선경 후정(先景後情)의 방식이 드러나도록 전체 구조를 변화시킨다.

18. <보기>의 관점에서 (나)를 감상할 때, 가장 적절한 반응은?

─〈 보기 〉─

　시조는 전통적으로 음악과 관련된 형식을 강조한다. 노래로 불려지지 않는 현대 시조
에서도 이러한 형식은 여전히 중요시되어 음수 통제나 율격 구조와 같은 형식적인 제약
이 강조되고 있다. 그 결과 시적 감수성을 구현하는 데 어려움이 있다. 이제 현대 시조

는 이러한 형식적 제약을 넘어서 새로운 미학을 개척하는 방향으로 나아가야 한다.

① 의미를 압축적으로 드러내기 위해 글자 수를 제한하고 있군.
② 이미지의 흐름에 따라 짜임새 있는 의미 구조를 이루고 있군.
③ 어절을 규칙적으로 배열하여 율격적인 특징을 나타내고 있군.
④ 사투리를 효과적으로 사용하여 시의 리듬감을 잘 살리고 있군.
⑤ 정서의 흐름을 통제하기 위하여 안정적인 3장 구조를 지키고 있군.

19. 〈보기〉는 (다)의 시인이 쓴 다른 작품의 일부이다. [A]~[E]에서 〈보기〉의 상황을 가장 잘 나타내고 있는 것은? [1점]

〈 보기 〉

　새벽 서릿길을 밟으며
　어머니는 장사를 나가셨다가
　촉촉한 밤이슬에 젖으며
　우리들 머리맡으로 돌아오셨다.

－박재삼, 「어떤 귀로」 －

① [A]　　　　② [B]　　　　③ [C]　　　　④ [D]　　　　⑤ [E]

• 지문 독해에 걸린 시간 :　　분　　초
• 문제까지 다 푸는 데 걸린 시간 :　　분　　초

5 **자신의 스타일을 체크한다.**

• 작품을 처음부터 읽고 제대로 이해한 뒤에 문제를 푼다. (○, ×)
• 잘 아는 작품을 먼저 읽고 해당하는 문제를 푼 후, 다른 작품을 보고 해당하는 문제를 푼다. (○, ×)
• 문제를 보면서 작품을 찾아 읽는다. (○, ×)
• 문제 먼저 대충 보고 작품을 처음부터 꼼꼼히 읽는다. (○, ×)
• 작품을 대충 읽고 문제를 보면서 작품을 다시 읽는다. (○, ×)

6 **등급별 문제 풀이 스타일과 자신의 스타일을 비교한다.**

- 1등급 : – 작품을 처음부터 읽고 제대로 이해한 뒤에 문제를 푼다.
  - 잘 아는 작품을 먼저 읽고 해당하는 문제를 푼 후, 다른 작품을 보고 해당하는 문제를 푼다.
- 2등급 : – 잘 아는 작품을 먼저 읽고 해당하는 문제를 푼 후, 다른 작품을 보고 해당하는 문제를 푼다.
  - 문제를 보면서 작품을 찾아 읽는다.
- 3등급 : 문제 먼저 대충 보고 작품을 처음부터 꼼꼼히 읽는다.
- 4등급 이하 : 작품을 대충 읽고 문제를 보면서 작품을 다시 읽는다.

- 현재 나의 등급은? (　　)등급
- 현대시 문제 풀이 스타일에 따르면 나의 등급은? (　　)등급

---

2 현대시 내용을 정확히 아는 방법 처방

현대시를 잘 풀기 위해서는 시 내용만 정확히 파악하면 된다. 그러기 위해서는

1. 작가와 제목을 본다.
2. 화자가 처한 상황을 알아낸다.
3. 상황에 따른 심정을 알아낸다.
4. 내용 단락을 나눈다.
5. 줄거리를 그림으로 그린다.

무척 단순하고 쉬운 방법인데 효과는 놀랄 만큼 뛰어나다. 이 5단계의 방법을 통해 어조, 표현 기법, 주제, 다른 영역과의 연계 문제 등을 충분히 맞힐 수 있다.

화자가 처한 상황과 심정을 알아내고 줄거리를 그림으로 그려야 하는 이유와 효과를 알려면 중간 중간 뽑아서 연습하지 말고 꼭 단계별로 따라 해야 한다.

시에서 작품 내용을 정확히 아는 것이 중요한 이유는 문제 유형과도 관련이 있다. 현대시 문제 유형은 크게 나누어 다음과 같다.

1. (가)~(다) 작품의 공통점 찾기
2. 시어의 의미 파악하기
3. 화자의 정서, 어조 파악하기
4. 표현 기법 파악하기
5. 〈보기〉를 참고하여 작품 내용 이해하기

내용을 정확히 이해했다면 거짓말 같은 일이 일어난다. 작품 간의 공통점 찾기도 할 수 있고, 시어의 의미도 알 수 있고, 정서나 어조도 알 수 있게 된다. 그리고 표현 기법의 경우에는 재미있게도 출제하는 데 유행이 있다.

현대시 내용을 정확히 아는 방법

1. 작가와 제목을 본다.
2. 화자가 처한 상황을 알아낸다.
3. 상황에 따른 심정을 알아낸다.
4. 내용 단락을 나눈다.
5. 줄거리를 그림으로 그린다.

1. 작가와 제목을 본다.

| 작가 |

사람들의 성격이나 개성은 쉽게 바뀌지 않는다. 친구들을 떠올려 봐도 장난기 많은 친구가 있는가 하면 매사에 진지한 친구도 있을 텐데, 어떤 상황에서 그 친구가 어떤 행동을 할지 예측이 되듯이 현대시도 마찬가지이다. 그렇기 때문에 작가를 알면 어떤 흐름의

시일지는 좀 더 쉽게 알 수 있다. 따라서 시 문제를 풀 때에는 작가가 누구인지를 꼭 먼저 봐야 한다.

| 제목 |

　제목은 중요한 소재이거나 주제를 압축적으로 나타내는 것이므로, 제목을 보면 시의 내용이나 흐름을 짐작할 수 있다. '기억의 자리', '흙 한 줌 이슬 한 방울', '자화상', '님의 침묵', '생명의 서' 등등의 제목만 봐도 시의 흐름이 무엇일지는 대충 짐작하게 된다.

2. 화자가 처한 상황을 알아낸다.

　학생들이 어려워하는 영역이 현대시이다. 학교에서 배운 시가 나오면 선생님이 밑줄 긋고 필기하라고 알려 준 내용을 열심히 공부했기 때문에 잘 풀 수 있는데, 그렇지 않은 시가 나오면 제대로 해석하기 어렵다.

　시에서 가장 중요한 것은 화자가 처한 상황과 그때의 심정이다. 화자가 누구인지는 쉽게 알 수 있는데, 화자가 어떤 상황에 놓여 있는지와 심정을 알아낸다는 것은 어려운 일이다. 하지만 시를 짧은 이야기라고 생각하면 쉽게 찾을 수 있다.

• 화자(話者) : 시 속에서 말하는 사람
• 화자가 처한 상황 : 시 속에서 어떤 상황에 놓여 있나?

　예를 들어 화자가 고향을 떠나려는 상황인지, 고향을 떠난 상황인지, 고향을 떠났다가 다시 돌아가려는 상황인지를 알아야 한다.

| 화자가 처한 상황을 알아내는 법 |

　서술어가 포함된 시행에 밑줄을 긋는다.

　우리말에서 가장 중요한 부분이 서술어이다. 예를 들어 '먹자'라는 서술어만 보더라도 '밥을 먹으려는 상황'이라는 것을 충분히 알 수 있다.

3. 상황에 따른 심정을 알아낸다.

• 화자의 심정 : 화자는 자신이 처한 상황에서 어떤 심리 상태인가?

　예를 들어 고향을 떠나려니 아쉬운지, 살기 힘든 고향을 떠나려니 후련한지, 고향을 떠나 새로 갈 곳에 대한 두려움을 느끼는 것인지 알아야 한다.

감정을 나타내는 단어에는 무조건 밑줄을 긋는다.

시인이 아무리 함축적이고 상징적인 시어로 알기 어려운 시를 쓴다고 하더라도 감정을 드러내는 단어는 나타나게 마련이다. 조금만 신경 써서 보면 화자의 마음 상태를 알 수 있는 단어들을 몇 개씩 찾을 수 있다.

4. 내용 단락을 나눈다.

비문학은 단락 구분이 되어 있지만 시는 그렇지 않다. 물론 연 구분이 되어 있기는 하지만, 수능에서 현대시 문제를 풀 때 연 구분보다 더 중요한 것이 내용 단락을 나누는 것이다.

내용 단락을 나누는 방법은

- 상황이 변할 때
- 어조가 변할 때
- 시간이나 공간이 변할 때

// 표시를 해 주면 된다. 마치 비문학에서 한 단락씩 글자가 안으로 들어가 있어서 알아보기 쉽듯이 // 표시를 해 두면 시 내용의 흐름을 보다 쉽게 알아볼 수 있다.

5. 줄거리를 그림으로 그린다.

현대시는 소설처럼 장문(長文)이 아니고 생략된 부분이 많아 어렵게 느껴지기 쉽지만, 줄거리를 그림으로 그려 보면 내용을 쉽게 파악할 수 있다.

〈오미쌤과 맞춰 보기〉

(가) 아무도 찾지 않으려네
내 살던 집 툇마루에 앉으면
벽에는 아직도 쥐오줌 얼룩져 있으리
담 너머로 늙은 수유나뭇잎 날리거든
두레박으로 우물물 한 모금 떠 마시고
가윗소리 요란한 엿장수 되어
고추잠자리 새빨간 노을길 서성이려네

감석 깔린 장길은 피하려네

내 좋아하던 고무신집 딸아이가

수틀 끼고 앉았던 가겟방도 피하려네

두엄더미 수북한 쇠전마당을

금줄기 찾는 허망한 금전꾼 되어

초저녁 하얀 달 보며 거닐려네

장국밥으로 깊은 허기 채우고

읍내로 가는 버스에 오르려네

// 쫓기듯 도망치듯 살아온 이에게만

삶은 때로 애닲기도 하리

긴 능선 검은 하늘에 박힌 별 보며

길 잘못 든 나그네 되어 떠나려네

서술어가 포함된 시행과 감정을 나타내는 단어에 밑줄을 긋고 보면 이 시의 화자가 처한 상황과 심정이 짐작될 것이다.

- **작가와 제목** : 신경림, 「고향길」
- **상황** : 소중한 추억이 깃든 고향을 떠나야 한다.
- **심정** : 허망하다, 애달프다.
- **내용 단락 구분** : 아무도 찾지 않고 노을길 서성이다가 버스에 오르겠다고 한다. // 그러다가 자신이 살아온 삶이 애달프다고 생각하며 나그네 되어 떠나려 한다.

  − 이 시의 주제는 '고향을 떠나야만 하는 삶의 비애' 이다.

- **그림으로 그린 줄거리**

(나)   눈을 가만 감으면 굽이 잦은 풀밭 길이
　　　개울물 돌돌돌 길섶으로 흘러가고
　　　백양 숲 사립을 가린 초집들도 보이구요

　　　송아지 몰고 오며 바라보던 진달래도
　　　저녁 노을처럼 산을 둘러 퍼질 것을
　　　어마씨 그리운 솜씨에 향그러운 꽃지짐

　　　어질고 고운 그들 멧남새도 캐어 오리
　　　집집 끼니마다 봄을 씹고 사는 마을
　　　// 감았던 그 눈을 뜨면 마음 도로 애젓하오

• **작가와 제목** : 김상옥, 「사향(思鄕)」
• **상황** : 눈을 감고 고향을 생각하다가 다시 눈을 뜬다.
• **심정** : 애틋하다.

• **내용 단락 구분** : 눈을 감고 따뜻했던 고향을 추억한 뒤 // 눈을 뜨니 애젓한 마음이 든다.
  – 이 시의 주제는 '봄날의 고향에 대한 그리움' 이다.

• **그림으로 그린 줄거리**

(다)　진주 장터 생어물전에는
　　　바다 밑이 깔리는 해 다 진 어스름을,

　　　울엄매의 장사 끝에 남은 고기 몇 마리의
　　　빛 발(發)하는 눈깔들이 속절없이
　　　은전(銀錢)만큼 손 안 닿는 한(恨)이던가.
　　　울엄매야 울엄매,

　　　// 별밭은 또 그리 멀리

<u>우리 오누이의</u> 머리 맞댄 골방 안 되어
손시리게 떨던가 <u>손시리게 떨던가.</u>

<u>// 진주 남강 맑다 해도</u>
오명 가명
신새벽이나 밤빛에 보는 것을,
<u>울엄매의 마음은 어떠했을꼬.</u>
달빛 받은 옹기전의 옹기들같이
<u>말없이 글썽이고 반짝이던 것인가.</u>

- **작가와 제목** : 박재삼, 「추억에서」
- **상황** : 가난했던 어린 시절의 어머니를 떠올린다.
- **심정** : 어머니의 고생과 한(恨)스러운 삶에 대한 안타까움과 어머니에 대한 그리움
- **내용 단락 구분** : 생선 팔던 어머니의 한스러운 삶을 생각하고 // 오누이의 손이 시리게 떨던 모습 떠올리며 // 어머니의 눈물짓는 모습을 떠올린다.
  – 이 시의 주제는 '가난했던 시절 어머니의 한스러웠던 삶을 회상하며 어머니를 그리워함' 이다.
- **그림으로 그린 줄거리**

현대시 문제 정확히 푸는 방법

1. 문제 선지의 핵심어에 밑줄 긋기 – 언어 영역의 답은 문장이 아니라 핵심 단어에 있다.
2. (가)~(다) 작품의 공통점 찾기 – 공통점을 찾지 말고 공통적이지 않은 것을 지우면 답이 남는다.
3. 시어의 의미 파악하기 – 반드시 앞뒤 행에 밑줄을 긋고 본다.
4. 화자의 정서, 어조 파악하기 – 서술어에 밑줄, 감정을 나타내는 형용사에 밑줄을 긋고 본다.
5. 표현 기법 파악하기 – 표현 기법 문제에는 유행이 있다.
6. 〈보기〉를 참고하여 작품 내용 이해하기 – 시의 줄거리가 정리되면 〈보기〉는 보지 않는 것이 좋다.

1. 문제 선지의 핵심어에 밑줄 긋기

언어 영역의 답은 문장이 아니라 핵심 단어에 있다. 문제의 선지를 보면 반드시 출제자가 가장 중요하게 생각하는 단어가 있는데, 그 단어를 찾는 것이 가장 중요하다. 이는 조금만 주의를 기울이면 누구나 알아낼 수 있다. 하지만 언어 영역을 어려워하는 학생들 중에 많은 학생이 선지 어디에 초점을 맞춰서 답을 찾아야 할지 모른다.

그러나 이제부터 핵심 단어 찾기를 몇 번만 연습해 보면 자기도 모르게 입에서 웃음이 나올 것이다. '언어, 별거 아니네!'

즉, 선지를 다 읽고 답을 맞히려고 하지 말고, 선지에서 가장 핵심이 되는 단어를 찾으면 된다.

다음 선지의 핵심어에 밑줄을 그어 보자.

[2011학년도 수능 대비 6월 모의고사 39번 문제]
① 대상을 비판하고자 하는 의도가 담겨 있다.

② 과거 사실에 대한 반성적 성찰이 드러나 있다.

③ 고사(故事)를 활용하여 풍자의 효과를 높이고 있다.

④ 부정적인 상황을 극복하고자 하는 의지가 드러나 있다.

⑤ 특정 장면에 초점을 맞추어 대상을 해학적으로 묘사하고 있다.

[2011학년도 수능 대비 6월 모의고사 42번 문제]

① '고공'이 반목과 질시를 일삼는 것으로 보아 조정에는 불화가 있었군.

② '나'가 '고공'의 능력을 인정하지 않는 것으로 보아 관료 사회에는 불신이 팽배했군.

③ '나'는 외적에 대한 경계심을 갖고 있는 것으로 보아 외적의 재침략을 걱정하고 있군.

④ '나'가 집안의 일을 염려하는 것으로 보아 '나'는 성공적인 국가 재건을 바라는 인물
이군.

⑤ '고공'이 '옷 밥'만 탐했다는 것으로 보아 관료들은 본분을 잊어버리고 사욕만을 채
우고자 하였군.

〈오미쌤과 맞춰 보기〉

① 대상을 <u>비판</u>하고자 하는 의도가 담겨 있다.

② <u>과거</u> 사실에 대한 <u>반성적</u> 성찰이 드러나 있다.

③ <u>고사</u>(故事)를 활용하여 풍자의 효과를 높이고 있다.

④ <u>부정적인</u> 상황을 <u>극복</u>하고자 하는 의지가 드러나 있다.

⑤ <u>특정 장면</u>에 초점을 맞추어 대상을 <u>해학적</u>으로 묘사하고 있다.

① '고공'이 <u>반목과</u> 질시를 일삼는 것으로 보아 <u>조정에는</u> 불화가 있었군.

② '나'가 '고공'의 <u>능력</u>을 인정하지 <u>않는</u> 것으로 보아 <u>관료</u> 사회에는 <u>불신</u>이 팽배했군.

③ '나'는 <u>외적</u>에 대한 경계심을 갖고 있는 것으로 보아 외적의 <u>재침략</u>을 걱정하고 있군.

④ '나'가 <u>집안의 일</u>을 염려하는 것으로 보아 '나'는 <u>성공적인</u> 국가 재건을 바라는 인물
이군.

⑤ '고공'이 '옷 밥'만 <u>탐했다는</u> 것으로 보아 관료들은 본분을 잊어버리고 <u>사욕만을</u> 채
<u>우고자</u> 하였군.

2. (가)~(다) 작품의 공통점 찾기

공통점을 찾지 말고 공통적이지 않은 것을 찾아서 지우면 나머지가 답이다. 즉, 제거법으로 답을 찾는다.

많은 학생이 공통점 찾기 유형 문제를 어려워한다. 다른 문제는 다 맞는데 공통점 찾기 문제만 틀린다고 한다. 이 학생들에게 나는 '절대 걱정하지 말라'고 말해 주고 싶다. 공통점 찾기 문제는 푸는 방법을 몰라서 틀리는 것이다.

친구 A와 친구 B가 있다고 치자. 두 친구의 공통점을 찾으라고 하면 '성격', '외모', '학교', '좋아하는 색' 등으로 공통점의 기준은 무척 많다.

시도 마찬가지이다. 시를 읽으면서 (가), (나), (다)의 공통점을 찾다 보면 학생들이 생각하는 기준과 문제 출제자가 생각하는 기준이 다른 경우가 아주 많다. 학생들은 '주제'를 공통점으로 생각하고 선지를 고르는데, 출제자는 '화자의 태도'를 문제로 낼 수 있기 때문이다.

따라서 시를 읽으면서 공통점을 찾으려 하지 말고, 선지를 보면서 하나씩 지워 나가면 된다. 선지를 지울 때에는 가장 자신 있는 작품 먼저 지우면 된다. 예를 들어 (가) 작품에 자신이 있으면 (가) 작품에 해당하는 선지를 골라 먼저 지운다.

3. 시어의 의미 파악하기

반드시 앞뒤 행에 밑줄을 긋고 본다.

4. 화자의 정서, 어조 파악하기

서술어에 밑줄, 감정을 나타내는 형용사에 밑줄을 긋고 본다.

5. 표현 기법 파악하기

표현 기법 문제에는 유행이 있다. 6차 수능 초기에는 감정 이입이나 공감각적 심상을 주로 다루다가 점차 반어와 역설 구분하기, 객관적 상관물 찾기를 다루었고, 최근에는 추상적 개념의 시각적 형상화라는 표현 기법에 주목하고 있다.

6. 〈보기〉를 참고하여 작품 내용 이해하기

시의 줄거리가 정리되면 〈보기〉는 보지 않는 것이 좋다.

[2011학년도 대학수학능력시험]

[13~16] 다음 글을 읽고 물음에 답하시오.

(가)   자화상(自畵像)

윤동주

산모퉁이를 돌아 논가 외딴 우물을 홀로
찾아가선 가만히 들여다봅니다.

우물 속에는 달이 밝고 구름이 흐르고
하늘이 펼치고 파아란 바람이 불고 가을이 있습니다.

그리고 한 사나이가 있습니다.
어쩐지 그 사나이가 미워져 돌아갑니다.

돌아가다 생각하니 그 사나이가 가엾어집니다. 도로 가 들여다보니 사나이는 그
대로 있습니다.
다시 그 사나이가 미워져 돌아갑니다.
돌아가다 생각하니 그 사나이가 그리워집니다.

우물 속에는 달이 밝고 구름이 흐르고 하늘이 펼치고 파아란 바람이 불고 가을
이 있고 추억처럼 사나이가 있습니다.

(나)   선제리 아낙네들

고은

먹밤중 한밤중 새터 중뜸 개들이 시끌짝하게 짖어댄다
이 개 짖으니 저 개도 짖어

들 건너 갈메 개까지 덩달아 짖어댄다
이런 개 짖는 소리 사이로
언뜻언뜻 까 여 다 여 따위 말끝이 들린다
밤 기러기 드높게 날며
추운 땅으로 떨어뜨리는 소리하고 남이 아니다
앞서거니 뒤서거니 의좋은 그 소리하고 남이 아니다 ──┐
콩밭 김칫거리
아쉬울 때 마늘 한 접 이고 가서
군산 묵은장 가서 팔고 오는 선제리 아낙네들
팔다 못해 파장떨이로 넘기고 오는 아낙네들
㉠시오릿길 한밤중이니
십릿길 더 가야지
빈 광주리야 가볍지만
빈 배 요기도 못하고 오죽이나 가벼울까
그래도 이 고생 혼자 하는 게 아니라
못난 백성
못난 아낙네 끼리끼리 나누는 고생이라
얼마나 ㉡의좋은 한세상이더냐
그들의 말소리에 익숙한지
어느새 개 짖는 소리 뜸해지고
밤은 내가 밤이다 하고 말하려는 듯 어둠이 눈을 멀뚱거린다

[A]

(다)   그 나무

         김명인

한 해의 꽃잎을 며칠 만에 활짝 피웠다 지운 ──┐
벚꽃 가로 따라가다가
미처 제 꽃 한 송이도 펼쳐 들지 못하고 멈칫거리는
늦된 그 나무 발견했지요.
들킨 게 부끄러운지, 그 나무
시멘트 개울 한 구석으로 비틀린 뿌리 감춰놓고
앞줄 아름드리 그늘 속에 반쯤 숨어 있었지요. ──┘

[B]

봄은 그 나무에게만 더디고 더뎌서

꽃철 이미 지난 줄도 모르는지,

그래도 여느 꽃나무와 다름없이

가지 가득 매달고 있는 멍울 어딘가 안쓰러웠지요.

늦된 나무가 비로소 밝혀드는 ㉢꽃불 성화,

환하게 타오를 것이므로 나도 이미 길이 끝난 줄

까마득하게 잊어버리고 한참이나 거기 멈춰 서 있었지요.

산에서 내려 두 달거리나 제자릴 찾지 못해

헤매고 다녔던 저 ㉣난만한 봄길 어디,

늦깎이 깨달음 함께 얻으려고 한나절

나도 병든 그 나무 곁에서 서성거렸지요.

이 봄 가기 전 저 나무도 푸릇한 잎새 매달까요?

무거운 청록으로 여름도 지치고 말면

불타는 소신공양 틈새 ㉤가난한 소지(燒紙)*,

저 나무도 가지가지마다 지펴 올릴 수 있을까요?

* 소지 : 부정을 없애고 신에게 소원을 빌기 위하여 태워서 공중에 올리는 종이.

13. (가)~(다)의 공통점으로 가장 적절한 것은?

① 대상의 현재 상황에 대한 화자의 비판적 태도가 드러난다.

② 대상의 미래에 대한 화자의 낙관적 전망이 드러난다.

③ 대상과 일체가 되려는 화자의 의지가 드러난다.

④ 대상을 딱하게 여기는 화자의 마음이 드러난다.

⑤ 대상에 대한 화자의 대결 의식이 드러난다.

14. 〈보기〉를 참고하여 (가)를 이해한 내용으로 적절하지 <u>않은</u> 것은? [3점]

〈 보기 〉

　「자화상(自畫像)」은 1941년 『문우(文友)』에는 '우물 속의 자상화(自像畫)'라는 제목으로 게재되었다. 이 제목에서는 '우물'과 '그림'이 부각되어 있다. 상징적 관점에서 볼 때, 우물은 자신의 모습을 투영해 볼 수 있는 사물이고, 하늘을 향해 있는 동굴이며, 그 동굴의 원형인 모태(母胎)를 떠올리게 하는 공간이다. 이 점에서 보면, 이 시에서 우물 속의 자상화는 자신의 존재에 대한 화자의 인식과 태도를 다층적으로 담아내고 있는 그림이다.

① 제1연에서 '외딴', '홀로', '가만히', '들여다봅니다' 등으로 보아, '우물'은 화자의 모습을 투영해 볼 수 있는 내밀한 공간이겠군.

② 제2연에서 '우물 속'에 들어 있는 자연은 하늘을 향해 있는 우물 속의 그림이므로, 화자가 지향해 온 바를 담고 있겠군.

③ 제3연~제5연에서 '한 사나이'에 대한 화자의 반응들로 보아, 화자는 자신을 성찰하는 자세를 지니고 있겠군.

④ 제6연에서 자연과 '사나이'가 함께 나타나는 것은, 우물 속의 자상화를 들여다보는 화자가 존재 탐구를 끝냈음을 의미하겠군.

⑤ 제6연에서 '추억처럼'에는 고향과 같은 모태적 공간을 통해서 자신을 바라보려는 화자의 태도가 내포되어 있겠군.

15. [A]와 [B]를 비교한 내용으로 가장 적절한 것은?

① [A]는 [B]와 달리 대조를 통해 주제 의식을 강조한다.

② [A]는 [B]와 달리 유사한 구절을 병치하여 운율감을 조성한다.

③ [B]는 [A]와 달리 공감각적 심상을 통해 입체감을 부여한다.

④ [B]는 [A]와 달리 현재 시제를 사용하여 현장감을 부각한다.

⑤ [B]는 [A]와 달리 의성어를 통해 구체적인 생동감을 부여한다.

16. ㉠~㉤에 대한 설명으로 적절하지 <u>않은</u> 것은?

① ㉠ : '군산 묵은장'과 '선제리' 사이의 거리로, '한밤중', '십릿길'과 더불어 '아낙네들'이 처한 상황을 구체적으로 나타낸다.

② ㉡ : '끼리끼리'와 상관되는 것으로, 공동체적 삶에 공감하는 화자의 태도가 내포되어 있다.

③ ㉢ : '늦된 나무'가 피워 낼 '꽃'을 성스러운 불에 비유한 것으로, '늦된 나무'에 대한 화자의 기대가 내포되어 있다.

④ ㉣ : '벚꽃'이 흐드러지게 피어 있는 '봄길'로, 일탈적 삶에 대한 화자의 갈망이 간절한 것이었음을 나타낸다.

⑤ ㉤ : 가을의 나뭇잎을 '깨달음'과 관련하여 표현한 것으로, '불타는 소신공양'과 대비

되어 화자의 겸손한 태도를 드러낸다.

> • 지문 독해에 걸린 시간 :   분   초
> • 문제까지 다 푸는 데 걸린 시간 :   분   초

〈오미쌤과 맞춰 보기〉

> (가)   산모퉁이를 돌아 논가 외딴 우물을 홀로
>   찾아가선 가만히 들여다봅니다.
>
>   우물 속에는 달이 밝고 구름이 흐르고
>   하늘이 펼치고 파아란 바람이 불고 가을이 있습니다.
>
>   그리고 한 사나이가 있습니다.
>   어쩐지 그 사나이가 미워져 돌아갑니다.
>
>   돌아가다 생각하니 그 사나이가 가엾어집니다. 도로 가 들여다보니 사나이는 그
> 대로 있습니다.
>
>   다시 그 사나이가 미워져 돌아갑니다.
>   돌아가다 생각하니 그 사나이가 그리워집니다.
>
>   //우물 속에는 달이 밝고 구름이 흐르고 하늘이 펼치고 파아란 바람이 불고 가
> 을이 있고 추억처럼 사나이가 있습니다.

• **작가와 제목** : 윤동주, 「자화상(自畵像)」
• **상황** : 외딴 우물을 들여다보고, 돌아갔다가, 다시 우물 속을 본다.
• **심정** : 우물 속 사나이가 밉고, 가엾고, 그립기도 하다. 우물 속은 밝고, 아름다운 추억
          처럼 긍정적인 자신을 떠올리게 한다.
• **내용 단락 구분** : 우물 속의 자신에게 연민과 애증을 느끼다가 // 우물 속의 밝은 풍경
          에 어울리는 아름다운 추억 같은 존재가 되겠다는 생각을 갖게 된다.
            – 이 시의 주제는 '자아 성찰과 자신에 대한 애증', 또는 '자아 성찰

을 통한 이상적 세계의 동경' 이다.

- **그림으로 그린 줄거리**

(나)   먹밤중 한밤중 새터 중뜸 개들이 시끌짝하게 짖어댄다
　　　이 개 짖으니 저 개도 짖어
　　　들 건너 갈메 개까지 덩달아 짖어댄다
　　　이런 개 짖는 소리 사이로
　　　언뜻언뜻 까 여 다 여 따위 말끝이 들린다
　　　밤 기러기 드높게 날며
　　　추운 땅으로 떨어뜨리는 소리하고 남이 아니다
　　　앞서거니 뒤서거니 의좋은 그 소리하고 남이 아니다
　　　//콩밭 김칫거리

아쉬울 때 마늘 한 접 이고 가서

군산 묵은장 가서 팔고 오는 선제리 아낙네들

<u>팔다 못해 파장떨이로 넘기고 오는 아낙네들</u>

<u>시오릿길</u> 한밤중이니

십릿길 더 가야지

빈 광주리야 가볍지만

<u>빈 배 요기도 못하고 오죽이나 가벼울까</u>

//그래도 이 고생 혼자 하는 게 아니라

못난 백성

<u>못난 아낙네 끼리끼리 나누는 고생이라</u>

<u>얼마나 의좋은 한세상이더냐</u>

//그들의 말소리에 익숙한지

어느새 개 짖는 소리 뜸해지고

밤은 내가 밤이다 하고 말하려는 듯 어둠이 눈을 멀뚱거린다

- **작가와 제목** : 고은, 「선제리 아낙네들」
- **상황** : 선제리 아낙네들이 장에 가서 물건 팔고 돌아오는 길이다.
- **심정** : 고생도 나눈다. 의좋다.
- **내용 단락 구분** : 밤길 아낙네들이 장에 갔다가 돌아오고 개가 짖는다. // 물건을 떨이로 팔고 와서 배가 가볍고 // 그래도 나누는 고생이라 의좋다고 생각한다. // 밤 역시 순박하게 눈을 멀뚱거린다.
  - 이 시의 주제는 '고단하면서도 정겹게 살아가는 민중의 삶'이다.
- **그림으로 그린 줄거리**

(다)　한 해의 꽃잎을 며칠 만에 활짝 피웠다 지운

　　　벚꽃 가로 따라가다가

　　　미처 제 꽃 한 송이도 펼쳐 들지 못하고 멈칫거리는

　　　늦된 그 나무 발견했지요.

　　　들킨 게 부끄러운지, 그 나무

　　　시멘트 개울 한 구석으로 비틀린 뿌리 감춰놓고

　　　앞줄 아름드리 그늘 속에 반쯤 숨어 있었지요.

　　　//봄은 그 나무에게만 더디고 더뎌서

　　　꽃철 이미 지난 줄도 모르는지,

　　　그래도 여느 꽃나무와 다름없이

　　　가지 가득 매달고 있는 멍울 어딘가 안쓰러웠지요.

　　　//늦된 나무가 비로소 밝혀드는 꽃불 성화,

환하게 타오를 것이므로 나도 이미 길이 끝난 줄
까마득하게 잊어버리고 한참이나 거기 멈춰 서 있었지요.
산에서 내려 두 달거리나 제자릴 찾지 못해
헤매고 다녔던 저 난만한 봄길 어디,
늦깎이 깨달음 함께 얻으려고 한나절
나도 병든 그 나무 곁에서 서성거렸지요.
//이 봄 가기 전 저 나무도 푸릇한 잎새 매달까요?
무거운 청록으로 여름도 지치고 말면
불타는 소신공양 틈새 가난한 소지(燒紙)*,
저 나무도 가지가지마다 지펴 올릴 수 있을까요?

* 소지 : 부정을 없애고 신에게 소원을 빌기 위하여 태워서 공중에 올리는 종이.

- **작가와 제목** : 김명인, 「그 나무」
- **상황** : 활짝 핀 벚꽃들 사이로 늦된 나무를 발견하고는 깨달음을 얻으려 한다.
- **심정** : 안쓰러워 서성거린다. 푸른 잎새를 매달기를 기대한다.
- **내용 단락 구분** : 벚꽃들 사이에서 늦된 나무를 발견하고 // 꽃망울을 매달고 있는 것을 안쓰럽게 보며 // 환하게 타오를 것을 믿고 서성인다. // 그리고 푸른 잎을 매달기를 기대한다.
  - 이 시의 주제는 '늦된 나무에서 느끼는 연민과 기대감' 이다.
- **그림으로 그린 줄거리**

작품 내용이 이해되었으면 문제 푸는 방법을 적용해서 다시 한 번 풀어 보자.

13. (가)~(다)의 공통점으로 가장 적절한 것은?

① 대상의 현재 상황에 대한 화자의 비판적 태도가 드러난다. ➡ (나)×, (다)×

② 대상의 미래에 대한 화자의 낙관적 전망이 드러난다. ➡ (가)×, (나)×, (다)×

③ 대상과 일체가 되려는 화자의 의지가 드러난다. ➡ (가)×, (나)×, (다)×

④ 대상을 딱하게 여기는 화자의 마음이 드러난다.

⑤ 대상에 대한 화자의 대결 의식이 드러난다. ➡ (가)×, (나)×, (다)×

14. 〈보기〉를 참고하여 (가)를 이해한 내용으로 적절하지 <u>않은</u> 것은? [3점]

> ─〈 보기 〉─
>
> 「자화상(自畵像)」은 1941년 『문우(文友)』에는 '우물 속의 자상화(自像畵)'라는 제목으

로 게재되었다. 이 제목에서는 '우물'과 '그림'이 부각되어 있다. 상징적 관점에서 볼 때, 우물은 자신의 모습을 투영해 볼 수 있는 사물이고, 하늘을 향해 있는 동굴이며, 그 동굴의 원형인 모태(母胎)를 떠올리게 하는 공간이다. 이 점에서 보면, 이 시에서 우물 속의 자상화는 자신의 존재에 대한 화자의 인식과 태도를 다층적으로 담아내고 있는 그림이다.

① 제1연에서 '외딴', '홀로', '가만히', '들여다봅니다' 등으로 보아, '우물'은 화자의 모습을 투영해 볼 수 있는 내밀한 공간이겠군.
② 제2연에서 '우물 속'에 들어 있는 자연은 하늘을 향해 있는 우물 속의 그림이므로, 화자가 지향해 온 바를 담고 있겠군.
③ 제3연~제5연에서 '한 사나이'에 대한 화자의 반응들로 보아, 화자는 자신을 성찰하는 자세를 지니고 있겠군.
④ 제6연에서 자연과 '사나이'가 함께 나타나는 것은, 우물 속의 자상화를 들여다보는 화자가 존재 탐구를 끝냈음을 의미하겠군. ➡ 존재 탐구를 끝낸 것이 아니라, 추억 속의 모습처럼 살기를 바라는 마음을 의미한다.
⑤ 제6연에서 '추억처럼'에는 고향과 같은 모태적 공간을 통해서 자신을 바라보려는 화자의 태도가 내포되어 있겠군.

15. [A]와 [B]를 비교한 내용으로 가장 적절한 것은?

① [A]는 [B]와 달리 대조를 통해 주제 의식을 강조한다. ➡ [A]×, [B]○
② [A]는 [B]와 달리 유사한 구절을 병치하여 운율감을 조성한다.
③ [B]는 [A]와 달리 공감각적 심상을 통해 입체감을 부여한다. ➡ [A]○, [B]×
④ [B]는 [A]와 달리 현재 시제를 사용하여 현장감을 부각한다. ➡ [A]○, [B]×
⑤ [B]는 [A]와 달리 의성어를 통해 구체적인 생동감을 부여한다. ➡ [A]×, [B]×

16. ㉠~㉤에 대한 설명으로 적절하지 <u>않은</u> 것은?

① ㉠ : '군산 묵은장'과 '선제리' 사이의 거리로, '한밤중', '십릿길'과 더불어 '아낙네들'이 처한 상황을 구체적으로 나타낸다.
② ㉡ : '끼리끼리'와 상관되는 것으로, 공동체적 삶에 공감하는 화자의 태도가 내포되어 있다.

③ ⓒ : '늦된 나무'가 피워 낼 '꽃'을 성스러운 불에 비유한 것으로, '늦된 나무'에 대한 화자의 기대가 내포되어 있다.

④ ⓔ : '벚꽃'이 흐드러지게 피어 있는 '봄길'로, 일탈적 삶에 대한 화자의 갈망이 간절한 것이었음을 나타낸다. ➡ 일탈적 공간이 아니라 깨달음을 얻으려는 공간이다.

⑤ ⓜ : 가을의 나뭇잎을 '깨달음'과 관련하여 표현한 것으로, '불타는 소신공양'과 대비되어 화자의 겸손한 태도를 드러낸다.

정답 13. ④ 14. ④ 15. ② 16. ④

[2012학년도 대학수학능력시험]

[31~36] 다음 글을 읽고 물음에 답하시오.

(가)

차례를 지내고 돌아온
구두 밑바닥에
고향의 저문 강물 소리가 묻어 있다
겨울 **보리** 파랗게 꽂힌 강둑에서
살얼음만 몇 발자국 밟고 왔는데
쑥골 상엿집 흰 눈 속을 넘을 때도
골목 앞 보세점 흐린 불빛 아래서도
찰랑찰랑 강물 소리가 들린다.
내 귀는 얼어
한 소절도 듣지 못한 강물 소리를
구두 혼자 어떻게 듣고 왔을까
구두는 지금 황혼
뒤축의 **꿈**이 몇 번 수습되고
지난 가을 터진 가슴의 어둠 새로
누군가의 살아 있는 오늘의 부끄러운 촉수가
싸리 유채 꽃잎처럼 꿈틀댄다

고향 텃밭의 허름한 꽃과 어둠과
구두는 초면 나는 구면
건성으로 겨울을 보내고 돌아온 내게
고향은 꽃잎 하나 바람 한 점 꾸려 주지 않고
영하 속을 흔들리며 떠나는 내 낡은 구두가
저문 고향의 **강물 소리**를 들려준다.
출렁출렁 아니 덜그럭덜그럭.

- 곽재구, 「구두 한 켤레의 시」 -

(나)

<1>

산 너머 남촌에는 누가 살길래
해마다 봄바람이 남으로 오네

꽃 피는 사월이면 진달래 향기
밀 익는 오월이면 **보리** 내음새

어느 것 한 가진들 실어 안 오리
남촌서 **남풍** 불 제 나는 좋데나

<2>

산 너머 남촌에는 누가 살길래
저 하늘 저 빛깔이 저리 고울까

금잔디 너른 벌엔 호랑나비 떼
버들밭 실개천엔 종달새 노래

어느 것 한 가진들 들려 안 오리
남촌서 남풍 불 제 나는 좋데나

<3>

산 너머 남촌에는 배나무 있고
배나무꽃 아래엔 누가 섰다기,

그리운 생각에 영(嶺)*에 오르니
구름에 가리어 아니 보이나

끊었다 이어 오는 가는 **노래**
바람을 타고서 고이 들리데

– 김동환, 「산 너머 남촌에는」 –

* 영 : 고개.

(다)

앉은 곳에 ㉠<u>해</u>가 지고 누운 자리 밤을 새워
잠든 밧긔 한숨이오 한숨 끝에 눈물일세
밤밤마다 꿈에 뵈니 **꿈**을 둘너 상시(常時)과저*
학발자안(鶴髮慈顔)* 못 뵈거든 안족서신(雁足書信)* 잦아짐에
기다린들 기별 올까 오노라면 ㉡<u>달</u>이 넘네
못 본 제는 기다리나 보게 되면 시원할까
노친(老親) 소식 나 모를 제 내 소식 노친 알까
㉢<u>산과 강물 막힌 길</u>에 일반고사(一般苦思)* 뉘 헤올고
묻노라 밝은 달아 두 곳에 비추는가
따르고저 뜨는 **구름** 남천(南天)으로 닫는구나
흐르는 ㉣<u>내</u>가 되어 집 앞에 두르고저
나는 듯 ㉤<u>새</u>나 되어 창가에 가 노닐고저
내 마음 헤아리려 하니 노친 정사(情思) 일러 무삼
여의(如意) 잃은 용이오 키 없는 배 아닌가
추풍의 낙엽같이 어드메 가 머무를꼬

– 이광명, 「북찬가(北竄歌)」 –

* 꿈을 둘너 상시과저 : 꿈을 가져다 현실로 삼고 싶구나.

* 학발자안 : 머리가 하얗게 센 자애로운 얼굴. 어머니를 가리킴.

* 안족서신 : 기러기 발목에 매달아 보낸 편지.

* 일반고사 : 괴롭거나 고통스러운 모든 생각.

31. (가)~(다)의 공통점으로 가장 적절한 것은?

① 자연물을 통해 현실의 부정적 측면을 부각하고 있다.
② 대조적 소재의 열거를 통해 시적 긴장감을 높이고 있다.
③ 과거와 현재의 대비를 통해 그리움의 정서를 표현하고 있다.
④ 일상생활의 관찰을 통해 사물에서 삶의 교훈을 얻어 내고 있다.
⑤ 친숙한 사물을 통해 화자의 마음이 향하는 공간을 환기하고 있다.

32. (가)~(다)의 시어를 비교하여 이해한 내용으로 가장 적절한 것은?

① (가)의 '보리'와 (나)의 '보리'는 두 작품의 계절적 배경이 동일함을 알려 준다.
② (가)의 '꿈'과 (다)의 '꿈'은 출세하고자 하는 화자의 의지를 표현한다.
③ (가)의 '강물 소리'와 (나)의 '노래'는 대상에 대한 화자의 긍정적 태도를 드러낸다.
④ (나)의 '남풍'과 (다)의 '추풍'은 화자가 동경하는 세계와 화자를 매개한다.
⑤ (나)의 '구름'과 (다)의 '구름'은 자유로운 소통의 가능성을 차단한다.

33. (가)와 (나)의 표현상 특징에 대한 설명으로 적절하지 <u>않은</u> 것은?

① (가), (나) 모두 감각적 이미지를 빈번히 사용하여 시상을 전개하고 있다.
② (가)는 (나)와 달리 의성어의 변화로 화자의 심리를 표현하고 있다.
③ (가)는 (나)와 달리 연을 구분하지 않고 성찰적 어조를 드러내고 있다.
④ (나)는 (가)와 달리 새로운 소재가 추가될 때마다 어조에 변화를 주고 있다.
⑤ (나)는 (가)에 비해 대구와 부드러운 어감의 표현을 효과적으로 사용하고 있다.

35. (나)의 구조에 대한 설명으로 적절하지 <u>않은</u> 것은?

① <1>,<2>,<3> 모두 세 연씩으로, 각 연은 두 행씩으로 구성되어 형식적 통일성을 갖추
  고 있다.

② '산 너머 남촌에는'이 <1>, <2>, <3>의 1연마다 반복되어 시 전체의 유기적 연관성을 강화하고 있다.

③ <1>, <2>, <3>의 각 3연이 동일한 형태로 반복되어 후렴구로 기능하고 있다.

④ 시어와 표현 면에서 <1>과 <2>는 유사성이 크지만, <3>은 상대적으로 차이를 보인다.

⑤ <1>의 2연은 문장 구조가 같은 두 행이 짝을 이루고 있는데, 이는 <2>의 2연도 마찬가지이다.

- 지문 독해에 걸린 시간 :　　분　　초
- 문제까지 다 푸는 데 걸린 시간 :　　분　　초

〈오미쌤과 맞춰 보기〉

(가)

차례를 지내고 돌아온

구두 밑바닥에

고향의 저문 강물 소리가 묻어 있다

//겨울 보리 파랗게 꽂힌 강둑에서

살얼음만 몇 발자국 밟고 왔는데

쑥골 상엿집 흰 눈 속을 넘을 때도

골목 앞 보세점 흐린 불빛 아래서도

찰랑찰랑 강물 소리가 들린다

// 내 귀는 얼어

한 소절도 듣지 못한 강물 소리를

구두 혼자 어떻게 듣고 왔을까

//구두는 지금 황혼

뒤축의 꿈이 몇 번 수습되고

지난 가을 터진 가슴의 어둠 새로

누군가의 살아 있는 오늘의 부끄러운 촉수가

싸리 유채 꽃잎처럼 꿈틀댄다

고향 텃밭의 허름한 꽃과 어둠과

구두는 초면 나는 구면

- **작가와 제목** : 곽재구, 「구두 한 켤레의 시」
- **상황** : 낡은 구두를 신고 고향에 갔는데, 고향의 모습을 인식하지 못하고 있는 나에게 구두가 덜그럭거리는 소리로 전해 주고 있다.
- **심정** : 고향에 무심했던 자신에 대해 부끄러움을 느끼고 있다.
- **내용 단락 구분** : 차례를 지내고 돌아오니 고향의 저문 강물 소리가 묻어 있다. // 상엿집과 보세점의 흐린 불빛 아래 고향의 소리를 담아 왔지만 // 나는 못 들은 고향의 소리를 구두를 통해 인식하면서 // 부끄러움을 느낀다. // 건성으로 고향을 보고 온 나에게 고향은 소식 하나 실어 주지 않지만 낡은 구두를 통해 // 덜그럭거리는 고향을 인식한다.
  – 이 시의 주제는 '고향을 인식하지 못한 부끄러움과 반성'이다.
- **그림으로 그린 줄거리**

(나)

<1>

산 너머 남촌에는 누가 살길래
해마다 봄바람이 남으로 오네

꽃 피는 사월이면 진달래 향기
밀 익는 오월이면 보리 내음새

어느 것 한 가진들 실어 안 오리
남촌서 남풍 불 제 나는 좋데나

<2>

산 너머 남촌에는 누가 살길래
저 하늘 저 빛깔이 저리 고울까
금잔디 너른 벌엔 호랑나비 떼
버들밭 실개천엔 종달새 노래

어느 것 한 가진들 들려 안 오리
남촌서 남풍 불 제 나는 좋데나

<3>

산 너머 남촌에는 배나무 있고
배나무꽃 아래엔 누가 섰다기,

그리운 생각에 영(嶺)*에 오르니
구름에 가리어 아니 보이나

끊었다 이어 오는 가는 노래
바람을 타고서 고이 들리데

* 영 : 고개.

- 작가와 제목 : 김동환, 「산 너머 남촌에는」
- 상황 : 봄이 오는 남촌을 배경으로 하여 이상향을 그리워하고 있다.
- 심정 : 남촌이 좋고, 곱고, 그립다.
- 내용 단락 구분 : 산 너머 남촌에서 봄바람이 불고 향기도 느껴지고 그래서 좋다. // 산 너머 남촌에는 하늘빛도 곱고 아름다운 소리들이 실려 와서 좋다. // 그리운 생각에 바라보지만 구름에 가려 안 보이고 노랫소리만 고이 들려온다.
  - 이 시의 주제는 '순수한 세계에 대한 갈망'이다.
- 그림으로 그린 줄거리

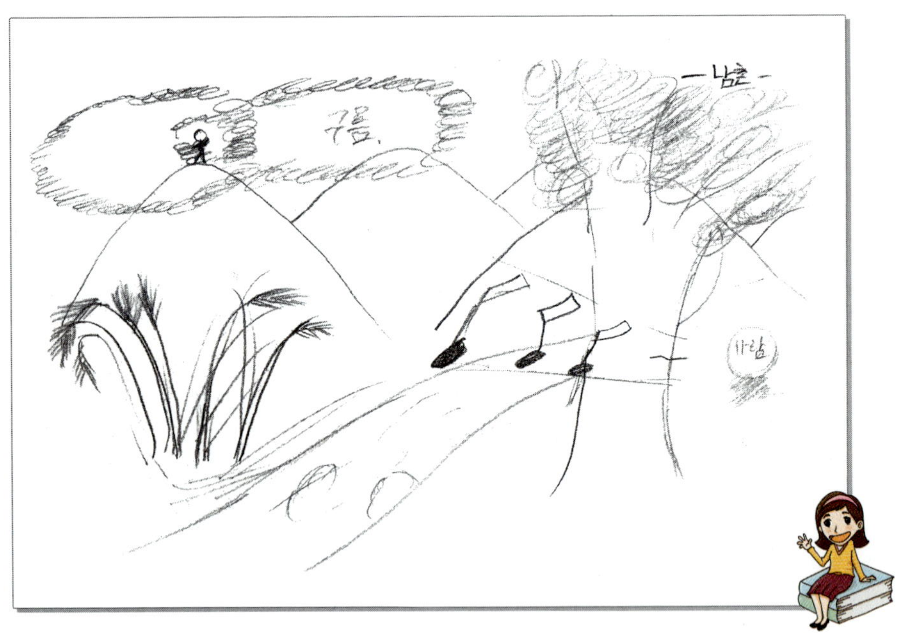

(다)

앉은 곳에 해가 지고 누운 자리 밤을 새워

잠든 밧긔 한숨이오 한숨 끝에 눈물일세

// 밤밤마다 꿈에 뵈니 꿈을 둘너 상시(常時)과저*

학발자안(鶴髮慈顏)* 못 뵈거든 안족서신(雁足書信)* 잦아짐에

기다린들 기별 올까 오노라면 달이 넘네

못 본 제는 기다리나 보게 되면 시원할까

노친(老親) 소식 나 모를 제 내 소식 노친 알까

산과 강물 막힌 길에 일반고사(一般苦思)* 뉘 헤올고

// 묻노라 밝은 달아 두 곳에 비추는가

따르고저 뜨는 구름 남천(南天)으로 닫는구나

흐르는 내가 되어 집 앞에 두르고저

나는 듯 새나 되어 창가에 가 노닐고저

내 마음 헤아리려 하니 노친 정사(情思) 일러 무삼

여의(如意) 잃은 용이오 키 없는 배 아닌가

추풍의 낙엽같이 어드메 가 머무를꼬

*꿈을 둘너 상시과저 : 꿈을 가져다 현실로 삼고 싶구나.

*학발자안 : 머리가 하얗게 센 자애로운 얼굴. 어머니를 가리킴.

*안족서신 : 기러기 발목에 매달아 보낸 편지.

*일반고사 : 괴롭거나 고통스러운 모든 생각.

- **작가와 제목** : 이광명, 「북찬가(北竄歌)」
- **상황** : 유배지에서 어머니를 그리워하고 염려한다.
- **심정** : 어머니의 소식을 몰라 안타깝다.
- **내용 단락 구분** : 귀양 와서 어머니를 생각하니 눈물이 나며 // 어머니 소식을 몰라 안타깝다. // 어머니 가까이 가고 싶지만 못 가고 그리워만 하고 있다.
  - 이 시의 주제는 '유배지에서 보내는 애절한 사모곡'이다.

• 그림으로 그린 줄거리

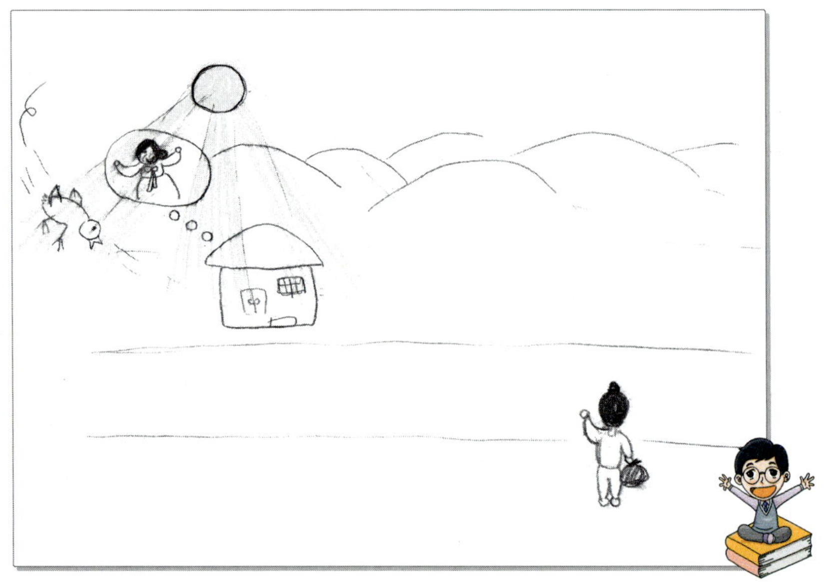

작품 내용이 이해되었으면 문제 푸는 방법을 적용해서 다시 한 번 풀어 보자.

31. (가)~(다)의 공통점으로 가장 적절한 것은?

① 자연물을 통해 현실의 부정적 측면을 부각하고 있다.
② 대조적 소재의 열거를 통해 시적 긴장감을 높이고 있다.
③ 과거와 현재의 대비를 통해 그리움의 정서를 표현하고 있다.
④ 일상생활의 관찰을 통해 사물에서 삶의 교훈을 얻어 내고 있다.
⑤ 친숙한 사물을 통해 화자의 마음이 향하는 공간을 환기하고 있다.
➡ (가) 구두, (나) 봄바람, 종달새, (다) 달, 내, 새

32. (가)~(다)의 시어를 비교하여 이해한 내용으로 가장 적절한 것은?

① (가)의 '보리'와 (나)의 '보리'는 두 작품의 계절적 배경이 동일함을 알려 준다.
　　➡ (가) 겨울, (나) 봄
② (가)의 '꿈'과 (다)의 '꿈'은 출세하고자 하는 화자의 의지를 표현한다. ➡ (가) 구두가
　　낡음, (다) 어머니에 대한 그리움

204

③ (가)의 '강물 소리'와 (나)의 '노래'는 대상에 대한 화자의 긍정적 태도를 드러낸다.

④ (나)의 '남풍'과 (다)의 '추풍'은 화자가 동경하는 세계와 화자를 매개한다. ➡ (다)×, 떠도는 신세

⑤ (나)의 '구름'과 (다)의 '구름'은 자유로운 소통의 가능성을 차단한다. ➡ (나) 장애물, (다) 객관적 상관물

33. (가)와 (나)의 표현상 특징에 대한 설명으로 적절하지 <u>않은</u> 것은?

① (가), (나) 모두 감각적 이미지를 빈번히 사용하여 시상을 전개하고 있다. ➡ (가) 청각, 시각, (나) 후각, 시각, 청각

② (가)는 (나)와 달리 의성어의 변화로 화자의 심리를 표현하고 있다. ➡ (가) '출렁출렁, 덜그럭덜그럭'이 성찰의 계기

③ (가)는 (나)와 달리 연을 구분하지 않고 성찰적 어조를 드러내고 있다. ➡ (가) 고향 인식 못 한 자신 성찰

④ (나)는 (가)와 달리 새로운 소재가 추가될 때마다 어조에 변화를 주고 있다.

⑤ (나)는 (가)에 비해 대구와 부드러운 어감의 표현을 효과적으로 사용하고 있다. ➡ (나) 의 1, 2연은 부드러운 대구 사용

35. (나)의 구조에 대한 설명으로 적절하지 <u>않은</u> 것은?

① <1>, <2>, <3> 모두 세 연씩으로, 각 연은 두 행씩으로 구성되어 형식적 통일성을 갖추고 있다.

② '산 너머 남촌에는'이 <1>, <2>, <3>의 1연마다 반복되어 시 전체의 유기적 연관성을 강화하고 있다.

③ <1>, <2>, <3>의 각 3연이 동일한 형태로 반복되어 후렴구로 기능하고 있다. ➡ 〈3〉 은 후렴구 기능 ×

④ 시어와 표현 면에서 <1>과 <2>는 유사성이 크지만, <3>은 상대적으로 차이를 보인다.

⑤ <1>의 2연은 문장 구조가 같은 두 행이 짝을 이루고 있는데, 이는 <2>의 2연도 마찬가지이다.

정답 1. ⑤ 2. ③ 3. ④ 4. ③

강남 고등학생과 부모님은 무슨 고민을 할까?

여러분과
부모님의 고민을
나눠보는 기회가
될 것입니다!

노란 고무줄로 치르는 전쟁

미숙이는 지기 싫어하고 욕심이 많은 학생이었다. 남녀공학에 다니면서 전교회장을 남학생에게 넘기지 않으려면 여학생 표를 놓쳐서는 안 된다며, 여학생을 대상으로 하는 전략을 따로 세워서 선거운동을 했을 정도이다. 어머니도 많은 대치동 어머니 중 한 사람으로, 여간 극성이 아니었다. 학부모를 대상으로 하는 여러 설명회를 찾아다녔고, 학원 스케줄을 꿰뚫고 있었고, 음료수 대신 곰국을 준비해서 규칙적으로 아이에게 줄 뿐만 아니라 칼로리를 계산해서 먹을 것을 챙겨 주셨다.

고3이 되면 대부분의 학생은 수업 시간에 편한 옷을 입지만, 미숙이는 항상 꽉 죄는 교복을 입고 왔다. 살이 찌면서 1학년 때 맞춘 옷이 거의 터질 듯이 작아져서 불편할 텐데 그 옷을 입는 것은 몸이 편해지면 정신이 느슨해지기 때문이라고 했다. 심지어 집에서 공부할 때에는 수시로 냉장고 문을 여닫는 등 집중하지 못할까 봐 책상 밑에 양동이를 두고 물을 받아 발을 담그고 있다고 했다.

보통 새벽 두 시까지 공부를 하다 보니, 항상 잠이 모자랄 수밖에 없었다. 수업 시간에도 깜빡 조는 모습이 종종 눈에 띄었는데, 어느 날 보니까 손목에 노란 고무줄을 세게 매고 있었다. 자기도 모르게 슬슬 눈이 감기자 미숙이는 갑자기 노란 고무줄을 잡아당겼다. 잠을 깨우기 위해 따끔하게 고무줄을 튕긴 것이다.

"선생님, 저는 안 자려고 하는데 저절로 눈이 감겨요. 정말 성냥개비라도 눈꺼풀 사이에 꽂고 있어야 할까요? 어떻게 해야 잠을 쫓을 수 있을까요?"

그렇게 악착같이 공부에 욕심을 부리더니 결국 원하던 연세대에 들어갔다. 반드시 이름을 드높일 역사학자가 되리라 믿는다.

김미숙(가명)

답이 왜 틀려요?

　재문이는 장손이다 보니 자기도 모르게 권위적인 태도가 몸에 배어 있었다. 좋게 말하면 생각이 깊고, 나쁘게 말하면 독선적인 면이 강했다.

　자신의 잘못을 지적하는 것에 대해 무척 거부감을 가지고 있었고, 문제를 풀다 틀린 것에 대해서도 쉽게 수긍하지 않으려고 했다. 성적을 올리기 힘든 경우의 학생이었다.

　수능이 30여 일밖에 남지 않자 재문이의 스트레스는 거의 극에 달하고 말았다. 문제를 풀다가 수시로 얼굴이 벌겋게 달아오르면서, 문제지에 이렇게 화를 내곤 하는 것이다.

　"문제가 왜 이래요?"

　하루는 학교에서 본 모의고사 점수가 제대로 나오지 않아서 몹시 화가 나 있었다. 답이 잘못된 문제가 나왔는데, 공교롭게도 재문이는 그 잘못된 문제를 맞혔던 것이다. 답이 틀렸다고 했더니 버럭 화를 냈다.

　"답이 왜 틀려요?"

　자기가 맞힌 문제를 틀렸다고 지적하는 것이 불만이었다. 개정판의 답을 보여줘도 쉽게 분을 삭이지 못했다.

　부모님은 수능이 가까워지면서 더욱 예민해진 재문이 때문에 집안이 살얼음판 위에 있는 것 같다고 하셨다. 모두들 숨죽이는 한 달이 지나고, 마침내 재문이가 수능을 치렀다.

　수능 점수가 발표 나던 날 재문이에게서 전화가 왔다. 언제 그렇게 화를 냈나 싶을 정도로 잔뜩 들뜬 목소리였다.

　"선생님, 저 언어 만점이에요."

이재문(가명)

어느 면접 날의 절실함

  실제 있었던 일이라고는 믿기지 않는, 학생들에게 들은 이야기이다. 항공 관련 대학의 면접 날이었다. 절실하게 그 대학에 입학하고 싶었던 한 학생은 아무래도 강한 이미지를 심어야겠다고 생각했다. 그래서 면접실로 문을 열고 들어가면서, 두 팔을 옆으로 활짝 벌리고 마치 비행기 날아가는 흉내를 내듯이 면접실 안을 한 바퀴 빙 돌았다. 면접관에게 자신이 얼마나 그 학교에 입학하고 싶은지를 전하기 위해 부끄러움을 무릅쓰고, 머릿속으로 그리고 그렸던 장면을 연출한 것이다. 그러나 자리에 앉기도 전에 면접관이 하는 말은 이랬다.

  "나가세요."

  사실이라면 그 학생은 얼마나 절망적이었을까.

  요즘 학생들 사이에 면접관이 강한 질문을 많이 한다는 이야기가 돌고 있다. 한 학교에서는 면접관이 "날 당황시켜 보게"라고 하자, 순간적으로 학생이 면접관을 향해 가운뎃손가락을 번쩍 들어 보이고 문을 나왔다고 한다. 면접관을 당황시킨 건 분명하지만 합격 통지는 받지 못했다.

  아이들은 부모님들이 생각하는 이상으로 절실하다. 60만 명이 넘는 수험생이 각자가 원하는 대학에 가기 위해, 20대 이후의 첫 단추를 제대로 끼우기 위해 얼마나 치열하게 애를 쓰는지 모른다. 부모님들이 보기에는 답답하게 잠만 자고 좀 더 공부하면 될 것을 안 한다고 속상해하실지 모르지만, 아이들은 나름대로 너무도 절실하게 그 경쟁에서 이기기 위해 노력한다.

  우리의 아이들……!

오미쌤 Tip talk

탈진 상태

효원이는 '애교 덩어리'였다. 드라마 방송작가가 꿈일 만큼 글재주가 좋아서, 칠판에 선생님들에게 딱 맞는 별명을 지어 놓고 하트를 몇 개 그린 후 나가기도 했다. 강의실에 들어서는 선생님들은 기분이 좋을 수밖에 없었다.

또한 공부를 하면 성적이 오른다는 믿음이 확실해서, 매일 세 지문에 해당하는 문제를 풀어 오라는 숙제를 내 주면 지문마다 날짜를 써서 채점을 하고 오답풀이까지 하는 학생이었다.

그렇게 겨울방학 때 열심히 한 덕분에 고3 첫 모의고사 언어 영역에서 87점을 받았다. 뛸 듯이 기뻐한 것은 물론이고, 언어에 대한 자신감을 갖게 되었다는 점에서 무척 잘된 일이었다.

하지만 방심은 금물이다. 언어 공부가 되는 듯하다가, 어릴 때 책을 많이 읽었던 학생이 아니면 점수가 확 떨어지는 경우가 많기 때문이다.

효원이도 마찬가지였다. 4월 모의고사 결과 등급이 올랐던 아이들의 점수가 떨어지고 그 반대인 아이들의 점수가 오르는 등의 상황이 벌어졌을 때, 효원이 점수가 원상태로 뚝 떨어져 60점대로 나온 것이다. 하지만 중간고사 준비도 해야 했고, 3월 모의고사 점수가 잘 나왔기 때문에 4월 모의고사 점수에 그다지 연연해하지 않았다.

드디어 다시 실력을 점검해 보는 6월 평가원 모의고사. 재수생까지 합세해서 시험을 보기 때문에 수능 때 자신의 위치를 확인할 수 있는 아주 중요한 모의고사이다. 학생은 물론이고 가르치는 입장에서도 긴장되지 않을 수 없다.

모의고사가 끝나자마자 효원이에게 연락을 했다. 그러나 통화가 되지 않았고, 다음 날 효원이 어머니에게서 전화가 왔다. 효원이가 너무 울어서 탈진 상태라는 것이다.

언어 영역에서 적어도 85점 이상 나와야 하는데, 지금까지 한 번도 받아 본 적이 없는 최악의 점수인 54점을 받았으니 부모님도 기가 막힐 노릇이었다. 더구나 애가 쓰러져 버렸으니 어떡하면 좋을지 모르겠다고 하셨다.

저녁에 효원이 어머니와 아버지가 같이 찾아오셨다. 두 분 모두 무척 긴장하신 표정이었다. 부모님은 단도직입적으로 물으셨다.

"선생님, 저희 효원이 될까요, 안 될까요?"

아이의 인생이 달린 문제이므로 이런 경우에는 사실대로 말씀드려야 한다.

"제 생각에는 당연히 됩니다. 왜냐하면 그동안 문제를 풀어 오는 모습을 보면 답을 찾는 과정이 제대로 되어 있고, 정말 꾸준하게 열심히 공부하기 때문입니다. 이번에 점수가 안 나온 것은 실력의 문제가 절대 아니라고 봅니다."

사실이다. 효원이처럼 성적이 급상승하는 학생들은 자신에게 갖는 기대가 크기 때문에 부담감 또한 남보다 훨씬 크다. 4월에 떨어졌던 점수를 만회하고 싶고, 부모님과 주위 사람들에게 자신을 증명해 보이고 싶어 한다.

부모님께 앞으로 일주일 동안은 효원이를 학원에 보내지 마시라고 했다. 아이가 스스로를 추스를 시간이 필요했다. 너무 힘들고 아프기 때문에 다른 사람들의 뻔한 이야기는 큰 도움이 되지 않는다.

다행히도 효원이는 빨리 제자리로 돌아왔다. 숙제로 내 준 분량을 꼭 지켰고, 한꺼번에 몰아서 문제를 풀어 오는 일도 없었다. 수능 언어 시간에 맞춰 문제를 풀라고 했더니 0교시 자습시간은 언어 문제 푸는 시간으로 정했다. 성실함 그 자체였다.

그리고 다가온 9월 모의고사. 열심히 했지만 아직 큰 기대는 하지 말라고 당부했다. 재수생들이 함께 시험을 보기 때문에 한 등급 정도 떨어지고, 응용력을 더 길러야 하므로 점수가 조금밖에 안 오를지도 모른다고 했다. 결과는 3등급이었다.

다시 10월 모의고사. 효원이는 채점을 하지 않았다. 열심히 공부했고 열심히 시간 맞춰 시험을 봤으니까 채점은 안 하고 싶다고 했다. 부모님도 점수를 묻지 않으셨다. 무척 현명하신 거다. 목표는 모의고사가 아니라 바로 수능!

언어 점수 60점대에서 80점대로, 다시 60점대에서 50점대로, 그러다가 결국 수능 시험 날이 되었다. 언어 영역 점수 92점.

수능 몇 개월을 앞두고 흔들리기 쉬운 때에 심리적으로 흔들리지 않고 꾸준히 해 온 효원이가 정말 고마웠다. 대부분의 아이들이 막바지에 점수가 안 나오면 갈팡질팡한다. 또 수시 합격자 발표 후에는 공부에 집중을 못 하는데, 효원이는 그러지 않았다. 정말 훌륭한 아이다. 그리고 효원이를 끝까지 믿고 지켜봐 주신 효원이 부모님도 정말 훌륭하신 분들이다.

이효원(가명)

공부도 안 하면서 불안해하면 벌 받게죠?

　미연이가 두 지문의 문제들을 풀어 왔다. 겨우 7문제. 일반적으로 미연이 성적이라면 모의고사 두 회 분량인 100문제를 풀어도 모자랄 지경이었다. 더구나 채점도 하지 않은 상태였다. 멍한 눈빛으로, 딴 세계에 있는 아이 같았다.

　숙제를 많이 하지 못해서 죄송하다며 겸연쩍게 웃었다. 답을 맞춰 봤더니 한 지문에 하나씩 정답이었다. 고전소설을 풀 때 '원수의 은덕으로 위기에서 벗어났으니'라는 구절에서 원수의 뜻이 무엇이냐고 물어봤더니, '원수를 갚다' 할 때의 원수가 아니냐고 했다. '장군'쯤으로 해석하면 될 단어를 완전히 다르게 해석했는데, 그것도 깊이 생각해서 하는 말이 아니었다.

　완전히 얼이 나간 듯했다. 나는 미연이에게 이렇게 조언했다.

　"내가 오전에 운동을 두 시간 하고 왔는데, 미연이도 오늘은 워킹 운동을 좀 해라."

　미연이 어머니가 들으시면 그렇지 않아도 성적이 좋지 않아 한 문제라도 더 풀어야 할 아이에게 공부는커녕 운동을 하라고 하니 기가 찰 말일 수도 있다. 하지만 그게 아니다.

　미연이는 무기력증에 빠져 있었다. 수업 중간에 자고 싶다고 말하거나, 아무것도 하고 싶지 않다고 혼잣말을 했다.

　"미연아, 1년 동안 했는데도 성적이 안 나오는데, 한 달 한다고 나올까 싶어서 공부가 하고 싶지 않지?"

　미연이는 눈도 맞추지 못한 채 고개를 끄덕였다. 너무 안쓰러웠다. 수능 결과가 나올 때까지 미연이는 스스로에게 벌을 주고 있는 거나 마찬가지였다. 그렇게 귀엽고 웃음 많고 감정 표현을 잘하던 아이의 얼굴에서 웃음기가 사라졌고 생기를 찾을 수가 없었다.

"선생님, 생각하면 너무 괴로워요. 그래서 며칠 전부터 머릿속을 비우기 시작했어요. 그러니까 아무 생각도 안 하게 되더라고요. 그냥 멍하게 있어요. 그런데 수능을 생각하면 불안해요. 공부도 안 하면서 불안해하면 벌 받겠죠?"

마치 무슨 선고나 기다리듯이 수능 날을 기다리고 있는 모습이었다. 행복한 기다림이 아니라, 불안함의 마침표를 찍는 그날을 기다리는 모습.

"미연아, 계속 누워 있고 싶고, 자고 싶고, 아무것도 하기 싫을 때, 오히려 운동을 해 봐. 그 대신 뛰지는 말고……. 운동에 욕심을 내지 말고 그냥 30분 이상 약간 빠른 걸음으로 걸어. 아무 생각 없이 걸어도 되고, 암기 과목 내용을 외우면서 걸어도 되고, 외국어 듣기를 연습하면서 걸어도 돼. 신기하게도 누워 있거나 가만히 있으면 더 처지는데, 운동을 하면 온몸의 세포가 하나씩 살아나. 그래서 활기가 넘치게 되더라."

그 말을 하는 동안 미연이의 얼굴 표정이 서서히 밝아지기 시작했다. 수능 100일 전까지만 해도 계획을 세우고 공부를 했는데, 요즘은 계획조차 세우지 않는다고 했다.

"오늘은 다시 계획표를 짜 봐야겠어요. 운동도 좀 하고요."

미연이가 뭔가를 하려고 시도하는 것만으로도 고마웠다. 언어도 꼭 계획표에 넣어 달라고 부탁했더니 최대한 많이 풀어 오겠다고 했다. 강압적으로 숙제를 내고 검사를 한다고 효과적으로 공부할 수 있는 시기가 아니라서 미연이 스스로에게 맡겼다.

언어 공부를 얼마나 해 올까?

김미연(가명)

그래도 웃으니 좋다!

여울이에게서 눈병에 걸려 보충수업을 못 하겠다고 연락이 왔다. 눈병은 전염이 잘 된다는데 내게 옮으면 다른 애들도 걸릴 수 있으니 당연히 오지 말라고 해야겠으나, 오라고 했다. 아이들 가르치는 게 천직인지 그동안 독감이 돌아도 내가 걸린 적은 거의 없었다. 어쩌다가 감기가 심할 경우에는 호흡하기 쉬운 수술용 마스크를 쓰고 수업을 한 적이 있긴 하다. 혹시 모르니까 눈을 안 보고 수업을 하더라도 서운해하지 말라고 했다. 그런데 여울이는 그 후에도 계속 위가 아프거나 장이 꼬이는 것 같다고 했다. 얼굴이 퉁퉁 부어서 오는 날도 많았다. 그러다가 하루는 화색이 가득해서 신 나 있었다. 여울이는 내게 자신의 휴대전화 문자를 보여 줬다.

'잘 지내냐. 너에게 가까이 갈 수 없지만 잘 지내는 걸 보니 좋다'라는 내용이었다. 손발이 오그라들었다. 그런데 발신번호가 1004였다. 그 일주일 전에도 새벽에 '잘 있냐'라는 문자가 와서 비몽사몽간에 장난 문자라 생각하고 지웠는데, 또 그런 문자가 왔다는 것이다.

"선생님, 고3이 좋긴 좋아요. 안 되는 게 없어요."

갑자기 무슨 말인가 했더니, 여울이가 그 문자의 발신자가 너무 궁금해서 통신사에 물어봤다는 것이다. 당연히 사고 접수 문자가 아니면 안 된다고 했는데, 여울이가 학생증을 보여 주면서 이런 문자 때문에 도저히 공부를 할 수 없으니 꼭 알아봐 달라고 했단다. 한참을 실랑이하다가 결국 발신자를 알아낼 수 있었다.

놀랍게도 반년 전에 사귀다가 헤어진 남자애란다.

"선생님, 제가 어떻게 했게요?"

"앞으로는 그런 문자 하지 말라고 했겠지."

여울이는 그렇다고 대답했다. 그런데 더 웃긴 것은 자신도 발신자 번호를 1004

라고 해서 보냈단다. 그러고는 깔깔 웃었다. 그 남자애가 자기 번호 알아낸 걸 알고 얼마나 놀랐을까 하면서. 그렇게라도 여울이가 웃으니 좋았다.

송여울(가명)

여학생만의 고민

　수능이 다가올수록 남학생은 절대 경험할 수 없는 여학생만의 고민이 생긴다. 바로 생리통. 직장에서도 여직원을 위한 월 1회 생리휴가가 있을 정도로, 여자들에게 생리통 문제는 자신의 의지와는 상관없이 넘을 수 없는 벽이 된다. 오죽하면 '두통, 치통, 생리통' 약이 있을까?

　수능이 가까워질수록 생리통을 호소하는 여학생이 많이 늘었다. 당연히 수능 때도 영향을 미치기 때문에 어떻게 하면 좋겠냐는 질문을 많이 한다. 차라리 생리 주기를 조절하는 약을 먹으면 어떻겠냐는 여학생도 있다. 하지만 부작용도 있으니, 추천할 만한 일은 아닌 듯하다.

　생리 주기가 일정해서 수능 날은 비껴가리라고 생각했던 여학생도 수능에 대한 불안 때문에 주기가 바뀌는 경우가 있어서, 그야말로 그에 대해서는 속수무책이다. 그러니 만일을 대비해 수능 날 여성용품을 잊지 말고 꼭 챙겨야 한다.

　생리통이 심할 때 배를 따뜻하게 하면 그나마 통증이 덜해지니까 핫팩을 준비해 가는 것도 방법이다. 그렇다고 핫팩을 맨살에 대면 배가 너무 뜨거워 벌겋게 살이 달아오르고, 떼어 내면 정작 외국어 영역 시험을 볼 때 다시 배가 아플 수 있으니, 반드시 옷 위에 붙이고 가서 배가 은근히 따뜻하도록 한다.

　생리통이 유난히 심해서 학교도 결석을 하던 여학생이 수능 10일 전 활짝 웃으며 "선생님, 저 생리 시작했어요!" 하고 자랑하듯 말할 때 얼마나 안심이 되던지. 수능 날에는 생리가 끝나서 집중력이 떨어지거나 아플 일이 없으니 정말, 다행이다.

오미쌤 Tip talk

핑계쟁이의 링거 투혼

택기 어머니는 택기 누나가 대학에 들어갈 때 이미 마음고생을 많이 해서, 자식이 부모 뜻대로 안 된다는 것을 아셨다고 했다. 그래서 둘째 택기에게는 큰 욕심을 가지지 않았는데, 정작 택기가 고2 말이 되면서 공부를 하려고 마음먹은 것이 기특해서 직장까지 그만두고 전폭 지원에 나서기로 하셨다고 한다.

한번 마음먹으면 몰라보게 변하는 학생들이 있는데, 택기도 공부하려고 마음먹자마자 밀어붙이기 시작했다. 물론 처음부터 무조건 많은 문제를 숙제로 낸다고 되는 것은 아니기 때문에 하루 3페이지 정도만 하라고 했다. 어떻게 풀어야 하는지도 잘 모르는데 무조건 숙제를 내 주면, 채점하면서 자신이 틀린 개수에 좌절하기 쉽기 때문이다.

그런데 택기의 경우 처음에는 아주 열심히 숙제를 잘해 오다가 한 달 정도 지나니 이런저런 핑계를 대면서 숙제를 안 하는 것이다. 그럴 때마다 정말 숙제를 못할 상황이었으리라 진심으로 이해해 주기를 3~4회 정도 했더니, 택기의 태도가 달라졌다. 눈 가리고 아웅 식으로 공부하는 자신의 모습을 돌아보게 된 것이다.

이런 택기의 모습을 보고 어머니는 다시 공부 스케줄을 빡빡하게 짜기 시작하셨다. 물론 택기와 상의해서 내린 결정이었다.

하지만 그것이 문제였다. 체력이 약한 택기는 입술이 부르트기 시작하더니, 결국 새벽 두 시쯤 책상에 엎드린 채 쓰러져 버린 것이다. 설상가상으로 넘어져 다리가 부러지기까지 했다. 목발을 짚고 학원에 나타난 택기를 보고 깜짝 놀라며 '링거 투혼' 이라고 별명을 붙여 주었더니 씨익 웃었다. 스스로도 노력하는 자신이 대견했나 보다.

많은 학생이 고3으로 올라가면 공부를 제대로 하려는 모습을 보인다. 그럴 때에는 아이들마다 성격에 차이가 있기는 하지만, 직접적이든 간접적이든 칭찬을 해 주는 것이 반드시 필요하다.

내성적인 아이도 열심히 하는 태도에 칭찬을 들으면 내색은 하지 않지만 그 다음에는 더 열심히 노력한다. 수험생을 둔 부모님께 부탁 말씀을 드린다. 아이가 열심히 하는 것은 정말 기특한 일이니, 만족스러울 정도는 아니더라도 조금이라도 달라진 태도로 공부할 때에는 따뜻한 칭찬과 격려의 말씀을 해 주시면 좋겠다.

자녀의 노력을 알면서도 부모님이 쉽게 칭찬하지 못하는 이유는 딱 하나! 칭찬해 주면 안일한 생각이 들어 더는 안 할까 봐 걱정되기 때문이란다. 그러나 절대 아니다. 우리 아이들은 고3이지만 마음은 여린 아기이다. 칭찬해 주면 거만해지는 것이 아니라, 신 나서 춤추는 어린 아기라는 사실을 잊지 마시길……

김택기(가명)

내성적인 외둥이

차라리 모르는 사람이 땅을 사면 부러워하고 말겠지만, 가까이 잘 아는 사촌이 땅을 사면 배가 아프다. 늘 비교 상대가 있다는 것이 우리 아이들에게는 무척 힘든 일이다. 더구나 아이가 내성적이거나 자신감이 없으면 비교는 커다란 스트레스 요인이 된다.

신정이는 한영외고를 다니고 그 사촌은 대원외고를 다녔다. 대원외고 다니는 아들을 둔 신정이 이모는 좋은 책이나 선생님이 있으면 항상 소개해 주며 같이 하자고 권했다.

물론 좋은 점도 많지만, 신정이에게는 자신과 비교가 되는 사촌과 함께 공부해야 한다는 점이 부담될 수밖에 없었다. 학습 능력에 큰 차이가 없는데도 불구하고 늘 자신이 못하다고 생각했다. 다른 아이들에 비해 우수한 성적으로, 언어 점수가 평균 94~96점이지만 본인은 진심으로 언어를 못한다고 생각했다.

어머니는 신정이가 자신감이 없고 사교성이 떨어지는 이유가, 형제가 없어서 그런 것 같다며 늘 미안하다고 하셨다. 내성적이다 보니 먼저 적극적으로 나서지 못하고 의사 표현을 잘하지 못했다. 수업을 들을 때에도 거의 말이 없었다. 하지만 숙제는 언제나 모범적으로 너무나 잘해 왔다. 그래서 아이의 말문을 틔우기 위해 비문학 지문을 요약한 후 외우기를 시키기 시작했다.

다른 아이들에 비해 목소리가 작아서 내가 귀에 손을 대고 들으며 웃기는 행동을 취하면 빙긋 웃는데, 아마 속으로는 크게 웃는 것이 분명했다. 서서히 목소리도 커지고, 더불어 지문과 관련하여 이런저런 이야기를 하기 시작했다.

3개월 정도 지났을 때 신정이 어머니가 케이크를 사 들고 찾아오셨다. 최근 들어 말이 많아졌다며 고마워하셨다. 학교에서 무슨 일이 있었는지 물어봐도 시큰둥하게 대답하던 아이가 이제는 많은 이야기를 한다는 것이다. 표정도 밝아지고 아빠에게 농담을 던지기도 해서 무척 놀랐다는 말씀도 하셨다.

　수업을 하면서 신정이가 말하는 것을 주의 깊게 들어 주고 반응했더니 자신감이 생긴 것이다. 그동안은 아이들이 어떻게 반응할지 몰라 항상 조용히 말하고, 그러면 다른 아이들은 알아듣지 못해 반응이 시원찮으니 말문을 열 자신이 없었던 악순환의 고리가 끊어진 것이다.

　성적이야 원래 좋았으므로 자신감만 가지면 되는 아이였는데, 다행히 적극성을 많이 키웠다. 덕분인지 신정이는 사촌과 함께 잘되어, 둘 다 연세대에 입학할 수 있었다. 지금은 적극적으로 자신을 표현하는 당당한 대학생이 되어 있겠지!

이신정(가명)

고양이가 쫓아낸 고3병

나 역시 고3 때 공부하느라 힘들었다. 전에 없던 병도 생겼는데, 종아리와 발가락에 쥐가 자주 나는 것이다. 까딱 잘못하면 근육이 꼬여서 저절로 '악' 소리가 나왔다. 아파 죽겠는데 양호(보건) 선생님은 스트레스 때문이라며 근육을 풀어 주는 수밖에 없고, 대학생이 되면 괜찮아진다고만 하셨다.

여동생이랑 한방에서 자다가 다리에 쥐가 나면 동생을 깨우고 소동을 피우기 일쑤였다.

그 고통이 너무 커서 다리를 올려 놓고 자거나, 따뜻한 물에 넣어서 근육을 풀어 보기도 하는 등 온갖 방법을 동원했지만 소용이 없었다.

그러던 어느 날 시골에서 오신 큰어머니의 비법을 듣고 따라 했다가 한밤중에 온 집안이 발칵 뒤집혀 버렸다.

그날도 자는데 아니나 다를까 발가락이 꼬이기 시작했다. 나도 모르게 눈은 감은 채 큰어머니가 가르쳐 주신 대로 소리를 지르기 시작했다.

"야옹~, 야옹~, 야옹~"

너무도 간절하게 내는 소리에 잠자던 동생이 깜짝 놀라 안방으로 뛰어갔다.

"엄마, 아빠! 큰일 났어요. 언니가 드디어 미쳤나 봐요."

다리에 난 쥐를 잡기 위해 고양이 소리를 낸 그날 이후로 또다시 쥐가 났던가는 기억이 나질 않는다. 아마 그 소동 때문에 괜찮아지지 않았나 싶다. 고3을 마친 후에는 단 한 번도 다리에 난 쥐 때문에 고생한 기억이 없는 걸 보니, 그 병이 수험생 스트레스 때문인 건 분명하다.

오미쌤 Tip talk

초콜릿 세알

　외국어와 수학은 거의 1등급을 놓치지 않는 선기. 그러나 언어 점수는 1~3등급 사이에서 곡예를 했다. 나는 선기에게 2학년 기말고사 후부터는 꾸준히 언어의 기본을 다지라고 당부했고, 조용하고 차분한 성격의 선기는 내 말을 잘 따랐다.

　그 결과 3학년 3월 모의고사부터는 언어도 1등급을 받았고, 4월부터는 모의고사 전교 5등을 했다.

　선기는 언어 점수가 안정적으로 나오자 여름방학부터는 언어 공부를 줄이고 탐구 영역과 수학에 집중하기 시작했다. 9월 모의고사까지 언어가 평균 96점 정도이니 안심하고 다른 과목을 공부할 수 있었다.

　하지만 10월부터 갑자기 당황스러운 일이 생겼다. 잘 맞히던 문제를 한 지문에 하나씩 틀리기 시작하는 것이다. 결국 10월 모의고사에서 2등급이라는 성적을 받았다.

　수능이 한 달밖에 안 남았는데 언어 점수가 떨어지고 갈피를 잡지 못하자, 원래 감정 표현을 잘하지 않던 선기는 말이 더 없어지고 표정은 어두워졌다.

　하지만 이런 경우의 처방은 의외로 간단하다.

　2학년 말에 언어 공부를 할 때 봤던 책을 가져오라고 했다. 지문이 비교적 쉬운 비문학 독해 책인데, 마음이 급하더라도 기본을 다시 다질 테니까 믿고 따라오라고 했다. 문제를 풀어 보니 예상했던 대로 비문학 지문 독해가 갈팡질팡이었다.

　당연한 일이기도 하다. 3학년 2학기가 되면서 문제만 많이 풀면 지문을 대충 보는 경향이 생긴다. 신중하게 보던 습관이 대충 보는 습관으로 바뀌면서 문제를 푸는 데 실수가 생길 수밖에 없는 것이다.

　몇 차례 연습을 시켰더니 다행히 선기는 원래 상태로 돌아왔다. 숙제를 낼 때에도 문제를 많이 풀려고 하지 말고 독해 기본 연습을 하라고 강조했다.

수능 전날에는 내성적인 애가 속으로 얼마나 떨릴까 하는 안타까운 마음이 들어, 새해에 친정어머니가 돈 많이 벌라고 은행알을 넣어 주신 작은 복주머니에서 은행을 꺼내고 초콜릿 세 알을 넣었다.

"선기야, 초콜릿 하나는 언어 시험 보기 전에 먹고, 또 하나는 언어 점수 확인하기 전에 먹고, 나머지 하나는 원하는 대학 합격자 발표 날 때 먹어."

이 말을 하면서 나는 울컥했다.

대학 합격자 발표가 시작되던 때, 떨리는 목소리의 전화가 왔다.

"선생님, 저 서강대 합격했어요."

정말 평생 잊을 수 없는 환하고 들뜬 목소리였다.

그날 저녁 다시 전화가 왔다.

"선생님, 저 연대에도 합격했어요. 감사합니다."

누가 잘되었을 때 진심으로 기뻐해 주는 사람은 둘이란다. 부모님과 선생님. 나도 선생님이 맞나 보다. 아이들의 행복에 너무나 행복하다.

조선기(가명)

불안감 줄게, 자신감 다오!

"선생님 그냥 이대 갈 걸 그랬어요."

가까이 얼굴을 들이대야 알아들을 수 있을 정도로 기어드는 목소리로 말하는 정이를 보면서, 정이 아버지의 대조적인 모습이 떠올랐다. 자신 없어 하는 딸아이를 이해할 수 없다는 정이 아버지는 한눈에도 카리스마가 넘쳤다. 어떻게 살아왔는지 들어 보지 않아도 충분히 짐작할 만했다.

상담 첫날 아버지는 화가 단단히 나 있었다. 정이가 여대에 합격했지만 원하던 대학이 아니라 결국 재수를 시작했는데, 갈수록 성적이 떨어지고 자신 없어 하는 모습을 보니 답답하다고 하셨다.

"원래 하던 대로 공부하면 될 텐데 애가 왜 저런지 모르겠다. 재수학원에 보냈는데, 처음 본 모의고사 성적이 3등급으로 뚝 떨어지니 기가 막히다."

거칠 것 없는 아버지와는 달리 정이는 수업을 듣는 동안 자신도 모르게 한숨을 쉬고 있었다. 눈도 제대로 맞추지 못하고 고개를 푹 숙인 채 수업을 듣는 모습을 보니, 얼마나 마음고생을 하고 있나 싶어서 애처롭기 그지없었다.

정이는 고3 때에는 언어 공부를 특별히 많이 하지 않아도 성적이 나왔는데, 수능 때 2등급을 받은 뒤부터 언어를 어떻게 풀어야 하는지 모르겠다고 했다.

그래서 언어의 전 영역을 처음 공부한다는 마음으로 기본부터 다지는 반에서 공부하기를 권했다. 불안할 때에는 기본부터 살펴보면 별 것 아니라는 것을 알게 되고, 금방 자신감을 회복하기 때문이다. 소설 지문 읽기를 시작했다. 정이는 한눈에 읽더니 문제를 풀었다. 그러나 독해 속도는 빨랐지만 정답률은 높지 않았다. 원인이 보였다.

정이는 마음이 몹시 조급한 상태였다. 문제를 빨리 풀어서 자신이 원래 언어를 잘하는 아이였음을 스스로 확인하고 싶었던 것이다. 차분하게 지문을 보지 못하고 문제를 푸니 오답이 나올 수밖에 없었다.

정이의 경우 방법만 알려 주면 하루 종일이라도 공부할 자세가 되어 있는데, 무엇을 해야 할지 모르겠고 그래서 불안감에 집중을 못 하고 있었다.

나는 어디에 초점을 맞춘 후 지문을 보고 문제를 풀어야 하는지를 알려 줬다. 예상했던 대로 다른 아이들과는 눈에 띄게 다른 속도로 문제를 풀고 소화해 내기 시작했다. 3일 만에 150페이지 정도의 문제를 완벽히 풀고 오답 체크까지 해 왔다. 질문할 부분을 표시해 왔는데, 역시 질문할 만한 중요한 내용이었다.

정이는 책 한 권에서 5문제 정도 틀렸지만, "어려워요. 잘 모르겠어요. 많이 틀렸어요"라고 걱정을 했다. 물론 다른 학생들이 들으면 짜증 날 말이다. 하지만 정이는 솔직한 심정이 분명했다. 자신이 없기 때문에 많이 맞히면서도 많이 틀린다고 생각하고, 잘하면서도 못한다고 생각한 것이다. 이런 경우 자신감 회복이 가장 중요하다. 그러기 위해서는 막연히 문제만 많이 풀지 말고, 문제 푸는 방법을 익혀 실력을 다져 나가면 금방 원상회복하게 된다.

정이 아버지에게서 전화가 왔다. 아쉽긴 하지만 고대 중문과에 합격했다고. 힘든 과정을 또 겪으며 삼수를 하지 않아도 되니 정말 다행이다.

왕정이(가명)

그림이 이상해졌어요!

"저희 아빠가 제 그림이 아빠 사무실에는 안 맞는대요."

서운해하는 표정이 역력한 수경이를 보면서 아버지가 그럴 만도 하겠다는 생각이 들었다. 수경이의 그림은 다소 어둡고 무거웠다. 사춘기의 방황하는 내면이 고스란히 드러나 있는 그림이라 내가 생각해도 사무실에는 어울리지 않을 것 같았다.

수경이는 예중을 아주 우수한 성적으로 졸업하고 예고에서도 우수한 실력을 보여, 서울대 미대를 갈 것으로 누구도 의심하지 않는 학생이었다.

감성이 풍부해서 소설 문제를 풀기 위해 작품을 읽을 때마다 "어떡해, 어떡해!"를 연발하는 아이였다. 가슴 아픈 이야기에 감정이입이 되어 진심으로 주인공을 안타까워했다.

〈화수분〉의 마지막 장면을 읽고는 젊은 부부의 껴안은 시신 사이에서 햇살을 받고 나오는 아기의 그림을 그리고 싶다고 했다. 뭐든 표현하면 그대로 느낌이 전해지는 아이였다.

그런데 고3 여름방학 때부터 수경이 얼굴에서 웃음이 사라지기 시작했다. 앞일은 모른다며 다른 대학 수시에 지원하느라 그 학교에 맞는 그림을 연습하는데, 유형이 너무 달라서 적응을 못 하고 있었다. 수경이의 그림을 봐도 독특한 그림 색이 없어져 버렸다.

"선생님, 어떡해요. 모르겠어요. 뭘 어떻게 그려야 할지 모르겠어요."

심하게 방향 감각을 상실하고 자신감을 잃어 가기 시작했다. 그림에 문외한이지만 그 아이의 그림을 보면 복잡하고 혼란스러웠던 내 사춘기의 내면이 떠올랐는데, 어느 순간부터 서서히 예쁘기만 한 그림이 그려졌다. 수경이도 그런 자신의 모습이 싫었던 것 같다. 거의 석 달을 그렇게 힘들어했다.

수경이는 서울대 수시고사를 보고 나서 뭘 그렸는지를 연습장에 그려 내게 보여 줬다. 소재는 사과와 비닐장갑과 찢어진 신문이었다. 수경이는 이로 껍질을 벗긴 사과 그림을 물이 가득 든 비닐장갑으로 막고, 그 뒤에는 신문 기사가 돋보기처럼 보이는 장면을 그렸다. 상처 받은 자신과 보호받고 싶은 내면을 그린 건 아닌가 생각되어 가슴이 찡했다. 하지만 그날만큼은 밝은 표정을 지었다. 그림이 힘들었지만 생각대로 그리고 나왔다는 것이다. 꼭 합격하기를 바랐다.

다음 해 3월이 될 때까지 수경이에게서 소식이 없었다. 나는 항상 애틋하고, 잘되기를 바라는 마음으로 궁금해하고 있었다. 그러던 어느 날 수경이의 전화가 왔다. 너무도 밝고 경쾌한 목소리였다. 그 목소리만으로는 분명히 원하는 대학에 합격했을 것이라 생각되었다.

"응, 잘 지내지? 어떻게 됐니?"

수경이는 아주 행복한 목소리로 말했다.

"선생님, 저 엠티 왔어요."

그토록 기대했던 대학은 아니었지만, 내가 아쉬워하는 것과는 달리 수경이는 몹시 밝았다. 그걸로 됐다.

고3 스트레스에서 벗어나서인지, 아니면 원하는 스타일의 그림을 마음껏 그릴 수 있어서인지 모르지만 수경이가 행복해하니 그걸로 된 거다.

장수경(가명)

어휘와 한자

초등학교 4학년 때 해외로 어학연수나 유학을 갈 때에는 신중히 생각해야 한다. 그리고 '눈높이'나 '구몬' 같은 국어 일일 학습지를 반드시 챙겨 가야 한다. 귀국하지 않고 외국에서 대학에 들어갈 계획이 아니라면 이는 필수이다.

학부모 간담회 때 국어 선생님이 말씀하셨다.

"요즘 애들 어휘가 정말 많이 약해요. 기본적인 단어도 모르는 경우가 많아서 설명하려면 답답한데, 자기들끼리 영어로 뭐라 뭐라 말하면 뜻을 금방 이해하더라고요."

언어 영역에서 기본이 어휘력이란 건 꼬맹이들도 다 아는 이야기이다. 언어나 논술을 가르치다 보면 어휘력 때문에 한계를 느끼는 경우가 많다.

특히 초등학교 4학년 때 해외 어학연수나 유학을 다녀온 학생을 가르치려면 힘이 많이 든다. 사고력의 향상은 물론이고 어휘력에 비약적인 확장이 일어나는 4학년 때 해외에 갔기 때문에 그 공백을 메우기란 여간 어려운 일이 아니다.

그렇기 때문에 그 시기에 해외에 가는 친구들이 있으면 꼭 국어 일일 학습지를 챙겨 가라고 당부한다.

그리고 또 권하고 싶은 것이 있다. 바로 한자 공부이다. 급수 따는 것이 문제가 아니라, 적어도 초등학교 3~4학년 때부터 욕심부리지 말고 꾸준히 한자를 익혀 두면 고등학교 때 언어 공부 시 아주 큰 힘이 된다.

지금 비문학 독해 시간이 많이 걸리는 학생이라면 늦더라도 꼭 한자를 공부하면 좋겠다. 아까운 시간을 낭비하는 것이 아니다. 비문학 한 지문이면 네 문제, 문제당 평균 2점으로 치면 무려 8점을 올리는 방법이다. 물론 반드시 나오는 한자성어 문제도 보다 쉽게 맞힐 수 있게 된다. 충분히 시간을 투자할 만하다.

오미쌤 Tip talk

친구야, 미안!

정민이는 수업 중에 다리를 심하게 떠는 여학생이었다.

"선생님, 이렇게 하면 허벅지 살이 빠진대요."

지적을 하고 싶었지만, 이렇게 확신하고 있는 정민이에게 하지 말란 말을 꺼내기 어려웠다.

하체 비만이 고민인 아이였다. 매력적인 엄마와는 달리 정민이는 객관적으로 봤을 때 인형 같이 예쁜 얼굴은 아니었다. 그렇지만 외모에 무척 신경을 쓰고, 한쪽 귀에 귀고리를 네 개나 할 정도로 꾸미는 것도 좋아하며, 본인 스스로가 예쁘다고 생각하는 아이였다.

정민이는 중학교 때에는 공부를 곧잘 했는데, 여고 들어가면서부터 외모에 관심을 갖고, 소위 좀 논다는 아이들과 어울리면서 공부에서 손을 떼기 시작했다. 기본기가 있어서 고1까지는 성적이 그런대로 나오다가, 서서히 바닥이 드러나기 시작했다.

부모님이 보기에는 기가 막힐 노릇인데 정작 본인은 태평했다. 수학만은 여전히 잘했지만, 나머지 과목은 중학교 때 하던 식으로 벼락치기 공부였다. 외국어 한 문제만 틀려도 3등급이 되어 버리는 끔찍하게도 치열한 학교에서 그런 식으로 공부하니 내신은 버리는 것과 다를 바 없었다.

수능으로 승부를 볼 수밖에 없다는 것을 본인도 알았는지 뒤늦게야 공부를 하겠다고 결심했다. 하지만 워낙 교우 관계의 폭이 넓다 보니 친구들에게서 벗어나기가 힘들었다. 공부를 하려고 마음먹으면 연락이 왔다. 성격 좋은 정민이는 뿌리치지 못하고 엄마와 한바탕 싸운 뒤 친구를 만나러 나갔다. 그러고는 후회를 했다. 후회하면서도 또 그러기를 반복하니까 공부에 맥이 끊기기 일쑤였다.

결국 과감히 휴대전화를 없앴다. 문자가 왔는데 답장을 안 하면 서로 관계가 나

빠질 수도 있지만, 휴대전화가 없으니 그럴 걱정도 없었다. 본인이 선택한 방법이고, 그런 스스로를 기특하게 생각하기 시작했다. 중간에 연락할 수도 없어서 약속 시간에 늦거나 약속을 변경할 일도 없었다. 당연히 계획을 세운 대로 하루를 보내는 일이 많아졌다.

그러나 이런 정민이의 노력에도 불구하고 정민이 어머니는 항상 부족하다고 생각하셨다. 나는 정민이 어머니께 조금만 지켜봐 달라고 부탁드렸다. 많은 부모님은 자식이 어느 정도 한다고 생각되면 거기서 더 욕심을 부린다. 그게 문제이다. 욕심이 나더라도 참으셔야 한다. 아이는 달라지는 자신의 모습을 자랑스러워하는데 부모님이 더 욕심을 부리면 오히려 그 기분을 망치게 된다.

수능은 장거리 달리기이다. 울다 웃다 보면 1년이 지나고, 어느새 수능 시험이 하루 전으로 다가온다. 호흡을 가다듬고 길게 봐 주면 아이들은 달라진다. 정민이도 의지를 갖고 노력했고 부모님도 정민이를 믿어 주었기에, 마침내 고대 경영학과 합격이라는 관문을 당당히 통과할 수 있었다.

김정민(가명)

후생가외(後生可畏)

　재수를 하는 주현이를 보면 만화 〈달려라 하니〉의 주인공 모습이 떠올랐다. 항상 밝고 맑았다. 같은 실업계 고등학교를 다니던 친구가 경희대에 들어갔다며, 자기도 수업을 듣고 싶다고 했다.

　강남에서 실업계 고등학교를 다니려면 마음고생을 했을 수도 있지만, 주현이는 조금도 주눅 들지 않았다.

　집에서 먼 거리를 걸어왔다며 강의실을 들어설 때에는 항상 볼이 빨갛게 달아 있었다. 얼마나 열심히 걸었는지 보지 않아도 뻔했다.

　수업을 한 지 보름 정도 지나서야 어머니에게서 전화가 왔다. 사정이 안 좋아서 교육비를 좀 더 있어야 낼 수 있다고 하셨다. 아버지 사업이 부도가 나서 형편이 더 어려워졌다는 내용이었다. 열심히 공부하는 주현이를 떠올리며 그렇게 하시라고 대답했다.

　“인문계 애들은 얼마나 해요? 이 정도 하면 되나요?”

　처음 찾아왔을 때의 성적으로는 도저히 가고 싶은 대학에는 갈 수 없는데도 주현이는 믿고 있었다.

　소개해 준 친구가 원하던 대학에 갔으니 자기도 그렇게 되리라고 믿는 것 같았다. 주현이는 수시로 확인을 했다.

　“선생님, 저 갈 수 있어요? 심리학과 가면 돈 많이 벌 수 있어요?”

　‘후생가외(後生可畏)’ 내가 수업을 하면서 마음으로 항상 새긴 말이기도 하고, 지금도 믿고 있는 말이다. ‘나중에 태어난 사람은 가히 두려워할 만하다’란 뜻인데, 그 아이가 앞으로 자라서 얼마나 훌륭하게 될지 우리는 알 수 없는 일이다.

　“당연히 갈 수 있지. 주현이가 앞으로 어떻게 될지는 아무도 몰라.”

　“선생님이 먼저 태어나서 네가 보기에는 좀 더 잘되어 있을지 몰라도, 주현이가 앞으로 몇 만 배 더 훌륭하고 멋지게 살 거야.”

“열심히 한 만큼 기회는 더 많아지는 법이거든.”

언어 점수가 72점이었던 주현이의 성적이 조금씩 오르기 시작했고, 파이널 문제를 풀 때에는 최고점이 88점 정도였다. 하지만 나도 믿고 주현이도 믿었다. ‘잘될 거다. 결과를 미리 걱정할 필요는 없다.’

수능이 끝나고 한참 뒤에 주현이 어머니께 전화를 했는데 안 받으셨다. 수능을 잘 치르지 못했거나, 교육비를 다 못 내서 피하시는 게 아닌가 싶었다.

문자를 했다. 교육비는 여건 되실 때 내시라고. 결과가 어떻게 되었는지 궁금하다고……. 며칠이 지나서야 전화가 왔다. 주현이가 그렇게 원하던 가톨릭대에 들어갔는데 차마 감사 전화를 못 하고 있었고, 애가 아르바이트를 하고 있으니까 교육비는 곧 보낼 수 있을 거라는 말씀이었다.

언젠가는 민족사관학교와 같은 신사임당학교를 세워 여성 인재를 키우고 싶은 게 꿈이니 장학금을 준 것으로 치고 안 받아도 되지만, 주현이가 낼 수 있을 때 송금하시라고 했다. 그래야 주현이가 떳떳하게 교육비를 내고 수업을 들은 학생이 되니까. 그래야 또 당당하게 찾아올 수 있을 테니까.

김주현(가명)

100일 곱하기 3000배

하느님, 부처님, 예수님, 조상님께서 가장 안 들어주시는 소원이 '우리 아이 원하는 대학에 합격하게 해 주세요!'가 아닐까 싶다.

수능 100일 전이 되면 교회나 절에서 수험생을 위한 기도가 시작된다. 생업 때문에 함께하지 못하는 부모님들도 가만히 계실 리가 없다. 일을 하다가도, 밥을 먹다가도 우리 아이 원하는 대학에 합격하게 해 달라고 진심을 다해 기도를 올리실 것이다.

60만이 넘는 수험생의 부모님들이 올리는 이 기도는 무엇에도 비교할 수 없을 만큼 절실하고 간절하다.

수능을 얼마 안 남기고 한 어머니가 오셨는데, 놀랄 만큼 살이 빠지고 안색이 안 좋아지셨다. 새벽에 나가셔서 3000배를 하신다는 것이다. 몇 년 전 교통사고로 허리를 다치셨는데도 불구하고 하루도 거르지 않는다고 하셨다.

하지만 아이는 대학에 떨어져 버렸다. 그렇게 간절히 기도를 했는데도. 너무하시는 거 아닌가.

그런데 부모님들의 이처럼 간절한 마음을 학생들에게 말했더니 기도 내용이 틀렸단다.

'우리 아이 원하는 대학 꼭 합격하게 해 주세요!'가 아니라, '우리 엄마 원하는 대학에 꼭 가게 해 주세요!'란다.

오미쌤 Tip talk

다 답이 되는데?

우리나라 대한민국 만세!

수능 시험 날, 출근 시간을 늦추는 건 물론이고, 언어 영역 듣기 평가나 외국어 영역 듣기 평가 시간에는 헬리콥터나 비행기도 안 뜬다는 소문이 아이들 사이에서 떠돈다.

온 나라가 우리 수험생들을 위해 모두 조심조심해 준다. 내 자식이 지나온 길이고, 언젠가 내 아이가 그런 시험을 볼 것이므로 어른은 누구나 수험생을 위해 양보할 준비가 되어 있다.

"선생님, 있잖아요. 수능 날 갑자기 '계란이요~, 계란~' 하는 소리가 나서 듣기 평가를 제대로 하지 못했다고, 그 다음 해에는 교문 앞에 부모님들이 나와서 지키기로 했대요."

또 재미있는 풍경은 수능 다음 날 아버지들 직장에서의 모습이다. 수능 문제가 신문에 실리면 너 나 할 것 없이 몇 문제를 풀어 보려고 시도한다. 만만한 것이 국어니까 언어 영역 문제를 먼저 푼다.

이런……. 지문은 당연히 이해가 되는데 도무지 답을 모르겠다. 채점을 해 보면 황당한 점수. 자녀들이 얼마나 힘든 공부를 하고 있는지 그제서야 실감한다.

"다 답이 되는데, 왜 틀리다는 거지?"

그게 언어 영역이다. 얼핏 보면 다 답 같지만, 분명히 딱 맞는 답이 있다. 논술에서도 원하는 답이 있는 것과 같다. 독해력을 바탕으로 답 찾는 공부를 하면, 언어영역이 명확하고 쉬운 과목이라는 것을 알 수 있다.

대한민국의 아버님들!

우리 아이들, 정말 어렵고 힘든 공부를 하고 있는 우리 아이들에게 크게 박수 한번 쳐 주세요. 우리의 수험생들, 파이팅! 최고야! 뽀뽀뽀!

오미쌤 Tip talk

사전에 나오는 욕은 욕도 아니야!

평소에 활달하던 아이가 얼굴이 붉으락푸르락하면서 식식거렸다. 무슨 문제가 생겼기에 그러는지 몰랐는데, 알고 보니 새벽까지 뒤척이다가 늦게까지 못 일어나고 누워 있었는데 아버지가 문을 벌컥 열고 들어와서 "개자식"이라고 했단다.

그 말에 상당히 충격을 받은 모양이다.

"야, 그런 사전에 나오는 욕은 욕도 아니야!"

갑자기 여기저기서 영웅담처럼 자신이 부모님에게서 들은 욕들을 나열했다. 교양 있는 부모님들이 할 소리라고는 믿을 수 없는 말들도 쏟아졌다. 자식에게만큼은 교양도 뛰어넘는 뭔가가 있는 게 우리나라 부모님들인 모양이다.

혹시나 아이가 들었다는 그 욕이 정말 사전에 있나 궁금해서 찾아봤다. 진짜 있구나!

* 개자식 : 하는 짓이 얄밉거나 더럽고 됨됨이가 좋지 아니한 남자를 비속하게 이르는 말.

오미쌤 Tip talk

2%로 앞선 것이 문제

브런치를 같이하자는 미영이 어머니의 전화가 왔다. 맛있게 빵을 먹고 커피를 한잔 하는데, 미영이 언니는 서울대와 미국 명문대를 우수한 성적으로 졸업하고 일류 신랑감을 얻었다고 입에 침이 마르도록 자랑을 하신 뒤, 지금은 미영이 때문에 걱정이라고 하셨다.

언니는 잘 따라 줘서 엄마가 원하는 대로 잘 컸는데 미영이는 그렇지 않다고 한다. 사사건건 부딪히고, 언니에게 했던 것처럼 하면 항상 왜 엄마 마음대로 결정하냐며, 싸우지 않고 쉽게 지나간 적이 없다는 것이다.

정작 미영이와 이야기해 보면 또 다르다. 자기 의견은 무시하고 엄마 마음대로 결정할 뿐만 아니라 마음에 들지 않으면 마구 때리기까지 한단다. 어릴 때에는 그렇다 치더라도 다 큰 지금도 엄마에게 맞는 애는 자기밖에 없을 거라며 멍든 팔을 보여 주었다.

엄마와 딸이 끝없이 평행선을 긋는 철길처럼 절대 좁혀질 것 같지 않았다. 같은 이야기를 서로 다르게 하고 있었다. 이해할 수 없다고. 하지만 난 이해가 됐다.

엄마는 경험상 앞이 뻔히 보이니까 쉬운 길을 알려 주고 싶은 것이고, 딸은 비록 잘못되고 실패를 하더라도 자기가 직접 부딪쳐 보고 싶은 것이다. 누가 잘못이라고 할 수 없는데 결과는 자꾸만 잘못되어 가고 있었다.

미영이가 수업 시간에 멍하게 앉아 있어 그 이유를 물어보면 기다렸다는 듯이 말을 꺼냈다. 엄마 아빠에게만이 아니라 친구들 사이에서도 자기가 얼마나 억울하게 당하는지, 이번에도 친했던 친구가 모함을 하는 통에 다른 선생님도 자기를 미워한다는 등의 이야기였다.

미영이는 엄마가 생각하는 만큼 공부에 집중할 수 있는 심리 상태가 아니었다. 아이가 준비되지 않았으니, 엄마가 아무리 앞서서 길을 가르쳐 주려고 해도 먹혀

들 리가 없다.

가끔 "그래서 미영이가 그런 생각이 들었겠구나"라고 해 주면 "어떻게 그걸 아셨어요?" 하고 깜짝 놀라며 좋아했다. 그렇게 마음에 응어리져 있는 것을 풀고 나면 언제 그랬냐는 듯이 수업에 집중했다. 책 반 권을 숙제로 내 줘도 너끈하게 풀어 왔다.

3학년 6월 모의고사를 본 후에는 처음으로 받아 보는 높은 점수라며 뛸 듯이 기뻐했다. 원래 충분히 잘할 수 있는 아이였고, 나는 도와줬을 뿐이다. 특히 현대 시를 어려워했는데 문제 푸는 법을 알려 주고 연습을 시켰더니, 스펀지처럼 쏙쏙 빨아들이면서 문제에 적용해 나갔다.

수능 두 달 전에는 전교 1등 하는 애랑 친구가 됐는데 그 애가 언어를 공부하는 비법을 들어 봤더니 이러저러하다며, 자기도 그렇게 하겠다고 해서 빙긋이 웃었다.

그동안 그런 방식으로 수업을 해 왔고 그래서 성적이 오르고 있었는데, 마치 새로운 중요한 정보를 알았다는 듯이 자랑하는 모습이 귀여웠다. 이렇게 미영이는 자기를 도와주는 친구와 자기 이야기를 진심으로 들어 주는 선생님이 생기자 억울하다는 잡념을 떨쳐 버리고 공부에 집중할 수 있었다. 그러니 당연히 성적이 오를 수밖에.

추석 무렵 예쁜 떡을 가지고 오신 미영이 어머니가 이런 말씀을 하셨다.

"선생님, 제가 그동안 2% 앞선 것 같아요. 2%만 기다렸으면 좋은 엄마란 소리를 들었을 텐데……."

많은 어머니의 마음이 그럴 것이다. 정말 아이들의 2% 앞선 것이 문제이다.

김미영(가명)

주먹밥

성모는 항상 허기져 있었다. 180센티미터에 90킬로그램 정도 되는 큰 덩치인데도, 힘없이 어깨를 축 늘어뜨리고 바닥만 보고 다녔다. 첫날 상담실에 아버지와 들어설 때도 그랬다. 아버지에게서는 담배 냄새가 심하게 났다. 아이가 머리는 좋은데 공부를 잘 안 한다며 공부에 관심을 갖게 해 달라고 하셨다.

순하고 착한 아이였다. 하루는 현대시 독해 연습을 하던 중에 모성애와 관련된 시가 나왔다. 성모 얼굴이 묘하게 변했다. 순간 성모에게서 어머니와 관련된 아픔이 느껴졌다. 그걸 풀어야 할 것 같았다.

성모는 마치 남의 이야기를 하듯이 아무렇지 않게, 그리고 무표정하게 어머니에 대해서 말했다. 초등학교 2학년 때 부모님이 이혼을 하셨고 4학년 때 다시 합치셨는데, 그때부터 어머니는 작은 방을 혼자 쓰셨다고 한다. 성모 때문에 다시 합쳤다고 하면서도 정작 학교에서 돌아오면 "왔냐?"는 한마디만 하고 방 안에서 나오지도 않고 혼자 가만히 누워 계셨다고 한다. 지금 생각하면 우울증이 심했던 것 같다고. 그러다가 결국은 성모가 중학교 1학년 때 다시 헤어지셨단다. 그 이후로 아버지와 성모 둘이서 살고 있다고 했다.

그 시절을 이처럼 아무렇지도 않게 이야기하기 위해 혼자서 얼마나 많이 아팠을까. 이젠 눈물마저 말라 버릴 정도로 그동안 혼자서 얼마나 힘들었을까.

아버지는 대기업의 임원이라 무척 바쁘지만 성모의 일에는 신경을 많이 쓰신다고 했다. 고맙기도 하지만 잔소리를 너무 많이 하시기 때문에 이제는 같은 말을 반복해서 듣기가 질린다면서, 다 귀찮다고 했다. 공부도 왜 해야 하는지 모르겠다고, 공부 잘하고 명문대 나와 봤자 아버지 어머니처럼 불행하게 살 텐데 공부해서 뭐하는 거냐고 물었다.

다음 수업 시간에 주먹밥 도시락을 두 개 쌌다. 성모를 불러 내가 원래 음식을 잘 못 하지만 애써 만든 것이니 같이 먹자고 했다. 성모는 몹시 쑥스러워하면서 고개를 돌리고 하나를 집어 먹었다. "맛있지?" 했더니 역시 부끄러워하면서 "진짜 맛있어요"라고 대답했고, 도시락 한 통을 다 비웠다.

어느 날 식당에 밥 먹으러 내려갔다가 성모가 고개를 푹 숙이고 혼자 먹는 뒷모습을 봤다. 딸이랑 비슷한 나이니 몸은 컸지만 아직은 투정 부리고 싶은 아기나 마찬가지일 텐데, 성모에게는 위로받고 사랑받을 대상이 없는 것 같았다. 그리고 사람들에 대한 믿음이나 연연해하는 마음이 없었다.

학교 가는 시간을 빼고는 거의 게임을 하면서 살았다고 했다. 하지만 곧 아버지에게 들통이 났고, 그 후 아버지가 불쑥 독서실로 살펴보러 오셨다고 했다.

독서실 아니면 만화책. 그게 성모 생활의 대부분이었다. 그러다가 언어 문제집을 풀기 시작했다. 현대시는 감성적인 아이에게 공부시키기에 좋은 장르이다. 시와 시인의 마음을 읽다 보면 어느새 마음에 여백을 갖게 되기 때문이다.

그런 마음으로 문제를 풀면 거짓말처럼 답이 나오니까, 시도 감상하고 문제도 잘 맞힐 수 있어 언어 공부가 재미있을 수밖에 없다.

처음엔 숙제를 조금씩 내 주었다. 성모가 할 수 있을 만큼, 약속을 지킬 수 있을 만큼. 그리고 잘 맞히고 잘해 올 수 있을 만큼. 재미있어 했다. 시가 좋다고 했다. 나는 수업 시간에 시를 그림으로 그려 가면서 설명하는데, 어느 순간 성모도 나에게 시를 그림으로 설명하기 시작했다.

그 다음에는 현대소설 독해법을 알려 줬다. 역시 재미있어 했다. 물론 비문학의 비중이 가장 크기 때문에 비문학부터 해야 하는 것이 일반적인 순서지만, 성모에게는 성적 올리는 것보다는 공부에 관심을 갖게 하는 것이 더 우선이었다.

성모는 숙제를 다 해 와서 잘했다고 하면 덩치에 어울리지 않게 쑥스러워하면서 많이 좋아했다. 학교 끝나자마자 학원의 빈 강의실에 와있었다. 엎드려 자기도 했지만 문제를 풀기도 했다. 서서히 진도가 나가기 시작했다.

그런데 어느 순간부터 성모의 얼굴이 다시 어두워지기 시작했다. 그리고 아버지에게서 전화가 왔다. 결국 유학을 보내기로 했다는 것이다.

속이 깊고 심지가 굳은 아이니까 새로운 곳에서 다시 잘 시작할 수 있을 거라 믿는다. 멋지게 커서 나중에 꼭 다시 찾아와 주면 좋겠다.

박성모(가명)

문자 때어 주세요!

　예고에서 무용을 전공하는 수진이는 키도 크고 얼굴도 예뻤다. 배우 손예진을 닮기도 하고, 탤런트 박민영을 닮기도 했다. 새벽에 실기 레슨이 있어서 아침 일찍 일어난다는 이야기를 들었는데, 밤늦은 시간까지도 실기를 하는 모양이었다. 어느 날은 다리에 깁스를 하고 목발을 짚고 왔고, 어느 날은 다리에 멍이 심하게 들어서 오기도 했다.

　수진이는 눈이 참 초롱초롱하고 암기력도 뛰어났는데, 한 가지 흠이라면 성격이 급하다는 점이었다. 문제를 풀 때 지나치게 빨리 문제를 읽고 답을 말해 버렸다. 잘 맞는 경우도 있지만 틀린 경우가 많았다. 답이다 싶으면 바로 말해 버리기 때문이다. 하지만 문제 풀이를 따로 하지 않고 지문에 밑줄만 그어 줘도 내용을 정확히 파악했고, 그런 뒤 천천히 문제를 풀라고 하면 거의 맞았다.

　리틀앤젤스 단원으로 일찍부터 공연을 다녀서 공부할 시간이 없었을 듯한데 문장 이해력도 좋았다. 책을 별로 읽지 못했다고 말했지만, 알고 보니 어렸을 때 엄마에게 혼나 가면서 한자 공부를 계속했다는 것이다.

　실기 준비 때문에 새벽 다섯 시에 일어나서 새벽 두 시가 되어야 잠이 든다고 하니, 제대로 침대에 누워서 자는 시간은 하루 세 시간 정도였다. 그 정도면 버티기 힘들 텐데 수진이는 무척 잘 이겨 냈다. 계속 무용을 했기 때문에 오히려 체력이 좋아진 게 아닌가 싶었다.

　일반고 학생들은 하루 종일 거의 책상에만 앉아 있는데, 수진이는 몇 시간씩 무용 연습을 하고 다시 책상에 앉아서 공부를 하니 얼마나 힘이 들었을까. 그러는 과정에서 엄마와의 싸움도 만만치 않았다.

　주말 낮에 너무 졸려서 방에 들어가 잠깐만 자고 일어난다고 했더니, 엄마가 인터폰으로 관리실에 전화를 하시더라는 것이다.

"여기 문짝 떼어 주세요."

곧바로 관리실 아저씨가 와서 수진이 공부방 문짝을 떼어 냈고, 결국 문이 없는 방에서 잠자고 공부하는 모든 것이 엄마 통제하에 있게 되었다고 했다.

심지어 아침에 일어나기 힘들어하면 엄마가 스프레이로 얼굴에 물을 뿌리셨다. 한겨울에는 창문을 다 열고 스프레이를 얼굴에 뿌리면 정신이 번쩍 들지만, 그래도 쏟아지는 잠은 어쩔 수 없었다. 세수를 한다고 화장실에 들어갔다가 수건을 얼굴에 대고 벽에 기대어 깜빡 잠이 들기도 했고, 밥숟가락을 들다가도 졸았다고 한다.

이 정도면 수진이와 엄마 사이가 몹시 나쁠 듯도 하지만 그렇지 않았다. 대화가 잘 되는 모녀 사이였다. 힘들어하는 수진이를 엄마가 충분히 이해해 줬고, 자신을 혼자 이겨 나가기 벅차니까 엄마가 독하게 도움을 준다는 것을 수진이도 잘 알고 있었다.

"선생님, 저 고3이 많이 힘들어요. 그런데 나름대로 재미있기도 해요."

여느 때보다 열심히 생활하는 자신에 대한 만족감과, 부모님의 지원을 부담이 아닌 도움으로 생각하는 긍정의 힘 덕분에 나올 수 있는 말이었다. 고3 때 수진이만큼 힘들어하고, 또 동시에 행복해하는 경우는 드문 일이다.

강수진(가명)

이제부터 공부해 드리려고요!

"선생님, 제 아들이 원래 공부를 잘하는데 요즘 들어 통 말을 안 들어요."

경곤이 어머니는 하소연하며 성적을 올릴 수 있겠냐고 물으셨다. 과묵한 성격이 여학생들이랑 놀러 다니는 것도 아닌데, 게임을 하면서 성적이 자꾸 떨어진다는 것이다.

아버지도 참다못해 경곤이를 때렸다고 한다. 처음 경곤이는 엄마의 강요에 의해 원치 않는 수업을 듣는다는 표정이 역력했고, 설명을 듣는 둥 마는 둥 했다. 그런데 비문학 독해법을 연습시키니까 서서히 의욕이 살아나기 시작했다.

수업 시간 내내 거의 말이 없던 아이가 자기 이야기를 하기 시작했다. 부모님께 많이 혼난 후 반발심으로 더 망가지듯이 놀았다고 했다.

그러다가 3학년이 되면서 숨도 제대로 쉬지 못할 정도로 일정을 빡빡하게 잡아 하루하루를 보내기 시작했다. 어머니가 학원 하나 끝나면 기다렸다가 다른 학원으로 데리고 가고, 독서실에서 두 시간 정도 공부하게 한 후 집에서 지켜보며 공부시키고.

경곤이는 잠이 부족해 퉁퉁 부은 얼굴로 말했다.

"부모님 속 많이 썩였으니 몇 달만 부모님께서 하라는 대로 해 드리려고요."

해 드리겠단다. 누구 인생을 위한 건데. 그래도 기특하다고 해야겠지.

김경곤(가명)

마흔일곱 살의 나상

우리나라 엄마들은 무엇 때문에 사는 걸까? 점심을 같이 먹다가 한 어머니가 지난 이야기를 담담하게 풀어 놓기 시작하셨다. 아이들 때문에 남편과 주말부부 생활을 한 지 17년이 되었다고 하셨다.

졸업과 동시에 의대 선배와 결혼했고, 직장 생활도 해 보지 못한 채 공중보건의를 하는 남편을 따라 지방으로 내려갔다.

시어머니는 애지중지 키운 귀한 아들을 낚아챈 며느리가 못마땅했고, 넉넉하지 않은 형편이라 방 한 칸 얻을 처지도 못 되었다. 그러나 비록 반지하방에서지만 알콩달콩 재미나게 살았다.

그러다가 곧바로 연년생으로 아들 둘을 낳고, 아이들의 취학 시기가 되면서 서울로 따로 올라와 살기 시작했다. 멋모르고 결혼해서 애들 낳고, 살림하고, 주말마다 남편 뒷바라지 하느라 어떻게 하루하루를 살았는지 모르게 세월이 흘렀다.

그 시간 동안 일주일에 한 번씩 만나는 남편과는 더 애틋했고, 아이들은 무럭무럭 잘 자라 주어서 힘든지 몰랐다. 그리고 자신을 눈엣가시로 생각하시는 시어머니께 정말 좋은 며느리가 되고 싶어 무척 노력했다.

아이들이 중학교, 고등학교에 들어가고, 큰애가 고3이 되었다. 남들처럼 일주일에 며칠은 아이들 엄마 모임에 나갔고, 학원 설명회도 다니고, 무릎 관절이 부스러지도록 매일 기도를 올렸다. 남편과 떨어져 살면서 정말 열심히 키워 온 아이가 이제 대학에 들어가는 일만 남았다.

평소에 남에게 잘못한 일도 없고, 엄마 아빠 둘 다 머리가 나쁜 편은 아니니 대학은 붙을 거라 믿었다. 그런데 합격자 명단을 확인하고 아무 생각이 나지 않았다.

아들 이름이 없었다.

그때부터 거의 일주일을 꼬박 누워서 눈물만 흘렸다. 시어머니와 갈등이 있어도 이 정도는 아니었다. 결혼 후 20년 인생이 송두리째 모두 다 날아가 버렸다.

둘째 아들도 수험생이 되었다. 달라진 건 없었다. 다만 이번엔 지방에서 근무하는 남편이 서울로 올라왔다. 그렇게 허겁지겁 살았다.

큰애는 군대에 갔고 이제는 둘째도 대학생이 되었다. 일류 대학이 무엇이기에 그렇게 안달복달하면서 살았는지 모르겠다. 뜻대로 안 되는 게 자식이라고, 둘 다 기대했던 대학에는 못 갔다. 하지만 아이들이 잘 적응해서 지내는 것을 보니 위안이 된다.

어느새 마흔다섯 살이 훌쩍 지나가 버렸다.

그렇게 그렇게, 그리고 끝난 줄 알았다. 하지만 또 남은 게 있다. 괜찮은 며느리를 맞이해서 좋은 시어머니가 되는 일이다. 인생, 참 끝이 없다.

그 어머니는 큰 홍역이나 치른 듯, 그러나 지난 일이라 아무렇지 않은 듯 말씀하셨다. 모르겠다. 우리나라 엄마들의 인생은 뭔지.

오미쌤 Tip talk